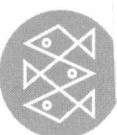

In zwei Kurzromanen gibt Iwan Bunin Einblick in das russische Landleben nach der gescheiterten Revolution von 1905. Das Leben ist trist, die Behausungen armselig, die Gewalttätigkeit grausam. ›Das Dorf‹ erzählt von zwei ungleichen Brüdern: Tichon bleibt auf dem Gut Durnowo, wo die Vorfahren gedient hatten, findet aber keinen Weg aus dem düsteren Provinzleben. Sein Bruder sucht das Glück in der Stadt, findet aber nichts als Alkohol und kehrt schließlich zu Tichon aufs Land zurück. In ›Suchodol‹ liebt die Magd Natalja ihren Herren, erfährt aber nur Demütigung. In der Vergewaltigung durch einen Landstreicher sieht sie die gerechte Strafe für ihre unrechten Gefühle. Schonungslos schildert Bunin den Niedergang des Landadels und die elende Verarmung der Bauern nach 1905.

»Die vielleicht schönste und lohnendste Wiederentdeckung der letzten Jahre.«
Karla Hielscher, Deutschlandfunk

Iwan Bunin, 1870 geboren, erhielt 1933 als erster Russe den Nobelpreis für Literatur. Berühmt wurde er vor allem durch seine Novellen ›Der Herr aus San Francisco‹ (1915) und ›Mitjas Liebe‹ (1925). 1920 emigrierte er nach Paris, wo er 1953 starb.

IWAN BUNIN

Das Dorf

—

Suchodol

Aus dem Russischen
von Dorothea Trottenberg

Mit einem Nachwort
von Thomas Grob

FISCHER Klassik

Erschienen bei FISCHER Taschenbuch
Frankfurt am Main, Mai 2015

Die Übersetzung folgt der Ausgabe
»Polnoe sobranie sotschinenij«.
I.A. Bunina. Petrograd: A. F. Marks 1915, Bd. 5,
›Derewnja‹ S. 3-138 und ›Suchodol‹ S. 139-192.
© The Estate of Ivan Bunin

Lizenzausgabe
mit freundlicher Genehmigung
des Dörlemann Verlages
© 2011 Dörlemann Verlag AG, Zürich

© S. Fischer Verlag GmbH, Frankfurt am Main 2015

Satz: Dörlemann Satz, Lemförde
Druck und Bindung: CPI books GmbH, Leck
Printed in Germany
ISBN 978-3-596-90592-8

Iwan Bunin

Inhalt

DAS DORF

I

Den Urgroßvater der Krassows, beim Gesinde der Zigeuner genannt, hetzte Rittmeister Durnowo mit Windhunden zu Tode. Der Zigeuner hatte ihm, seinem Herrn, die Geliebte ausgespannt. Durnowo befahl, den Zigeuner auf das Feld hinter Durnowka zu bringen und ihn auf einen Hügel zu setzen. Er selbst ritt mit der Meute hinaus und schrie:»Faßt ihn!«Der Zigeuner, der schreckerstarrt dasaß, ergriff die Flucht. Aber vor Windhunden sollte man nicht davonlaufen.

Der Großvater der Krassows erhielt aus irgendwelchen Gründen einen Freibrief. Er zog mit seiner Familie in die Stadt – und machte sich bald einen Namen: Er wurde ein berüchtigter Dieb. Er mietete in der Tschornaja Sloboda eine armselige Hütte für seine Frau, die Spitze klöppeln und verkaufen mußte, während er selbst mit einem Kleinbürger namens Belokopytow durch das Gouvernement fuhr und Kirchen plünderte. Nach ungefähr zwei Jahren wurde er gefaßt. Aber auch bei Gericht benahm er sich so, daß man sich seine Antworten an die Richter noch lange erzählte: Er stand da, als trüge er einen Kaftan aus Plüschsamt, eine silberne Uhr und Ziegenlederstiefel, mit dreist mahlenden Backenknochen und umherschweifendem Blick, und bekannte sich allerrespektvollst auch zu den geringsten seiner zahllosen Taten:

»Jawohl, ganz richtig. Jawohl, ganz richtig.«

Der Vater der Krassows wiederum war ein kleiner Krämer. Er fuhr im ganzen Kreis herum, lebte eine Zeitlang in Durnowka – er wollte eine Schenke und einen Kramladen eröffnen –, ging jedoch bankrott, fing an zu trinken, kehrte in die Stadt zurück und starb bald darauf. Auch seine Söhne, Tichon und Kusma, fast gleichaltrig, betätigten sich, nachdem sie in verschiedenen Läden gedient hatten, als Krämer. Sie zogen in einem Wagen mit geschnitztem Vordergestell herum, mitten auf dem Wagen eine Truhe, und riefen laut und wehmütig: »Wei-ber, Wa-re! Wei-ber, Wa-re!«

Die Ware – kleine Spiegel, Seifenstücke, Ringe, Zwirn, Tücher, Nadeln, Kringel – befand sich in der Truhe. Und im Wagen lag alles, was sie ergattert hatten: Katzenkadaver, Eier, Segeltuch, Lumpen ...

Nachdem sie einige Jahre herumgezogen waren, gingen sich die Brüder eines Tages mit dem Messer an die Gurgel – Gerüchten nach zu urteilen wegen eines Fräuleins –, und danach trennten sie sich, um Schlimmeres zu vermeiden. Kusma ging bei einem Viehhändler in Dienst, Tichon pachtete einen kleinen Gasthof auf der Chaussee beim Bahnhof Worgol, etwa fünf Werst von Durnowka entfernt, und eröffnete eine Schenke und einen Trödelladen, einen »Handel mit Kleinbedarf an Tee Zucker Tabak Zigarren und anderes mehr«.

Als Tichon gegen vierzig ging, wurde sein schwarzer Bart allmählich von Silber durchzogen. Doch war er gutaussehend, groß und schlank wie früher: streng von Angesicht, sonnenverbrannt und leicht pockennarbig, in den Schultern breit und sehnig, im Gespräch gebieterisch und schroff, in seinen Bewegungen flink und gewandt. Bloß schoben sich seine Brauen immer öfter zusammen, und die Augen blitzten noch schärfer als früher: Das Geschäft verlangte es!

Beharrlich war er hinter den Landkommissaren her – in der toten Zeit im Herbst, wenn die Abgaben eingezogen wurden und im Dorf eine Versteigerung auf die andere folgte. Beharrlich kaufte er den Gutsbesitzern das Getreide noch auf dem Halm ab, pachtete bei ihnen und bei den Bauern Land – stückweise, er verlangte nicht einmal einen halben Acker. Lange lebte er mit einer stummen Köchin zusammen – »Eine Stumme plaudert nichts aus!« – und hatte mit ihr ein Kind, das sie im Schlaf, als es bei ihr lag, versehentlich erdrückte, und danach heiratete er ein bejahrtes Stubenmädchen der alten Fürstin Schachowoj. Nach der Heirat nahm er die Mitgift in Empfang und »erledigte« den Nachkommen der verarmten Durnowos, einen fülligen, freundlichen jungen Herrn, der mit noch nicht einmal fünfundzwanzig schon kahlköpfig war, aber einen prächtigen, kastanienbraunen Bart trug – einen »Fortschrittler«, wie die Gutsbesitzer in Anspielung auf seine fortschreitende Lähmung witzelten. Und die Bauern staunten und waren stolz, als er das Gut Durnowo übernahm: Bestand doch fast ganz Durnowka aus Krassows!

Sie staunten auch, wie er es anstellte, sich nicht aufzureiben: Einkäufe machen, Handel treiben, nahezu jeden Tag auf dem Gut sein, wie ein Habicht auf jeden Fußbreit Land achtgeben ... Sie staunten und sagten:

»Mit uns Teufeln kann man nichts Rechtes anfangen! Aber dafür versteht er etwas von der Wirtschaft! Einen Gerechteren gibt es nicht!«

Tichon Iljitsch selbst bekräftigte sie in ihrer Überzeugung. Wenn er einen guten Tag hatte, sagte er belehrend:

»Bei uns wird nichts vergeudet, und wenn ich einen erwische, weiß ich ihn zu bändigen. Aber Gerechtigkeit muß sein. Ich bin Russe, mein Lieber.«

Wenn er einen schlechten Tag hatte, raunzte er mit funkelnden Augen:

»Du Schwein! Einen gerechteren Menschen als mich gibt es nicht!«

»Schwein schon, aber nicht ich«, dachte sich dann der Bauer und wich seinem Blick aus.

Und er murmelte unterwürfig:

»Allmächtiger! Als wüßten wir das nicht!«

»Du weißt es, aber du hast es vergessen. Ich will nichts umsonst von dir, aber eines merk dir: Auch du bekommst keine Kopeke von mir! Ich würde dir helfen, wenn du untertänigst bittest. Bei Gott, ich würde dir helfen! Aber verwöhnen – nein, merk dir das, verwöhnen werde ich dich nicht. Ich bin kein kopfloser *chochol*, mein Lieber.«

Nastassja Petrowna, die wie eine Ente watschelte, mit den Fußspitzen nach innen, und von den ständigen Schwangerschaften, die sämtlich mit totgeborenen Mädchen endeten, gelblich und aufgedunsen war und nur noch schütteres, weißliches Haar hatte, stöhnte und klagte:

»Ach, du bist so einfältig, das kann man ja nicht mit ansehen! Was plagst du dich mit diesem Trottel? Ist er vielleicht dein Kompagnon? Du willst ihm Vernunft eintrichtern, aber er schert sich nicht drum! Sieh bloß, wie er sich breitbeinig hinstellt – als wäre er der Emir von Buchara!«

Sie war eine große Liebhaberin von Schweinen und Geflügel – und Tichon Iljitsch hatte angefangen, Ferkel, Puten, Hühner und Gänse zu mästen; hinter dem Bahnhof gab es einen öffentlichen Teich. Am meisten aber begeisterte er sich für das Aufschütten von Getreide. Im Herbst war auf seinem Hof, der mit der einen Seite zur Chaussee, mit der anderen zum Bahnhof hin stand, in einem fort Räderknarren zu hören: Fuhrwerke bogen von oben und von unten her auf den Hof ein. Auf dem Hof nächtigten Pferdehändler, Krämer und Geflügelburschen, Kringelbäcker, Sensenverkäufer und Pilgerinnen. Und alle Augenblicke quietschten die Angeln, bald von der Tür zur Schankstube, wo Nastassja Petrowna ausschenkte, bald von der Tür zum Laden, der dunkel und schmutzig war und durchdringend nach Seife roch, nach Hering, Machorka und Lebkuchen mit Pfefferminzgeschmack, nach Kummetpolstern und Petroleum. Und alle Augenblicke erklang es in der Schankstube:

»Oho! Einen ordentlichen Wodka hast du, Petrowna! Da bleibt einem ja die Luft weg, Teufel noch mal!«

»Das ist Honig in der Kehle, mein Bester.«

»Oder ist da vielleicht Schnupftabak drin?«

»Was redet denn der für dummes Zeug?«

Aber im Laden herrschte noch mehr Zulauf:

»Iljitsch! Kannst du mir ein Pfund Schinken abwiegen?«

»Mit Schinken, mein Bester, bin ich dieses Jahr, Gott sei Dank, wahrhaftig gut versorgt!«

»Und was kostet er?«

»Er ist spottbillig!«

»Meister! Habt ihr guten Teer?«

»So guten, mein Bester, wie dein Großvater selbst auf der Hochzeit nicht hatte!«

»Und was kostet er?«

Es machte den Anschein, als gebe es bei den Krassows kein anderes Gesprächsthema, als was wieviel kostete: Was kostet der Schinken, was kostet das Schnittholz, was kosten die Graupen, was kostet der Teer ...

Der Verlust der Hoffnung auf Kinder und die Schließung der Schenken waren wichtige Ereignisse. Tichon Iljitsch alterte sichtlich, als zweifelsfrei feststand, daß er nicht mehr Vater werden sollte. Zu Anfang machte er Witze darüber:

»Nichts da, ich werde das schon schaffen«, sagte er zu Bekannten. »Ohne Kinder ist der Mensch kein Mensch. Wie ein Feld, das nicht bestellt ist ...«

Dann aber bekam er es langsam mit der Angst zu tun: Was war denn das – die eine erdrückte das Kind im Schlaf, die andere hatte nur Totgeburten! Die Zeit der letzten Schwangerschaft von Nastassja Petrowna war bedrückend. Tichon Iljitsch quälte sich und haderte; Nastassja Petrowna betete im stillen, weinte im stillen und war erbärmlich anzusehen, wenn sie nachts beim Licht des Ikonenlämpchens, im Glauben, ihr Mann schlafe, still und leise aus dem Bett schlüpfte, mühsam auf die Knie fiel, sich flüsternd zum Boden neigte, traurig zu den Ikonen blickte und sich dann mühsam und qualvoll, wie eine alte Frau, wieder erhob. Früher hatte sie vor dem Schlafengehen Pantoffeln und eine Jacke angezogen, zerstreut ihr Gebet verrichtet und währenddessen gerne ihre Bekannten durchgenommen und sie ein wenig gescholten. Jetzt stand vor den Ikonen ein einfaches Weib in einem kurzen Barchentrock, weißen Wollstrümpfen und einem Hemd, das den Hals freiließ, mit korpulenten Altfrauenarmen. Seit seiner Kindheit mochte Tichon Iljitsch, was er nicht einmal sich selbst zu gestehen wagte, die Ikonenlämpchen und ihr unechtes Kirchenlicht nicht: Sein Leben lang blieb ihm jene Novembernacht im Gedächtnis, als in einer winzigen, windschiefen Hütte in der Tschornaja Sloboda auch ein Ikonenlämpchen gebrannt hatte – so ruhig und zärtlich-traurig –, dessen Ketten sachte schwankende Schatten warfen, es war totenstill, auf der Bank unter den Heiligen lag reglos der Vater, die Augen geschlossen, die spitze Nase erhoben, die großen, lila-wachsbleichen Hände über der Brust gefaltet, und neben ihm, hinter dem kleinen, mit einem roten Tuch verhängten Fenster, marschierten frisch ausgehobene Soldaten mit wild-melancholischen Liedern vorbei, unter Geschrei und mißtönendem Scheppern von Harmonikas ... Jetzt brannte das Lämpchen ständig. Und Tichon Iljitsch spürte, daß Nastassja Petrowna irgend etwas Mysteriöses mit geheimnisvollen Kräften im Sinne hatte.

Beim Gasthof hatten Trödler aus Wladimir ihre Pferde gefüttert – und im Haus tauchte *Das neue vollständige Orakel- und Zauberbuch, die Zukunft vorhersagend anhand bestimmter Fragen unter Hinzuziehung der allereinfachsten Methode des Wahrsagens aus Karten, Bohnen und Kaffeesatz* auf. Nastassja Petrowna setzte nun des Abends ihre Brille auf, rollte ein Kügelchen aus Wachs und warf es immer wieder auf die Kreise des Orakels. Tichon Iljitsch besah sich das von der Seite mit schrägen Blicken. Aber alle Antworten fielen entweder ruppig, unheilverkündend oder sinnlos aus.

»Liebt mein Mann mich?« fragte Nastassja Petrowna.

Das Orakel antwortete:

»Er liebt dich wie ein Hund den Stock.«

»Wie viele Kinder werde ich haben?«

»Vom Schicksal ist dir zu sterben bestimmt, trockenes Gras muß weg vom Feld.«

Da sagte Tichon Iljitsch:

»Laß mich mal werfen ...«

Und er gab dem Orakel folgende Frage auf:

»Soll ich gegen eine mir bekannte Person einen Prozeß führen?«

Aber auch bei ihm kam Unsinn heraus:

»Zähl die Zähne im Mund.«

An die Stelle des Orakels trat Tschugunok.

Der Bauer Tschugunok aus Durnowka – klein und stämmig, mit einem ungewöhnlich gewölbten, kompakten Brustkorb und lebhaften braunen Augen in seinem breiten, gebräunten Gesicht – war ein guter, sparsamer

Bauer, aber er hatte seine Eigenheiten: Er sang mit Tenorstimme Lieder, meistens mit den Weibern und auf Weiberart, er war ein großer Possenreißer und ein Klatschmaul, er kurierte Kranke mit Zaubersprüchen und Aufgüssen, konnte in einem Tag in die Stadt laufen – »Er blieb nicht hinter der Trojka zurück!« – und verkehrte mit Zauberern, die es in Bassowka, einem Dörfchen etwa drei Werst entfernt von Durnowka, seit unvordenklichen Zeiten stets zuhauf gegeben hatte. Und eben diesen Tschugunok ertappte Tichon Iljitsch mit Nastassja Petrowna bei irgendwelchen geheimnisvollen Unterredungen, die bei seinem Erscheinen jäh abgebrochen wurden. Wenn er sie ertappte, tat er sogleich, als hätte er nichts bemerkt, und gab vor, nichts zu wissen über die Flaschen mit verzaubertem Wasser, die Tschugunok hin und wieder für Nastassja Petrowna herbeischaffte. In der Tiefe seiner Seele hoffte auch er, daß Tschugunok helfen könnte.

Aber auch bei Tschugunok kam wenig Gescheites heraus. Einmal warf Tichon Iljitsch einen Blick in die leere Küche und sah seine Frau an der Wiege mit dem Kind der Köchin. Ein geflecktes Küken wanderte piepsend über das Fensterbrett, stupste mit dem Schnabel gegen die Scheibe und schnappte nach Fliegen, und sie saß auf der Pritsche, schaukelte die Wiege und sang mit kläglicher, zitternder Stimme ein altes Wiegenlied:

> Wo liegt mein Kindlein?
> Wo steht sein Bettchen?
> Es liegt im Haus hoch oben,
> In einer Wiege, bunt bemalt.

Soll keiner kommen,
Soll keiner klopfen!
Es schlummert schon tief,
Unter der Decke, der dunklen,
Aus Taft, buntgefärbt ...

So verändert war Tichon Iljitschs Gesicht in diesem Moment, daß Nastassja Petrowna nicht verlegen, nicht scheu wurde, als sie ihn ansah – sie fing nur an zu weinen, putzte sich die Nase und sagte leise:

»Bring mich um Christi willen zum Heiligen ...«

Und Tichon Iljitsch fuhr mit ihr nach Sadonsk. Unterwegs aber überlegte er, Gott müßte ihn ohnehin strafen, weil er vor lauter Sorgen und Scherereien nur am Vorabend des Ostersonntags in die Kirche ging – er lebte wie ein Tatare. Ihm kamen frevelhafte Gedanken: Er verglich sich immer mit den Eltern von Heiligen, die ebenfalls lange keine Kinder bekommen hatten. Das war nicht klug, doch hatte er schon lange entdeckt, daß in ihm noch ein anderer war – dümmer als er. Vor der Abreise hatte er einen Brief vom Athos erhalten: »Gottesliebender Wohltäter Tichon Iljitsch! Frieden und Seelenheil, Gottes Segen und den rechten Schutz der Allgepriesenen Gottesmutter sende ich von ihrem irdischen Anteil, dem Heiligen Berg Athos! Ich hatte das Glück, von euren guten Taten und davon zu hören, daß ihr mit Liebe ein Scherflein beitragt zur Errichtung und Verschönerung von Gotteshäusern und Mönchszellen. Nun ist meine Hütte mit der Zeit in einen so baufälligen Zustand geraten ...« Und Tichon Iljitsch schickte zur Ausbesserung dieser Hütte einen roten Zehnrubelschein. Längst war die Zeit vorbei, da er mit naivem Stolz geglaubt hatte, selbst auf dem Athos habe man von ihm gehört, er wußte sehr wohl, daß schon allzu viele Hütten auf dem Athos baufällig waren – und trotz allem schickte er das Geld. Doch auch das half nicht, und die Schwangerschaft nahm ein geradezu qualvolles Ende: Bevor sie das letzte tote Kind gebar, begann Nastassja Petrowna beim Einschlafen zu zittern, zu stöhnen, zu wimmern, und sie brach in Klagen und Tränen aus. Sie wurde, so erzählte sie, im Schlaf augenblicklich von einer wilden Fröhlichkeit erfaßt, die einherging mit einem unsäglichen Entsetzen: Bald sah sie die Himmelskönigin, in goldenen Gewändern über und über strahlend, von den Feldern her auf sich zukommen, und ein harmonischer, immer lauter klingender Gesang drang von irgendwoher; bald sprang ein kleiner Teufel unter dem Bett hervor, der in der Dunkelheit nicht zu erkennen, aber mit dem inneren Auge deutlich zu sehen war, und begann so klangvoll, verwegen und munter eine Tanzmelodie auf der Mundharmonika zu spielen, daß das Herz zersprang und in die Tiefe, in einen Abgrund flog ... Leichter wäre es gewesen, wenn sie nicht in der schwülen Hitze, im Federbett geschlafen hätte, sondern an der frischen Luft, unter dem Vordach des Speichers. Doch Nastassja Petrowna ängstigte sich:

»Dann kommen die Hunde und schnuppern an meinem Kopf ...«

Das Monopol bedeutete Salz in die Wunde. Als die Hoffnung auf Kinder endgültig verloren war, ging es Tichon Iljitsch immer öfter durch den Kopf:

»Für wen ist denn diese ganze Schinderei, zum Teufel?« Aber die Gedanken sind das eine, und das Leben ist das andere! Vor Wut begannen ihm die Hände zu zittern, die Augenbrauen schoben sich fieberhaft zusammen und gingen in die Höhe, die Oberlippe verzog sich – besonders bei der Floskel, die er ständig auf den Lippen hatte: »Wohlgemerkt!« Nach wie vor gab er sich jugendlich – er trug elegante Boxcalf-Stiefel und ein besticktes russisches Hemd mit seitlich geknöpftem Stehkragen unter einem zweireihigen Rock. Der Bart jedoch wurde schon grau, schütter und struppig …

Der Sommer fiel, wie zum Trotz, heiß und trocken aus. Der Roggen war völlig verdorrt. Genußvoll beklagte er sich bei seinen Käufern.

»Wir hören auf damit, wir hören auf damit!« sagte Tichon Iljitsch von seinem Weinhandel, wobei er vor Freude jede Silbe einzeln aussprach. »Aber sicher doch! Der Minister wollte auch mal ein bißchen Handel treiben!«

»Ach, das kann man ja nicht mit ansehen!« stöhnte Nastassja Petrowna. »Du redest dich um Kopf und Kragen! Die schicken dich noch in die Wüste!«

»Keine Bange!« versetzte Tichon Iljitsch heftig und schob die Augenbrauen hoch. »Nein, nein! Man kann nicht allen das Maul verbieten!«

Und wieder wandte er sich an den Käufer, wobei er die Wörter noch deutlicher aussprach:

»Und der Roggen ist die reinste Freude! Merken Sie sich das: die reinste Freude für alle! In der Nacht, glauben Sie's mir, sogar in der Nacht kann man das sehen. Da stellt man sich in die Tür und guckt im Mondschein aufs Feld: Es schimmert wie eine Glatze! Wenn man rausgeht und hinguckt, glänzt es richtig!«

»Dann führ doch einen Prozeß!« rief eines Tages Trifon aus Durnowka, der bei einem solchen Gespräch dabei war, ein Alter, der für seine Dreistigkeit und Bosheit ebenso berühmt war wie dafür, daß er sich das ganze Leben lang unentwegt mit allen möglichen Leuten und um der geringfügigsten Anlässe willen prozessierte – ein sehr hagerer, hochgewachsener Mann mit einem schütteren grauen Bart und rastlosen grünen Augen, in einem langen Hemd und mit großen Bastschuhen an den dünnen Füßen mit den fest gewickelten Fußlappen.

Das kam so unerwartet, daß Tichon Iljitsch ein wenig aus der Fassung geriet.

»Und gegen wen soll ich einen Prozeß führen?« fragte er mit hochgezogenen Augenbrauen.

»Gegen die Widersacher!« rief Trifon und klopfte mit seinem Stock auf den Boden. »Gegen die Bösewichte! Gegen die Ackersleute!«

Tichon Iljitsch schüttelte den Kopf.

»Ach, du bist unverwüstlich, hast wohl noch nicht genug abbekommen!« sagte er bedauernd.

»So ein Unsinn!« rief Trifon. »Viel zuviel! Das reicht für zehn! Aber ich gebe nicht nach. Bis zum Zaren geh ich! Na, ich finde, du solltest es probieren ...«

Zu den Petrifasten verbrachte Tichon Iljitsch vier Tage in der Stadt auf dem Jahrmarkt und wurde noch verdrossener – wegen der Gedanken, der Hitze, der schlaflosen Nächte. Für gewöhnlich machte er sich mit großem Vergnügen auf zum Jahrmarkt. In der Dämmerung schmierte man die Wagen und legte sie mit Heu aus; an den einen, in dem der Starosta fuhr, wurden die zum Verkauf bestimmten Pferde oder Kühe gebunden; in den anderen, in dem der Herr mit einem alten Knecht fuhr, legte man Kissen und einen langen Kaftan aus Tuch. Man brach spät auf und fuhr unter dem leisen Knarren der Wagen bis zum Morgengrauen. Zu Anfang gab es freundschaftliche Gespräche, man rauchte und erzählte sich gegenseitig alte Schreckensgeschichten von Kaufleuten, die auf der Straße oder im Nachtlager umgebracht worden waren; dann legte Tichon Iljitsch sich schlafen – und es war so angenehm, beim Einschlafen die Stimmen der Entgegenkommenden zu hören, zu spüren, wie der Wagen schwankte und schaukelte und anscheinend immer bergab fuhr, wie die Wange auf den Kissen hin und her rutschte, die Schirmmütze vom Kopf fiel und die Kälte der Nacht einem die Stirn kühlte; schön war es auch, vor Sonnenaufgang zu erwachen, an einem rosigen, taufeuchten Morgen, inmitten mattgrüner Getreidefelder, und in der Ferne, in einer blauen Niederung, die Stadt zu sehen, fröhlich weiß schimmernd, den Glanz ihrer Kirchen, dann kräftig zu gähnen, sich zum fernen Glockengeläut zu bekreuzigen und dem übermüdeten Alten, der in der morgendlichen Kälte kindlich-schlaff geworden war und im Licht des Morgenrots kreidebleich aussah, die Zügel aus der Hand zu nehmen … Dieses Mal hatte Tichon Iljitsch den Wagen mit dem Starosta weggeschickt und fuhr selbst in der Renndroschke. Die Nacht war warm und hell im rosa Mondlicht; er fuhr rasch dahin, aber er war sehr müde; die Lichter des Jahrmarkts, des Gefängnisses und des Krankenhauses, das an der Einfahrt zur Stadt lag, waren in der Steppe auf zehn Werst zu sehen, und es kam ihm vor, als würde er sie nie erreichen, diese fernen, schläfrigen Lichter. So heiß war es im Gasthof auf dem Schtschepnaja-Platz, so heftig bissen die Flöhe, so oft erklangen Stimmen am Tor, so laut rumpelten die Fuhrwerke auf den steinernen Hof, so früh begannen die Hähne zu schreien und die Tauben zu gurren und der Morgen in den geöffneten Fenstern zu grauen, daß er kein Auge zutat. Auch in der zweiten Nacht, die er auf dem Jahrmarkt im Wagen verbrachte, schlief er wenig: Die Pferde wieherten, in den Zelten brannten Lichter, Menschen liefen umher und unterhielten sich, und im Morgengrauen, als ihm doch die Augen zufielen, läuteten im Gefängnis und im Krankenhaus die Glocken – und direkt über seinem Kopf erhob eine Kuh ein entsetzliches Gebrüll …

»Diese Schinderei!« ging es ihm in diesen Tagen und Nächten allenthalben durch den Kopf. »Ich plage mich ab, ich komme um in diesem unnützen Zeug, in diesem Wirrwarr!«

Auf dem Jahrmarkt, der sich auf dem Weideplatz über eine ganze Werst ausbreitete, herrschte wie immer Getöse und Durcheinander. Dicht an dicht lagen Besen, Sensen, Krüge, Schaufeln, Räder. Über allem hing ein disharmonischer Lärm – Stimmen, Pferdegewieher, Triller von Kinderpfeifen, Märsche und Polkas von den scheppernden Orchestrions der Karusselle. Eine müßige, geschwätzige Menge von Männern und Weibern wälzte sich von früh bis spät durch die staubigen, kotbeschmutzten Gassen zwischen Wagen und Zelten, Pferden und Kühen, Schaubuden und Ständen mit Eßwaren, deren fettige Kohlebecken stinkenden, stickigen Qualm verbreiteten. Wie immer gab es eine Unmenge von Aufkäufern, die sich bei sämtlichen Streitigkeiten und Geschäften mit Feuereifer ins Zeug legten; in endlosen Reihen schleppten sich mit nuschelndem Singsang Blinde und arme Schlucker, Bettler und Krüppel, auf Krücken und in kleinen Wägelchen vorbei; langsam und mit bimmelnden Schellen schob sich die Trojka des Landrichters durch die Menge, im Zaum gehalten von dem mit Plüschsamtweste und einer Kappe mit Pfauenfedern angetanen Kutscher ... Kunden gab es zuhauf. Doch es endete immer nur mit leerem Gerede. Grauhaarige Zigeuner kamen zu ihm, Juden aus dem Südwestlichen Kreis – graugesichtig, rothaarig, staubig, in Kitteln aus Segeltuch und abgetretenen Stiefeln –, sonnenverbrannte Gutsbesitzer aus dem kleinen Adel in Wams und Schirmmütze, der Landkommissar und der Wachtmeister, der reiche Kaufmann Safonow, ein Greis im langen Tuchrock, wohlbeleibt und glattrasiert, mit Zigarre; der fesche Husar Fürst Bachtin in einem englischen Anzug kam mit seiner Frau ebenso wie Chwostow, der gebrechliche Held von Sewastopol, hochgewachsen und knochig, das dunkle Gesicht mit ausgeprägten, zerfurchten Zügen, in einem langen Uniformrock und schlotternden Hosen, in Stiefeln mit breiten Spitzen und einer großen Schirmmütze mit gelbem Rand, unter dem die in einem stumpfen Schwarzbraun gefärbten Haare in die

Schläfen gekämmt waren ... Jeder spielte sich als Fachmann auf, alle schwadronierten über Farben und Staturen, erzählten von ihren Pferden. Die kleinen Gutsbesitzer flunkerten und prahlten; Bachtin ließ sich nicht zu einem Gespräch mit Tichon Iljitsch herab, obgleich dieser sich ehrerbietig vor ihm erhob und sagte: »Ein passendes Pferdchen für Euer Erlaucht.« Bachtin lehnte sich nur zurück, musterte das Pferd, lächelte reserviert in seinen langen Schnurrbart, wippte mit dem Bein in der kirschroten Gamaschenhose und wechselte einige Worte mit seiner Frau. Chwostow aber schlurfte zu dem Pferd, musterte es mit feurigem Blick, blieb so stehen, daß es aussah, als würde er hinfallen, hob eine Krücke hoch und fragte zum zehnten Mal mit dumpfer, ausdrucksloser Stimme:

»Wieviel willst du?«

Und allen mußte man eine Antwort geben. Gegen die Langeweile hatte Tichon Iljitsch sich ein Büchlein gekauft: *Oj, Schmul und Riwke. Sammlung zeitgemäßer Episoden, Wortspiele und Erzählungen aus den Abenteuern unserer Juden,* und während er auf seinem Fuhrwerk saß, fing er immer wieder an zu lesen. Aber kaum hatte er angefangen: »Wie jedermann bekannt ist, Herrschaften, hegen wir Juden eine große Liebe für Geschäfte ...«, als auch schon wieder jemand rief. Tichon Iljitsch hob den Blick und antwortete, aber er mußte sich dazu überwinden und bekam die Zähne kaum auseinander.

Er war von der Sonne verbrannt, abgemagert, fahl, ganz zugestaubt und spürte eine tödliche Langeweile und eine Schwäche im ganzen Körper. Er hatte sich den Magen verdorben, und zwar dermaßen, daß er Krämpfe bekam. Er mußte ins Krankenhaus gehen. Aber dort wartete er ungefähr zwei Stunden in der Schlange, er hockte in einem hallenden Korridor, roch den widerlichen Gestank von Karbol und fühlte sich nicht mehr wie Tichon Iljitsch, sondern als sei er im Vorzimmer eines Herrn oder Vorgesetzten. Und als der Doktor, der aussah wie ein Diakon, rot, mit hellen Augen, in einem kurzen schwarzen Gehrock, der nach Kupfer roch, ihm schnaufend sein kaltes Ohr an die Brust legte, erklärte er eilends, daß »der Magen fast vorbei« sei, und schlug nur aus Schüchternheit das Kastoröl nicht ab. Wieder auf dem Jahrmarkt, kippte er ein Glas Wodka mit Pfeffer und Salz hinunter, aß wieder Wurst und billiges Brot, trank Tee und Wasser und Schtschi – und konnte doch seinen Durst nicht stillen. Bekannte luden ihn ein, sich »bei einem Bierchen zu erfrischen«, und er ging mit. Ein lahmer Kwasverkäufer schrie:

»Kwas, ganz frisch, der sprudelt und zischt! Eine Kopeke der Becher, allerfeinste Limonade!«, und er hielt ihn an.

»Eis, hier gibt's Eis!« rief im Tenor ein kahlköpfiger, verschwitzter Eisverkäufer, ein dickbäuchiger Alter in einem roten Hemd.

Und er – wie ein kleiner Junge – löffelte das Eis, fast Schnee, von dem er ein heftiges Stechen in den Schläfen bekam.

Der staubige, von Füßen, Rädern und Hufen niedergestampfte, mit Kehricht und Dung übersäte Weideplatz leerte sich schon langsam – der Jahrmarkt ging zu Ende.

Tichon Iljitsch aber ließ wie aus Trotz seine nicht verkauften Pferde in der Hitze und im Staub stehen und saß noch immer auf seinem Wagen. Als sei er nicht von der Krankheit niedergedrückt, sondern von dem Bild des großen Elends und der großen Armseligkeit, die diese Stadt und dieses ganze Gebiet seit jeher beherrscht hatten. Herrgott, und was für ein Gebiet! Schwarzerde, eineinhalb Arschin tief, und was für welche! Aber keine fünf Jahre vergingen ohne Hungersnot. Die Stadt war in ganz Rußland berühmt für ihren Getreidehandel – aber von diesem Getreide satt essen konnten sich in der ganzen Stadt nur hundert Menschen. Und der Jahrmarkt? Bettler, Narren, Blinde und Krüppel – so häßlich, daß der Anblick einen schauderte und anwiderte – ein ganzes Regiment! …

Nach Hause fuhr Tichon Iljitsch an einem sonnigen, heißen Morgen über die Alte Landstraße. Er fuhr zuerst durch die Stadt, über den Markt, an der Kathedrale vorbei, über das seichte, von den Gerbereiabfällen säuerlich riechende Flüßchen, und jenseits des Flüßchens bergan durch die Tschornaja Sloboda. Auf dem Markt hatte er früher zusammen mit seinem Bruder im Laden von Matorin gearbeitet. Heute grüßte ihn jedermann auf dem Markt. In der Vorstadt hatte sich seine Kindheit abgespielt: hier, auf dem Hügel, zwischen den in die Erde gewachsenen Lehmhütten mit ihren vermoderten, geschwärzten Dächern, inmitten von Dung, der zum Feuern an der Sonne getrocknet wurde, von Kehricht, Asche und Lumpen; ein großer Spaß war es für ihn gewesen, johlend und pfeifend hinter einem Bettler herzurennen, einem längst aus dem Dienst entlassenen Lehrer der Kreisschule, einem bösen alten Onanisten, der winters wie sommers Walenki, Unterhosen und einen kurzen Mantel mit einem abgeschabten Biberpelzkragen trug und in der Stadt unter dem merkwürdigen Spitznamen »Hundepistole« bekannt war. Heute gab es keine Spur mehr von der Lehmhütte, in der Tichon Iljitsch geboren und aufgewachsen war. An ihrer Stelle stand ein neues, aus Brettern gefügtes Häuschen mit einem rostigen Schild über dem Eingang: »Soboljew, Schneider für Geistliche.« Alles andere in der Vorstadt war beim Alten geblieben: die Schweine und Hühner in den Gäßchen, die hohen Stangen an den Torbogen, und auf den Stangen Hammelhörner; die weißen, großflächigen Gesichter der Spitzenklöpplerinnen, die hinter den Blumentöpfen in den winzigen Fenstern hervorlugten; die barfüßigen kleinen Jungen mit nur einem Hosenträger über der Schulter, die einen Drachen mit einem Lindenbastschwanz aufsteigen ließen; die flachsblonden, stillen kleinen Mädchen, die neben den Erdwällen ihr Lieblingsspiel spielten – Puppenbegräbnis ... Und auf dem Berg, auf dem Feld bekreuzigte er sich zum Friedhof hin, hinter dessen Mauer sich unter alten Bäumen einst das entsetzliche Grab des reichen Geizkragens Sykow befunden hatte, das im selben Moment eingesackt war, als man es mit Erde zugeschüttet hatte. Er überlegte einen Moment und ließ dann das Pferd zum Friedhofstor umkehren.

Vor diesem großen weißen Tor hatte immer ein schielender Mönch in schwarzer Kutte und roten Stiefeln gesessen, der unablässig an einem Glöckchen mit einem

Griff und einem kleinen Beutel daran bimmelte – ein kräftiger, zottiger, grimmig aussehender Trunkenbold, der mit außerordentlicher Kunstfertigkeit Mutterflüche ausstieß. Jetzt war der Mönch nicht mehr da; an seiner Stelle hockte eine Alte, die einen Strumpf strickte und aussah wie die Alte aus dem Märchen – mit Brille und einem Schnabel und eingefallenen Lippen, eine der Witwen, die im Asyl beim Friedhof lebten.

»Sei gegrüßt, Mütterchen!« rief Tichon Iljitsch freundlich und band sein Pferd an den Pfosten beim Tor. »Kannst du auf mein Pferd aufpassen?«

Die Alte stand auf, verbeugte sich tief und murmelte:

»Kann ich, Väterchen!«

Tichon Iljitsch nahm die Schirmmütze ab und bekreuzigte sich, den Blick nach oben gerichtet, noch einmal vor dem Bild der Himmelfahrt Mariä über dem Tor und setzte hinzu:

»Seid ihr viele hier?«

»Ganze zwölf alte Frauen, Väterchen.«

»Und, streitet ihr viel?«

»O ja, Vätcherchen …«

Tichon Iljitsch ging bedächtig zwischen den Bäumen und den Kreuzen über die Allee, die zu der alten Holzkirche führte, die früher ockerfarben gestrichen gewesen war. Er hatte sich auf dem Jahrmarkt die Haare kürzen und den Bart gerade schneiden und stutzen lassen – er sah nun viel jünger aus. Auch die Magerkeit und die Sonnenbräune machten ihn jünger – zart und weiß schimmerte nur die Haut der kurzgeschorenen Dreiecke an den Schläfen. Auch die Erinnerungen an Kindheit und Jugend verjüngten ihn, die neue Schirmmütze aus Segeltuch. Traurig blickte er nach allen Seiten … Wie kurz und sinnlos war das Leben! Und welch ein Frieden, welche Ruhe ringsum in dieser Sonnenstille, in den Mauern des alten Kirchhofs! Ein heißer Wind strich über die Wipfel der lichten Bäume, die durchscheinend vor dem wolkenlosen Himmel standen, da sie durch die Gluthitze vorzeitig ihr Laub verloren hatten, und ließ ihren durchsichtigen, leichten Schatten auf den Steinen und Grabmälern erzittern. Dann ließ der Wind nach, und die Sonne schien heiß auf Blumen und Gräser, die Vögel sangen lieblich im Gebüsch, die üppig bunten Schmetterlinge hockten benommen auf den heißen Wegen … Auf einem Kreuz las Tichon Iljitsch:

> Welch schrecklichen Zins
> Der Tod bei den Menschen eintreibt!

Ringsum war aber nichts Schreckliches. Er ging und bemerkte dabei sogar mit einem gewissen Vergnügen, daß der Friedhof wuchs, daß es viele neue, schöne Mausoleen gab zwischen all den altertümlichen Grabsteinen in Form von Särgen auf Füßen, den schweren gußeisernen Platten und den gewaltigen, klobigen und bereits verwitternden Kreuzen, von denen es so viele gab. »Verstorben am 7. November 1819 um fünf Uhr morgens« – solche Inschriften waren unheimlich zu lesen, schlimm ist der Tod im Morgengrauen eines unfreundlichen Herbsttages in der alten Kreisstadt! Doch daneben schimmerte inmitten der Bäume weiß ein Marmorengel, die Augen in den blauen Himmel gehoben, und auf dem schwarzspiegelnden Granit darunter waren goldene Buchstaben eingemeißelt: »Selig sind die Toten, die in dem Herrn sterben!« Auf dem eisernen, von Unwetter und der Zeit regenbogenfarbig gewordenen Grabmal eines Kollegienassessors konnte man Verse entziffern:

> Dem Zaren diente er rechtschaffen,
> Den Nächsten liebte er aufrichtig,
> Geachtet ward er von den Menschen ...

Diese Verse schienen Tichon Iljitsch verlogen ... Doch hier war sogar die Lüge anrührend. Denn wo ist schon Wahrheit? Hier im Gebüsch liegt ein menschlicher Kiefer, wie aus schmutzigem Wachs gemacht – das ist alles, was von einem Menschen übrig bleibt ... Ist es wirklich alles? Blumen, Schleifen, Kreuze, Särge und Knochen vermodern in der Erde – alles Tod und Verwesung. Doch Tichon Iljitsch ging weiter und las: »Also auch die Auferstehung der Toten. Es wird gesät verweslich, und wird auferstehen unverweslich.« »Lieber Sohn, die Erinnerung an dich wird in unseren Herzen niemals vergehen!« ...

Die Augenbrauen immer strenger zusammenschiebend, nahm er die Schirmmütze ab und bekreuzigte sich. Er war blaß und noch schwach von der Krankheit, er dachte an seine Kindheit und Jugend, an Kusma ... Er ging in jenen entfernten Winkel des Friedhofs, wo all seine Verwandten begraben lagen – der Vater, die Mutter, die Schwester, die noch als kleines Mädchen gestorben war ... Die Inschriften sprachen bewegend und friedvoll von Ruhe und Rast, von der Zärtlichkeit gegenüber Vätern, Müttern, Ehemännern und Ehefrauen, von der Liebe, die es angeblich auf Erden nicht gibt und nicht geben wird, von jener Treue zueinander und der Ergebenheit zu Gott, von jener glühenden Zuversicht auf das künftige Leben und ein Wiedersehen in dem anderen, seligen Land, an das man nur hier glaubt, von jener Gleichheit, die nur der Tod gibt – in den Momenten, in denen man den toten Bettler zum letzten Mal auf den Mund küßt wie einen Bruder, macht man ihn Zaren und Herrschern gleich, und man spricht über ihn die klügsten, größten und feierlichsten Worte ... Und dort, in einem fernen Winkel an der Mauer in den Holunderbüschen, die in der brennenden Sonne dösen, dort, wo einst Gräber waren und jetzt nur noch mit Gras und weißen Blumen überwucherte Hügel und Senken, entdeckte Tichon Iljitsch ein frisches Kindergrab, ein Kreuz und auf dem Kreuz einen Zweizeiler:

> Still, ihr Blätter, rauschet nicht,
> Weckt mir meinen Kostja nicht!

Und als er an sein Kind dachte, das von der stummen Köchin im Schlaf erdrückt worden war, mußte er blinzeln, weil ihm die Tränen in die Augen traten ...

Die Chaussee, die am Friedhof entlanglief und sich in den welligen Feldern verlor, wurde nie befahren. Über die Chaussee lief höchstens ab und zu ein barfüßiger armer Teufel, ein Bursche in einem verschossenen rosa Hemd und bunten Flickenhosen. Man fuhr über den staubigen Seitenweg. Auch Tichon Iljitsch benutzte den Seitenweg. Ihm entgegengeprescht kam zunächst eine klapprige Mietdroschke – die örtlichen Kutscher fuhren verwegen! –, und in dieser Droschke saß ein Jäger, ein Bankbeamter: zu seinen Füßen ein geschecker Vorstehhund, auf den Knien ein Gewehr im Futteral, an den Beinen hohe Sumpfstiefel, obwohl es im ganzen Kreis keinen Sumpf gab. Dann kam ein junger Postbote, der auf einem altertümlichen Fahrrad mit zwei Rädern thronte, von denen das eine riesig und das andere, hintere, winzig war, und fuhr auf und ab schwankend durch die staubigen Schlaglöcher. Er erschreckte das Pferd, und Tichon Iljitsch biß erbost die Zähne zusammen: Arbeiten lassen müsste man diesen Faulpelz! Die Mittagssonne brannte herab, ein heißer Wind blies, der wolkenlose Himmel wurde schiefergrau. Und während Tichon Iljitsch daran dachte, wie kurz und unsinnig das Leben war, wandte er sich immer erboster ab von dem Staub, der über den Weg flog, schielte er immer besorgter auf das dürre, vor der Zeit austrocknende Getreide.

Gemessenen Schrittes, mit langen Stöcken, zogen scharenweise Pilgerinnen dahin, geplagt von Müdigkeit und Hitze. Sie verneigten sich tief und demütig vor Tichon Iljitsch, doch diese Verneigungen schienen ihm verlogen.

»Scheinfromme Weiber! Aber im Nachtlager beißen sie sich bestimmt wie die Hunde!« brummte er.

Staubwolken aufwirbelnd, trieben betrunkene Bauern auf dem Rückweg vom Jahrmarkt ihre Pferde an – beinahe zehn Stück pro Fuhrwerk, fuchsrot, grau, schwarz oder gelblich, aber alle gleichermaßen häßlich, mager und zottig. Als er ihre polternden Wagen überholte, schüttelte Tichon Iljitsch den Kopf:

»Pah, Bettlergesindel, zum Teufel mit euch!«

Einer, in einem zerfetzten Kattunhemd, der im Schlaf hin und her geschüttelt wurde wie ein Toter, lag auf dem Rücken, den Kopf nach hinten geworfen, den blutbeschmierten Bart und die geschwollene, blutverkrustete Nase in die Höhe gereckt. Ein anderer rannte und versuchte seine Mütze einzufangen, die der Wind ihm vom Kopf gerissen hatte, stolperte, und Tichon Iljitsch zog ihm mit hämischem Vergnügen mit seiner Peitsche eins über. Hinter ihm fuhr ein Leiterwagen, voll mit Sieben, Schaufeln und Weibern; sie hockten mit dem Rücken zu den Pferden und wurden ordentlich durchgerüttelt; eine trug eine neue Kinderkappe mit dem Schirm nach hinten, eine andere sang mit vollem Munde, und eine dritte winkte und grölte Tichon Iljitsch zu:

»Onkel! Du hast einen Splint verloren!«

Er zügelte sein Pferd, ließ sich überholen und zog auch dem Weib mit der Peitsche eins über.

Hinter dem Stadttor, wo die Chaussee abbog, wo die polternden Wagen zurückblieben und ihn die Stille, die Weite und die Gluthitze der Steppe erfaßten, spürte er wieder, daß trotz allem das Wichtigste auf der Welt die Arbeit war. Voller Verachtung dachte er an die Gutsbesitzer, die sich auf dem Jahrmarkt wichtig getan hatten mit ihren jämmerlichen Trojkas ... Ach, und dieses Elend ringsum! Die Bauern waren völlig herabgewirtschaftet, keine Kopeke war mehr übrig in den verarmten kleinen

Gehöften, die über den ganzen Kreis verstreut waren ...
Ein Herr müßte her, ein Herr!

»Aber nicht du, Bruder, bist dieser Herr!« sagte er zu
sich selbst mit bösem Grinsen. »Du bist selbst bettelarm,
ein Bettler, verrückt, untauglich für die Arbeit!«

Auf halbem Wege lag Rownoje, ein großes Einhöfer-
dorf. Der Suchowej fegte durch die leeren Straßen und das
von der Sonne versengte Weidengebüsch. An den Schwellen der Häuser plusterten sich die Hühner und gruben sich
in Asche ein. Klobig ragte die graue Kirche auf dem kahlen
Weideplatz empor. Hinter der Kirche blinkte unter einem
aufgeschütteten Damm ein seichter, lehmiger Teich in der
Sonne – zähflüssiges, gelbliches Wasser, in dem eine
Herde Kühe stand, die alle Augenblicke ihre Notdurft ver-
richteten, und in dem ein nackter Bauer seinen Kopf ein-
seifte. Er stand ebenfalls bis zum Gürtel im Wasser, auf seiner Brust blitzte ein Kreuz aus Kupfer, sein Hals und sein
Gesicht waren schwarz von der Sonne, aber sein Körper
war erstaunlich blaß und weiß.

»Zäum das Pferd ab«, sagte Tichon Iljitsch, als er bei
dem nach Kuhherde riechenden Teich ankam.

Der Bauer warf den blaumarmorierten Seifenrest auf
das vom Kuhmist schwarze Ufer, bedeckte sich scham-
haft und kam mit eingeseiftem Kopf hastig dem Befehl
nach. Das Pferd neigte sich gierig zum Wasser hinunter,
aber das Wasser war so warm und widerlich, daß das
Pferd sein Maul hob und sich abwandte. Tichon Iljitsch
pfiff ihm zu und wedelte mit seiner Schirmmütze:

»Na, das ist ja ein Wasser bei euch! Trinkt ihr das
etwa?«

»Bei Ihnen gibt's wohl Zuckerwasser?« versetzte der Bauer freundlich und munter. »Wir trinken das seit tausend Jahren! Aber Wasser ist Wasser – nur Brot haben wir keines ...«

Darauf konnte er nichts sagen: Schließlich war das Wasser auch in Durnowka nicht besser, und Brot gab es auch keines ... Und würde es auch nicht geben ... Hinter Rownoje führte der Weg wieder durch Roggenfelder, aber was für welche! Dürres, schwaches Getreide, kaum Ähren, von Kornblumen überwuchert ... Und bei Wysselki, in der Nähe von Durnowka, hockte wie eine Wolke ein Schwarm Krähen mit aufgerissenen silbrigen Schnäbeln auf einer hohlen, knorrigen Weide: Von Wysselki war nichts mehr übrig als nur der Name – nur die schwarzen Gerippe der Hütten inmitten von Trümmern! Aus den Trümmern stiegen milchigblaue Rauchfahnen auf, beißender Brandgeruch lag in der Luft ... Tichon Iljitsch durchzuckte der Gedanke an ein Feuer. »Ein Unglück!« dachte er und wurde blaß. Bei ihm war nichts versichert, alles wäre in einer Stunde verloren ...

Seit diesen Petrifasten, seit dieser denkwürdigen Fahrt zum Jahrmarkt hatte Tichon Iljitsch zu trinken begonnen, und das recht häufig – nicht so, daß er völlig betrunken gewesen wäre, aber so, daß sein Gesicht ordentlich gerötet war. Doch war das den Geschäften sowenig abträglich, wie es nach seinen Worten der Gesundheit abträglich war. »Wodka reinigt das Blut«, pflegte er zu sagen; und wahrhaftig, er sah jetzt kräftiger aus als früher. Sein Leben bezeichnete er auch jetzt noch häufig als Schinderei, als Strang oder als goldenen

Käfig. Doch er ging seinen Weg immer überzeugter, ohne auf Wetter und Weg zu achten. Der Alltag kehrte ein in seinem Haus, und einige Jahre vergingen so eintönig, daß alles zu einem einzigen Arbeitstag verschmolz. An neuen, großen Ereignissen trat ein, womit niemand gerechnet hätte – der Krieg mit Japan und die Revolution.

Das Gerede über den Krieg begann natürlich mit Prahlereien. »Der Kosake wird das gelbe Fell schnell abziehen, Bruder!« Doch schwelte dieser schwache Abklatsch früherer Prahlerei nicht lange. Bald waren auch andere Reden zu hören.

»Wir wissen nicht mal, wohin mit unserem eigenen Land!« sprach Tichon Iljitsch im strengen Ton des Hausherrn, wobei er sich das erste Mal in seinem Leben nicht über das Land von Durnowo, sondern über das ganze russische Land äußerte. »Das ist kein Krieg, das ist der reinste Unsinn!«

Auch etwas anderes, das ihm eigen war, zeigte sich – auf der Seite desjenigen zu stehen, der die Oberhand behält. Die Nachrichten von den vernichtenden Niederlagen der russischen Armee versetzten ihn in Begeisterung:

»Großartig! Geschieht ihnen ganz recht, verflucht noch mal!«

Ihn begeisterten auch die Siege der Revolution, ihn begeisterten die Tötungen.

»Ich hätte es diesem Minister schon gegeben«, bemerkte Tichon Iljitsch bisweilen im Überschwang seiner Begeisterung, »dem hätte ich es gegeben, kein Stäubchen wäre mehr von ihm übriggeblieben!«

Doch auch die Besorgnis wuchs. Sobald es um das Land ging, wurde Gehässigkeit ausgeschüttet. »Das sind alles die Juden! Alles die Juden, und dann noch die mit den Zottelmähnen – die Studenten!« Am meisten erboste Tichon Iljitsch, daß sich der Sohn des Diakons in Uljanowka als Sozialdemokrat bezeichnete, ein Seminarist, der müßig bei seinem Vater herumlungerte. Und es war nicht zu begreifen: Alle sagten immer – Revolution, Revolution, aber ringsum war nach wie vor alles wie früher, wie immer: Die Sonne schien, auf dem Feld blühte der Roggen, Fuhrwerke zogen zum Bahnhof ... Nicht zu begreifen in seinem Schweigen, in seinen ausweichenden Reden war auch das Volk.

»Verschlossen ist es, das Volk! Es graut einen geradezu, wie verschlossen es ist!« sagte Tichon Iljitsch.

Und »die Juden« vergessend, fügte er hinzu: »Nehmen wir mal an, das ist alles gar nicht so kompliziert. Die Regierung wird abgelöst, das Land wird gleichmäßig verteilt – das begreift schließlich jedes Kind. Klare Sache also, für wen es sich krumm macht, das Volk. Aber natürlich hält es seinen Mund. Also muß man achtgeben und dafür sorgen, daß das so bleibt. Es bloß nicht hochkommen lassen! Denn sonst nimm dich in acht: Wenn es Erfolg wittert, ist es unberechenbar, dann haut es alles kurz und klein!«

Wenn er las oder hörte, daß nur denen das Land weggenommen würde, die mehr als fünfhundert Desjatinen besaßen, wurde er selbst zum »Aufwiegler«. Sogar mit den Durnowern legte er sich an. Es kam vor, daß ein Bauer an seinem Laden stand: Er hatte vielleicht am Bahnhof Wodka gekauft, im Laden eine Blaunase und

Kringel, die Mütze hatte er abgenommen; doch er sparte sich den Genuß noch auf und sagte:

»Nein, Iljitsch, das kannst du nicht sagen. Wenn es gerecht veranschlagt wird – dann geht das, dann kann man es nehmen. Aber so – nein, das ist nicht richtig.«

Es roch nach dem Kiefernholz, das beim Speicher, gegenüber vom Hof, gestapelt war. Es roch penetrant nach Blaunase und nach dem Lindenbast, auf dem Kringel aufgefädelt waren. Man hörte, wie hinter den Bäumen und den Bahnhofsgebäuden die Lokomotive eines Güterzugs zischend Dampf abließ. Tichon Iljitsch stand ohne Mütze vor seinem Laden, kniff die Augen zusammen und grinste listig. Grinsend erwiderte er dann:

»Schlaumeier! Und wenn er nun kein Herr ist, sondern ein Strolch?«

»Wer? Der gnädige Herr etwa?«

»Nein – der heilige Geist!«

»Na, das ist eine andere Sache. Dann ist es keine Sünde, ihn ordentlich auszunehmen!«

»Siehst du, genau das ist es eben!«

Doch man hörte auch anderes – schon bei weniger als fünfhundert sollte enteignet werden! –, und dann wurde er sofort von Fahrigkeit, Mißtrauen und Krittelei gepackt. Alles, was im Hause geschah, stieß ihn dann ab.

Jegorka, der Gehilfe, schleppte die Mehlsäcke aus dem Laden und begann sie auszuschütteln. Sein Kopf erinnerte an den des Dorfidioten, Motja Entenkopf. Ein keilförmiger Scheitel, struppiges, dickes Haar – warum bloß haben Idioten immer so dickes Haar? –, eine platte Stirn, das Gesicht wie ein schiefes Ei, Glotzaugen, die Lider mit den weißen Kälberwimpern gleichsam straffgezogen: Es sah aus, als würde die Haut nicht ausreichen, als müßte der Bursche, um die Augen zu schließen, den Mund aufreißen, und um den Mund zu schließen, die Lider weit aufklappen. Tichon Iljitsch schrie ihn erbost an:

»Trottel! Tölpel! Was schüttelst du die über mir aus?«

Die Köchin brachte eine Truhe hinaus, öffnete sie, stülpte sie auf die Erde und begann, mit der Faust auf den Boden zu trommeln. Als er begriff, worum es ging, schüttelte Tichon Iljitsch bedächtig den Kopf:

»Ach, diese Hausfrauen, verflucht noch mal! Willst du die Schaben vertreiben?«

»Dadrin wimmelt es nur so von denen!« antwortete die Köchin erfreut. »Wir haben reingeguckt – du liebe Güte!«

Mit knirschenden Zähnen ging Tichon Iljitsch auf die Chaussee und blickte lange hinaus auf die welligen Felder, in Richtung Durnowka.

Seine Wohnstuben, die Küche, der Laden und der Speicher, in dem früher der Weinhandel gewesen war – all das stand beieinander, unter einem gemeinsamen Blechdach. Von drei Seiten her stießen die strohgedeckten Vordächer des Viehhofs direkt an das Haus, und so ergab sich ein behagliches Quadrat. Die Vortreppe und sämtliche Fenster gingen nach Süden. Doch die Getreidespeicher, die gegenüber den Fenstern auf der anderen Straßenseite standen, versperrten den Blick. Rechter Hand war der Bahnhof, linker Hand die Chaussee. Jenseits der Chaussee lag ein Birkenwäldchen. Wenn es Tichon Iljitsch nicht wohl war, ging er hinaus auf die Chaussee. Als weißes, gewundenes Band lief sie von Anhöhe zu Anhöhe nach Süden hin, immer weiter abfallend mit den Feldern und erst zum Horizont hin wieder ansteigend, bei einem Bahnwärterhäuschen in der Ferne, da, wo die von Südosten her kommende Eisenbahn sie kreuzte. Und wenn es sich ergab, daß einer der Bauern aus Durnowka nach Uljanowka fuhr – natürlich einer von den tüchtigeren, vernünftigeren, zum Beispiel Jakow, den alle mit Jakow Mikitisch anredeten, weil er habsüchtig war und schon das zweite Jahr seinen kleinen Schober voller Getreide hütete und drei kräftige Pferde besaß –, hielt Tichon Iljitsch ihn an.

»Wenn du dir wenigstens eine Schirmmütze kaufen würdest!« rief er grinsend.

Jakow, in Fellmütze, Hanfhemd und kurzer Drillichhose, hockte barfuß auf der Seitenwand des Leiterwagens. Er zog an dem Strick, der ihm als Zügel diente, und ließ die wohlgenährte Stute anhalten.

»Guten Tag, Tichon Iljitsch«, sagte er zurückhaltend.

»Guten Tag! Es wird Zeit, sage ich, daß du deine Fellmütze für ein Dohlennest opferst!«

Jakow blickte mit einem listigen Grinsen nach unten und nickte.

»Das … wie soll ich sagen … Das wäre gar nicht schlecht. Nur läßt mein Kapital das gewissermaßen nicht zu!«

»Hör auf mit dem Geschwätz! Euch kennen wir, euch Kasaner Waisenkinder! Dein Mädchen hast du verheiratet, deinen Jungen auch, Geld ist da … Was verlangst du denn noch vom Herrgott?«

Jakow war geschmeichelt, wurde aber noch zurück-
haltender.

»Ach, meine Güte!« Seufzend und mit zittriger, fast
kichernder Stimme murmelte er: »Geld ... Das hab ich
gewissermaßen nie gehabt ... Und der Junge ... Was ist
mit dem? Der macht mir keine Freude ... Das muß man
so sagen – er macht mir keine Freude!«

Jakow war wie viele Bauern sehr nervös, vor allem
dann, wenn die Rede auf seine Familie und seine Wirtschaft kam. Er war sehr verschlossen, aber jetzt siegte
die Nervosität, auch wenn sie sich nur durch seine abgehackte, zittrige Rede äußerte. Um ihn endgültig auf-
zuschrecken, erkundigte Tichon Iljitsch sich teilnahms-
voll:

»Keine Freude? Sag bitte! Und das alles wegen der
Frau?«

Jakow blickte umher, kratzte mit den Fingernägeln
an der Brust:

»Ja, wegen der Frau, die Krätze soll sie kriegen ...«

»Ist er eifersüchtig?«

»Ja ... Angeschwärzt hat sie mich, ich wär hinter ihr
her.«

»Hm!« machte Tichon Iljitsch mitfühlend, obwohl
er sehr gut wußte, daß es hier keinen Rauch ohne Feuer
gab.

Jakows Augen schweiften umher.

»Andauernd liegt sie ihrem Mann damit in den Ohren, andauernd! Schlimmer noch – vergiften wollte sie
mich! Manchmal, wenn man erkältet ist ... dann raucht
man ein bißchen, damit das Atmen besser geht ... Und

sie hat das gesehen und mir eine Selbstgedrehte unters Kissen gelegt! ... Hätt ich nicht aufgepaßt, wär ich jetzt hinüber!«

»Was für eine Selbstgedrehte?«

»Die Knochen von Toten hat sie zerstoßen und in den Tabak gestreut ...«

»Der Bursche ist aber auch schön blöd! Warum hat er diesem Teufelsbraten nicht auf russisch beigebracht, was eine Harke ist?«

»Von wegen! Mir ist er gewissermaßen an die Gurgel gegangen! Windet sich wie eine Schlange ... Ich packe ihn am Kopf, aber der ist kahlgeschoren! Ich packe ihn am Kragen ... wollte aber das Hemd nicht kaputtmachen.«

Tichon Iljitsch wiegte den Kopf, schwieg einen Augenblick und rang sich durch zu fragen:

»Nun, wie ist es bei euch? Wartet ihr auf den Aufstand?«

Doch da kehrte Jakows Verschlossenheit sofort zurück. Er grinste und winkte ab.

»Ach wo!« nuschelte er vor sich hin. »Das fehlt uns gerade noch, ein Aufstand! Bei uns ist das Volk friedlich ... Friedlich ist das Volk ...«

Er zog die Zügel an, als würde das Pferd nicht schon stehen.

»Und wozu dann die Versammlung am letzten Sonntag?« warf Tichon Iljitsch auf einmal boshaft ein.

»Die Versammlung? Weiß der Teufel! Es wurde ein bißchen lamentiert, gewissermaßen ...«

»Ich weiß schon, worüber da lamentiert wurde! Ich weiß es!«

»Na und, ich halt damit ja nicht hinter dem Berg … Sie haben gewissermaßen gesagt, eine Verfügung ist rausgekommen … eine Verfügung ist rausgekommen – auf gar keinen Fall soll man zum früheren Lohn arbeiten …«

Es war höchst ärgerlich, sich vorzustellen, nur wegen irgendeines Durnowka die Hände in den Schoß legen zu müssen. Dabei gab es in diesem Durnowka nur mehr drei Dutzend Höfe. Und es lag in einer Teufelsschlucht: eine breite Schlucht, auf der einen Seite die Bauernkaten, auf der anderen der kleine Gutshof. Und dieser Gutshof wechselt nun Blicke mit den Bauernkaten und wartet Tag für Tag auf irgendeine »Verfügung« … Ach, man sollte ein paar Kosaken mit Peitschen holen!

Doch die »Verfügung« kam. Eines Sonntags machte das Gerücht die Runde, daß in Durnowka eine Versammlung abgehalten und ein Plan zum Angriff auf das Gut ausgearbeitet werde. Mit boshafter Freude im Blick, mit dem Gefühl ungewöhnlicher Kraft und Kühnheit und der Bereitschaft, »es mit dem Teufel selbst aufzunehmen«, rief Tichon Iljitsch, man solle »den jungen Hengst vor die Renndroschke spannen«, und bereits zehn Minuten später jagte er über die Chaussee nach Durnowka. Nach dem regnerischen Tag versank die Sonne in graurroten Wolken, die Birkenstämme im Wäldchen waren purpurrot, der Seitenweg, der sich mit seinem schwarz-violetten Schmutz inmitten des frischen Grüns deutlich abzeichnete, war schwer zu befahren. Von den Schenkeln des Hengstes, von dem Hintergeschirr, das sich fortwährend daran rieb, troff rosiger Schaum. Doch Tichon Iljitsch hatte andere Sorgen. Er ließ die Zügel knallen, bog von der Eisenbahnlinie ab, nahm rechts den Feldweg und geriet, als er Durnowka sah, einen Moment lang in Zweifel, ob die Gerüchte vom Aufstand tatsächlich der Wahrheit entsprachen. Friedliche Stille herrschte ringsum, friedlich sangen die Lerchen ihre Abendlieder, schlicht und still duftete es nach feuchter Erde und der Süße der Feldblumen … Doch plötzlich fiel sein Blick auf die Brachen am Gutshaus, die mit gelbem Honigklee überwuchert waren: Auf den Brachen weideten die Pferde der Bauern! Es war also soweit! Tichon Iljitsch zerrte an den Zügeln und preschte vorbei an den Pferden, an der mit Kletten und Brennesseln überwucherten Getreidedarre, vorbei am Kirschgarten, in dessen niedrigen Bäumen lauter Spatzen hockten, vorbei am Pferdestall und an der Gesindekate, und sprengte in den Hof …

Und danach war etwas Ungeheuerliches geschehen: In der Dämmerung, starr vor Erbitterung, Kränkung und Furcht, saß Tichon Iljitsch nun in der Renndroschke auf dem Feld. Sein Herz klopfte, die Hände zitterten, das Gesicht brannte, das Gehör war scharf wie bei einem Tier. Er saß da, lauschte auf das Geschrei, das von Durnowka herüberdrang, und erinnerte sich, wie die gewaltig erscheinende Menge, als sie ihn von Ferne erspähte, sich durch die Schlucht heranwälzte zum Gut, den Hof mit Lärmen und Fluchen erfüllte, sich an der Vortreppe zusammendrängte und ihn gegen die Tür preßte. Er hielt nur die Peitsche in Händen. Er schwang sie, bald zurückweichend, bald sich verzweifelt auf die Menge stürzend. Doch noch weiter und kühner schwang der Sattler den Stock, mit dem er ihn angriff – böse, sehnig, mit eingefallenem Bauch und spitzer Nase, in Stiefeln und einem lila Kattunhemd. Im Namen der ganzen Menge – seltsam war es, in ihr Nikolka Sery zu erkennen, den allerärmsten kleinen Bauern in ganz Durnowka, und auch Tschugunok und Jakow! – brüllte er, es sei die Verfügung ergangen, »Schicht zu machen« – an ein und demselben Tag, zu ein und derselben Stunde im ganzen Gouvernement Schicht zu machen: die fremden Landarbeiter von allen Höfen davonzujagen, statt dessen die Leute aus dem Ort zur Arbeit einzustellen – für einen Silberrubel pro Tag! – und die Herren zum Teufel zu jagen. Tichon Iljitsch schrie noch ungestümer und versuchte den Sattler zu übertönen:

»Ach! Sag bloß! Hat dir das der Sohn vom Diakon beigebracht, du Strolch? Du bist ja schnell von Begriff!«

Der Sattler griff seine Worte flugs auf:

»Du bist der Strolch!« kreischte er heiser und lief rot an. »Du, du Narr, grauhaariger! Als ob ich den Sohn vom Diakon dafür bräuchte! Weiß ich, wieviel Land du hast? Na, wieviel, du Schinder? Zweihundert? Und ich – Teufel noch mal! – ich hab bloß soviel wie deine Vortreppe! Und warum? Wer bist du denn? Wer bist du denn, frag ich dich? Bist du etwa was Besseres?«

»Daran wirst du noch denken, Mitka!« schrie Tichon Iljitsch schließlich hilflos und stürmte, weil er merkte, daß sich ihm der Kopf trübte, durch die Menge zu seiner Renndroschke. »Du wirst noch daran denken!«

Aber die Drohung machte niemandem Angst – grölendes Gelächter, Schreie und Pfiffe schallten ihm hinterher … Danach war er um das Gut herumgefahren, hatte haltgemacht und gelauscht. Er fuhr auf die Straße hinaus, zur Kreuzung und stellte sich mit dem Gesicht zum Abendrot, zum Bahnhof, bereit, jeden Moment auf das Pferd einzuschlagen. Es war sehr still und warm, feucht und dunkel. Das zum Horizont hin, wo noch ein schwaches rötliches Licht glomm, ansteigende Land war schwarz wie ein Abgrund.

»Stehenbleiben, du Aas!« fauchte Tichon Iljitsch das Pferd an, das sich geregt hatte. »Stehenbleiben!«

Aus der Ferne hallten bald Geschrei, bald Lieder herüber. Aus allen Stimmen tat sich die von Wanja Krassny hervor, der bereits zweimal in den Bergwerken am Donezk gewesen war ... Dann stieg plötzlich über dem Gut eine feurige Rauchsäule auf: Die Bauern hatten im Garten die Fruchtknoten abgeschüttelt und eine Laubhütte angezündet – und die Pistole, die der geflohene Gärtner, ein Kleinbürger, in der Laubhütte vergessen hatte, schoß nun aus dem Feuer ...

Später erfuhr man, daß tatsächlich ein Wunder geschehen war: An ein und demselben Tag hatten sich die Bauern beinahe im ganzen Kreis zum Aufstand erhoben. Die Gasthöfe der Stadt waren lange Zeit überfüllt mit Gutsbesitzern, die Schutz suchten bei der Staatsmacht. Und später erinnerte sich Tichon Iljitsch tief beschämt, daß auch er Schutz gesucht hatte: beschämt deshalb, weil der ganze Aufstand damit endete, daß die Durnower Bauern herumschrien, allerlei Unfug trieben und dann wieder still wurden. Der Sattler tauchte, als sei nichts gewesen, bald wieder im Laden am Bahnhof Worgol auf, zog an der Schwelle seine Mütze, als würde er nicht bemerken, daß Tichon Iljitschs Gesicht sich bei seinem Erscheinen verdüsterte. Allerdings kursierten noch Gerüchte, die Durnower Bauern wollten Tichon Iljitsch umbringen. Er hatte nun Angst, sich auf dem Weg von Durnowka her zu verspäten, tastete nach dem Revolver, der ihm die Tasche seiner Pumphose lästig ausbeulte, schwor sich, er werde eines Nachts Durnowka bis auf die Grundmauern niederbrennen ... das Wasser in den Teichen von Durnowka vergiften ... Dann verstummten auch die Gerüchte. Aber Tichon Iljitsch überlegte sich nun ernsthaft, Durnowka loszuwerden. »Besser den Spatz in der Hand als die Taube auf dem Dach!« Zudem waren die Bauern mittlerweile furchtloser im Umgang, und sie legten eine rätselhafte Informiertheit an den Tag ...

»Hast du das vielleicht in der Zeitung gelesen?« fragte Tichon Iljitsch einmal den Stotterer Kobyljaj, der dafür berühmt war, daß man ihn eines Tages bei den Pferden »erwischt« hatte.

»In der Z-z-zeitung?« wunderte sich Kobyljaj. »V-v-von wem s-s-soll'n wir d-d-die denn haben?«

Und wirklich: Niemand gab ihnen eine Zeitung. Aber die Durnower Bauern wußten geradezu über »alle Hintergründe Bescheid«, und allein schon deshalb wäre es töricht gewesen, Aufsicht und Führung der Gutsangelegenheiten Arbeitern aus Durnowo anzuvertrauen. ... Außerdem war Rodka der Starosta.

In diesem Jahr – dem unruhigsten der letzten Jahre – wurde Tichon Iljitsch schon fünfzig Jahre alt. Aber den Traum, Vater zu werden, hatte er noch immer nicht aufgegeben. Eben dieser Traum führte ihn mit Rodka zusammen.

Rodka, ein hoch aufgeschossener, düsterer Bursche aus Uljanowka, war vor etwa zwei Jahren auf den Hof von Jakows Bruder Fedot gekommen; er heiratete, begrub Fedot, der auf der Hochzeit im Suff gestorben war, und ging zu den Soldaten. Und die junge Frau – schlank, mit sehr weißer, feiner Haut, zarter Wangenröte und ewig gesenkten Wimpern – arbeitete von nun an im Tagelohn auf dem Gut. Diese Wimpern machten Tichon Iljitsch schwer zu schaffen. Die Durnower Bäuerinnen trugen »Hörner« auf dem Kopf: Sobald sie verheiratet waren, wurden die Zöpfe auf dem Scheitel zusammengedreht und mit einem Tuch bedeckt, wodurch ein ungetümes, kuhähnliches Gebilde entstand. Sie trugen altertümliche, dunkelviolette, mit Bordüren abgesetzte Bauernröcke, eine weiße Schürze in der Art eines Sarafans und Bastschuhe. Aber die Junge – dieser Spitzname blieb ihr erhalten – war auch in dieser Aufmachung hübsch. Und eines Abends, in der dunklen Getreidedarre, wo die Junge allein die Ähren zusammenfegte, trat Tichon Iljitsch, sich umsehend, rasch zu ihr heran und sagte hastig:

»In Halbstiefeln sollst du gehen, in Seidenkleidern … Auf fünfundzwanzig Rubel kommt es mir nicht an!«

Aber die Junge schwieg regungslos.

»Hörst du nicht?« zischte Tichon Iljitsch.

Aber die Junge war wie versteinert, hielt den Kopf gesenkt und schwang ihre Harke.

So erreichte er gar nichts. Bis plötzlich Rodka auftauchte: früher als vorgesehen, mit nur einem Auge. Das war bald nach dem Aufstand der Durnower Bauern, und

Tichon Iljitsch nahm Rodka zusammen mit seiner Frau auf dem Gut sofort in Dienst, wobei er vorgab, daß man »ohne Soldaten heutzutage nicht auskommt«. Kurz vor dem Sankt-Elias-Tag war Rodka in die Stadt gefahren, und die Junge scheuerte die Fußböden im Haus. Tichon Iljitsch stapfte durch die Pfützen, betrat das Zimmer und musterte die Junge, die sich zum Boden hinunterneigte, ihre vom schmutzigen Putzwasser bespritzten weißen Waden, ihren ganzen in die Breite gegangenen, fülliger gewordenen Körper ... Mit einem Mal drehte er den Schlüssel in der Tür herum und trat, seine Kraft und sein Begehren besonders geschickt zu gebrauchen wissend, auf die Junge zu. Sie richtete sich flink auf, hob das erhitzte, gerötete Gesicht und schrie, den nassen Scheuerlappen in der Hand, ganz sonderbar:

»Ich schmier dich ein, Kerl!«

Es roch nach heißem Putzwasser, nach heißem Körper und Schweiß ... Und Tichon Iljitsch packte den Arm der Jungen, preßte ihn brutal zusammen, entriß ihr den Scheuerlappen und warf ihn weg, packte sie mit dem rechten Arm um die Taille, drückte sie an sich, so daß ihre Knochen knackten – und trug sie ins andere Zimmer, wo das Bett stand. Und die Junge, den Kopf zurückgeworfen, die Augen aufgerissen, kämpfte nicht mehr, widersetzte sich nicht mehr ...

Danach war es qualvoll für ihn, seine eigene Frau anzusehen, Rodka zu sehen und zu wissen, daß er mit der Jungen schlief, daß er sie grausam schlug – jeden Tag und jede Nacht. Bald aber wurde es unheimlich. Unergründlich sind die Wege, auf denen der Eifersüchtige die Wahrheit herausbekommt. Und Rodka bekam sie heraus. Hager, einäugig, langarmig und kräftig wie ein Affe, mit seinem kleinen, kurzgeschorenen schwarzen Kopf, den er ständig gebeugt hielt, mit seinem tiefliegenden blitzenden Auge finster dreinblickend, war er furchterregend. Bei den Soldaten hatte er einige ukrainische Wörter und den Akzent aufgeschnappt. Und wenn die Junge es wagte, seinen knappen, rauhen Worten zu widersprechen, nahm er gleichmütig die Riemenpeitsche, ging hämisch grinsend auf sie zu und fragte mit zusammengepreßten Zähnen gleichmütig und mit ukrainischem Akzent:

»Was sagen Sie?«

Und er verdrosch sie so, daß ihr Hören und Sehen verging.

Einmal kam Tichon Iljitsch zufällig bei einer solchen Strafaktion hinzu, und weil er es nicht ertragen konnte, schrie er:

»Was machst du da, du Schuft?«

Aber Rodka setzte sich gleichmütig auf eine Bank, blickte ihn nur an und fragte mit ukrainischem Akzent:

»Was sagen Sie?«

Und Tichon Iljitsch knallte hastig die Tür hinter sich zu.

Ihm schossen wilde Gedanken durch den Kopf: seine Frau zu vergiften – mit Kohlendunst zum Beispiel –, es so einzurichten, daß Rodka irgendwie von einem Dach erschlagen oder unter Erdmassen begraben würde … Doch es verging ein Monat, es verging ein zweiter – und die Hoffnung, jene Hoffnung, die ihm diese berauschenden Gedanken eingegeben hatte, trog ihn bitter: Die

Junge war nicht schwanger! In Durnowka waren alle der Ansicht, daß Rodka an ihrer Unfruchtbarkeit schuld war. Auch Tichon Iljitsch war dieser Ansicht – und machte sich große Hoffnungen. Aber eines Tages Mitte September tauchte er unerwartet beim Gut auf, während Rodka am Bahnhof war, und ächzte nur beim Anblick des angstverzerrten, weiblich-schönen Gesichts der Jungen.

»Bist du wieder soweit?« rief er, als er die Vortreppe hinauflief.

Die Lippen der Jungen wurden weiß, die Nase wachsbleich, die Augen weiteten sich, wurden dunkel und starr. In Erwartung eines tödlichen Schlags drehte sie instinktiv den Kopf zur Seite. Doch Tichon Iljitsch hielt sich zurück – er hatte sie nur ein einziges Mal auf die Wange geschlagen und dabei selbst vor Schmerz und Wut gestöhnt.

Einen Augenblick später fuhr er zurück – und seither hatte Rodka keinen Anlaß mehr zur Eifersucht. Und weil Rodka das spürte, begann er Tichon Iljitsch zu fürchten. Der hegte nunmehr lediglich einen Wunsch: ihn so schnell wie möglich loszuwerden ... Aber wen sollte er an seiner Stelle nehmen?

Vor den Durnower Bauern war Tichon Iljitsch noch auf der Hut. Ein paar Mal lud er den Landkommissar und den Wachtmeister ein und bewirtete sie. Aber was hatte er davon? Wachtmeister Orlow tat, wenn er zu Besuch kam, nichts anderes als essen und trinken – »auf die Gesundheit der hochverehrten Anastassija Petrowna!« –, mit seinem Freidenkertum herumprahlen und den »Primier-Minister« aufs übelste kritisieren, und er ließ dem Hausherrn keine

Gelegenheit, auch nur zwei Worte über seine eigenen Angelegenheiten zu verlieren. Und wenn er über Nacht blieb, schlief er bis zehn Uhr morgens, zog dann obendrein den Schlafrock des Hausherrn an und stellte darunter seine schmutzigen, mageren Beine mit den langen, hundekrallenartigen Zehennägeln zur Schau ...

Der Zufall kam zu Hilfe. Unverhofft versöhnte Tichon Iljitsch sich mit seinem Bruder und überredete ihn, die Verwaltung von Durnowka zu übernehmen.

Von einem Bekannten in der Stadt hatte er erfahren, daß Kusma das Trinken aufgegeben und lange Zeit als Kontorist beim Gutsbesitzer Kassatkin gearbeitet hatte und daß er, was am erstaunlichsten war, ein »Autor« geworden sei. Ja, anscheinend war ein ganzes Büchlein mit seinen Gedichten gedruckt worden, und auf der Rückseite hatte es geheißen »Rechte dem Autor vorbehalten«.

»A-ha-a!« sagte Tichon Iljitsch gedehnt, als er das vernahm. »Kusma – nicht schlecht! Und, gestatten Sie die Frage, steht das wirklich so gedruckt da: Verfaßt von Kusma Krassow?«

»Ganz wie es sich gehört«, erwiderte der Bekannte, der im übrigen – wie viele andere in der Stadt auch – fest überzeugt war, Kusma würde seine Gedichte aus Büchern und Zeitschriften »zusammenschreiben«.

Tichon Iljitsch schrieb unverzüglich, noch am Tisch in der Schenke von Dajew, dem Bruder eine entschlossene, kurze Notiz: Es sei an der Zeit, daß die Alten sich versöhnen und Reue zeigen. In der Schenke kam es auch zur Versöhnung, die beinahe schweigend und schnell vonstatten ging. Am nächsten Tag fand die geschäftliche Unterredung statt.

Es war Morgen, die Schenke war fast leer. Die Sonne schien durch die staubigen Fenster, beleuchtete die kleinen Tische mit den klammen roten Tischtüchern, den dunklen, eben erst mit Kleie gescheuerten Fußboden, der nach Pferdestall roch, und die Bedienten in weißen Hemden und weißen Hosen. In einem Käfig schmetterte aus vollem Halse, als sei er unecht, wie aufgezogen ein Kanarienvogel. Ganz in der Nähe, bei der Erzengel-Michael-Kirche, läuteten die Glocken zum Mittagsgottesdienst, und der volle, satte Klang ließ die Scheiben klirren, hing vibrierend und dröhnend über den Köpfen. Tichon Iljitsch setzte sich mit nervöser, ernster Miene an einen Tisch, bestellte zunächst nur Tee, konnte sich dann aber nicht zurückhalten und nahm die Karte zur Hand – eine Neuheit, die sämtliche Gäste von Dajew zum Lachen brachte. Auf der Karte stand gedruckt: »Eine kleine Karaffe Wodka mit Imbiß – 25 K. Mit reichlichem Imbiß – 40 K.« Tichon Iljitsch bestellte eine Karaffe für vierzig Kopeken; gierig trank er zwei Gläschen und setzte gerade zum dritten an, als über seinem Kopf die vertraute Stimme erklang:

»Nun, guten Tag.«

Kusma kleidete sich genauso wie sein Bruder. Er war kleiner als dieser, knochiger, sehniger, in den Schultern etwas breiter. Er hatte ein großflächiges, mageres Gesicht – das Gesicht eines gescheiten, alten Ladenbesitzers aus dem Bauernstand –, mit ausgeprägten Backenknochen, zusammengeschobenen, ergrauten Augenbrauen und kleinen grünlichen Augen. Umständlich begann er:

54

»Vorderhand möchte ich, Tichon Iljitsch, dir einmal darlegen«, begann er, sobald Tichon Iljitsch ihm Tee eingeschenkt hatte, »dir einmal darlegen, wer ich bin, damit du weißt ...«, er schmunzelte, »mit wem du dich einläßt ...«

Er hatte die Angewohnheit, jede Silbe einzeln auszusprechen, die Brauen hochzuziehen und im Gespräch den obersten Knopf seines Rocks auf- und wieder zuzuknöpfen. Als er ihn zugeknöpft hatte, fuhr er fort:

»Weißt du, ich bin – Anarchist ...«

Tichon Iljitsch hob die Augenbrauen.

»Keine Bange. Ich beschäftige mich nicht mit Politik. Aber das Denken kannst du niemandem verwehren. Und dir erwächst daraus kein Schaden. Ich kümmere mich ordentlich um die Wirtschaft, aber ich sage frei heraus – Leute schikanieren werde ich nicht.«

»Die Zeiten sind heute ohnehin anders«, seufzte Tichon Iljitsch.

»Die Zeiten sind immer noch dieselben. Man kann immer noch Leute schikanieren. Aber es taugt nichts. Ich kümmere mich um die Wirtschaft, aber die freie Zeit widme ich meiner Weiterentwicklung ... der Lektüre, heißt das.«

»Oho, paß nur auf, daß du über dem Lesen das Zählen nicht vergißt!« sagte Tichon Iljitsch kopfschüttelnd und verzog den Mund. »Vielleicht ist das gar nichts für uns.«

»Nun, das meine ich nicht«, widersprach Kusma. »Ich bin – wie soll ich dir das sagen? – ein merkwürdiger Typ von Russe!«

»Auch ich bin Russe, laß dir das gesagt sein«, versetzte Tichon Iljitsch.

»Aber ein anderer. Ich will nicht sagen, daß ich besser bin als du, aber – anders. Du bist, wie ich sehe, stolz darauf, Russe zu sein, aber ich, Bruder, ach, ich bin bei weitem kein Slawophiler. Ich will hier keine großen Reden schwingen, aber eines sage ich dir: Brüstet euch um Gottes willen nicht, daß ihr Russen seid! Ein wildes Volk sind wir, verschlafen, verlottert. Taugen weder als Kerze für Gott noch als Schüreisen für den Teufel … Aber darüber werden wir uns später noch unterhalten.«

Tichon Iljitsch runzelte die Stirn und trommelte mit den Fingern auf den Tisch.

»Das mag wohl stimmen«, sagte er und goß sich bedächtig ein Glas ein. »Ein wildes Volk.«

»Siehst du, das ist es ja. Ich kann wohl sagen, daß ich ziemlich in der Welt herumgekommen bin – und? Nirgendwo habe ich langweiligere, trägere Typen gesehen. Und selbst wenn einer nicht faul ist«, Kusma blickte seinen Bruder von der Seite her schief an, »taugt er doch zu nichts. Er macht und tut, bastelt sich ein Nest, aber was hat das für einen Sinn?«

»Wie – was hat das für einen Sinn?« fragte Tichon Iljitsch. »Eben – ein Nest bauen muß man mit Sinn und Verstand. Ich baue mir ein Nest und wohne darin wie ein Mensch. Mit dem hier und mit dem hier.«

Dabei klopfte Kusma sich mit dem Finger an die Brust und an die Stirn.

Tichon Iljitsch schenkte sich ein zweites Glas Tee

ein. Kusma hatte ein silbernes Pincenez aufgesetzt und schlürfte die heiße bernsteingelbe Flüssigkeit aus der Untertasse, während Tichon ihn mit blitzenden Augen aufmerksam ansah, etwas überlegte und dann sagte:

»Für uns, Bruder, ist das wohl nichts. ›Bleib im Dorf, friß Schtschi und zieh löchrige Bastschuhe an.‹«

»Bastschuhe!« versetzte Kusma bissig. »Die tragen wir schon fast zweitausend Jahre, Bruder, dreifach verflucht sollen sie sein! Fast zweitausend Jahre leben wir und reden uns den Mund fußlig. Schuften uns zu Tode. Und wer ist schuld? Darauf sage ich: Wir sollten uns langsam schämen, die Schuld immer nur den Nachbarn zu geben! Ja, du mußt wissen, die Tataren haben uns unterdrückt! Ja, du mußt wissen, wir sind ein junges Volk! Dort in Europa sind sie auch nicht wenig unterdrückt worden – von allerhand Mongolen. Die Germanen sind auch nicht älter ... Aber das ist ein anderes Thema!«

»Genau!« sagte Tichon Iljitsch. »Reden wir besser über das Geschäftliche!«

Kusma stülpte das leere Glas auf die Untertasse, fing an zu rauchen und redete weiter:

»In die Kirche gehe ich nicht ...«

»Du bist also ein Molokane?« fragte Tichon Iljitsch und dachte: »Das ist das Ende! Ich muß Durnowka offenbar wirklich loswerden!«

»Etwas Ähnliches«, schmunzelte Kusma. »Und du gehst noch in die Kirche? Wäre die Angst nicht und die Not – du hättest sie längst völlig vergessen.«

»Ich bin nicht der erste und nicht der letzte«, widersprach Tichon Iljitsch und runzelte wieder die Stirn. »Wir sind alle sündig. Schließlich heißt es: Für einen Seufzer wird alles vergeben.«

Kusma schüttelte den Kopf.

»Immer das gleiche!« sagte er streng. »Überleg doch mal einen Moment: Wie kann das sein? Da lebt einer das ganze Leben lang wie ein Schwein, seufzt einmal – und alles ist wie weggeblasen! Gibt das etwa einen Sinn, oder doch nicht?«

Das Gespräch wurde schwerfällig. »Auch das stimmt«, dachte Tichon Iljitsch und blickte mit blitzenden Augen auf den Tisch. Aber wie immer wollte er Gedanken und Gespräche über Gott und das Leben vermeiden und sagte das erstbeste, was ihm einfiel:

»Ich würde ja gerne in den Himmel, aber die Sünden lassen das nicht zu.«

»Siehst du, siehst du!« fiel Kusma ein und pochte mit dem Fingernagel auf den Tisch. »Das ist uns das Allerliebste, unsere fatalste Eigenschaft: Das Wort ist das eine, die Tat etwas anderes! Das ist die russische Musik, Bruder: Es ist schlimm, wie ein Schwein zu leben, und trotzdem lebe ich wie ein Schwein und werde das auch weiterhin tun! … Ein Typus, Bruder, bist du! Ein Typus! … Nun denn, jetzt aber zum Geschäftlichen …«

Das Glockengeläut war verstummt, der Kanarienvogel schwieg. In der Schenke fand sich Volk ein, an den Tischen kam eine lebhafte Unterhaltung in Gang. Der Bediente hatte ein Fenster geöffnet, und auch vom Markt her drang Stimmengewirr herein. In einem Laden schlug erstaunlich klar und klangvoll eine Wachtel. Und während ihrer geschäftlichen Unterredung horchte Kusma

immer wieder nach ihr und murmelte manchmal beifäl-
lig: »Sehr schön!« Als sie fertig waren, schlug er mit der
Hand auf den Tisch und sagte energisch:

»Also das hätten wir, dabei bleibt es jetzt!« Er griff in
die Seitentasche seines Rocks, holte ein ganzes Bündel
von Papieren und Zetteln hervor, zog ein Büchlein mit
grau marmoriertem Umschlag heraus und legte es vor
seinen Bruder hin.

»Hier!« sagte er. »Ich gebe deiner Bitte und meiner
Schwäche nach. Das Büchlein ist schlecht, die Gedichte
sind nicht genügend überdacht und schon alt … Aber so
ist es nun mal. Hier, nimm es, steck es ein.«

Und wieder brachte Tichon Iljitsch, der vom Wodka
ganz rot im Gesicht war, die Erkenntnis, daß sein Bruder
ein Autor war, daß auf diesem grau marmorierten Umschlag gedruckt stand: »Gedichte von K. I. Krassow«, aus
der Fassung. Er drehte das Büchlein in den Händen und
sagte verlegen:

»Vielleicht könntest du etwas vorlesen … Na? Tu mir
den Gefallen, lies drei oder vier Gedichte vor!«

Kusma rückte das Büchlein von sich ab, blickte
durch seine Brillengläser streng hinein und begann, mit
gesenktem Kopf und ein bißchen aufgeregt, etwas zu lesen, was Autodidakten für gewöhnlich lesen: Nachah-
mungen von Kolzow und Nikitin, Klagen über das
Schicksal, über Not und Armut, Beschwörungen von her-
aufziehenden Unwetterwolken … Zwar empfand er
selbst, daß das alles nicht neu und unecht war. Doch hinter der fremden, unechten Form stand die Wahrheit –
das, was er einst stark und heftig durchlebt hatte, und auf

seinen mageren Wangen erschienen rosa Flecken, die Stimme zitterte ab und zu. Auch Tichon Iljitschs Augen begannen zu glänzen. Es war unwichtig, ob die Gedichte gut oder schlecht waren, wichtig war, daß sein eigener Bruder sie verfaßt hatte, ein armer Schlucker, ein einfacher Mensch, der nach Machorka und alten Stiefeln roch ...

»Wir beide, Kusma Iljitsch«, sagte er, als Kusma verstummte, das Pincenez absetzte und den Blick senkte, »wir beide singen doch das gleiche Lied ...«

Unangenehm und bitter verzog er den Mund:

»Wir singen das gleiche Lied: Was teuer sind die Borsten?«

Nachdem er seinen Bruder in Durnowka untergebracht hatte, sang er dieses Lied jedoch noch eifriger als früher. Bevor er Durnowka in seines Bruders Hände gab, nutzte er die Gelegenheit, Rodka wegen der neuen Kummetriemen, die die Hunde zerbissen hatten, zu entlassen. Rodka grinste daraufhin frech und ging gleichmütig in die Kate, um sein Hab und Gut zu holen. Die Junge hörte die Kündigung ebenfalls scheinbar gleichmütig an – sie hatte, seit sie nicht mehr mit Tichon Iljitsch zusammenkam, wieder die Gewohnheit angenommen, zu schweigen und ihm nicht in die Augen zu sehen. Doch nach einer halben Stunde kam Rodka, schon reisefertig, zusammen mit ihr und bat um Verzeihung. Die Junge stand auf der Schwelle, blaß, die Lider vom Weinen geschwollen, und schwieg; Rodka hatte den Kopf gesenkt, drückte die Schirmmütze in den Händen und versuchte ebenfalls zu weinen, schnitt aber nur widerliche Fratzen, und Tichon Iljitsch saß mit hochgezogenen Augenbrauen am

Tisch, schüttelte den Kopf und klickerte mit den Kugeln am Rechenbrett. Alle drei konnten den Blick nicht heben – vor allem die Junge, die sich am schuldigsten fühlte –, und die inständigen Bitten waren vergebens. Tichon Iljitsch erbarmte sich nur in einem – er zog für die Kummetriemen nichts ab.

Er war jetzt unnachgiebig. Nachdem er sich Rodka vom Hals geschafft und die Verwaltung seinem Bruder übergeben hatte, fühlte er sich munter und tüchtig. »Unzuverlässig ist der Bruder, ein Leichtfuß, scheint es, aber vorläufig wird es schon gehen!« Er kehrte nach Worgol zurück und arbeitete den ganzen Oktober hindurch ohne Unterlaß. Nastassja Petrowna kränkelte immerzu – ihre Beine, die Arme und das Gesicht waren angeschwollen und gelblich verfärbt –, und Tichon Iljitsch dachte hin und wieder schon an ihren Tod und übte Nachsicht gegenüber ihrer Schwäche und ihrer Nutzlosigkeit in geschäftlichen Angelegenheiten, im Haus und im Laden. Gleichsam im Einklang mit seiner Stimmung herrschte den ganzen Oktober über wunderbares Wetter. Doch plötzlich schlug es um, wurde abgelöst von Stürmen und Regenschauern, und in Durnowka ereignete sich etwas vollkommen Unerwartetes.

Rodka arbeitete im Oktober bei der Eisenbahnlinie, und die Junge hatte nichts zu tun und saß zu Hause, erduldete die Vorwürfe der Mutter und verdiente sich gelegentlich fünfzehn oder zwanzig Kopeken im Garten des Gutes. Aber sie führte sich merkwürdig auf: Zu Hause schwieg sie und weinte, aber im Garten war sie ungestüm und fröhlich, kicherte und sang Lieder mit Donka der

Ziege, einem sehr dummen und hübschen Mädchen, die aussah wie eine Ägypterin. Die Ziege lebte mit dem Kleinbürger, der den Garten gepachtet hatte, und die Junge, die sich, warum auch immer, mit ihr angefreundet hatte, warf dessen Bruder, einem frechen Bürschchen, herausfordernde Blicke zu und gab ihm dabei in ihren Liedern zu verstehen, daß sie sich nach jemandem sehne. Ob zwischen ihnen etwas vorfiel, ist nicht bekannt, jedoch nahm das Ganze ein schlimmes Ende: Bevor sie zum Feiertag der Ikone der Gottesmutter von Kasan in die Stadt fuhren, veranstalteten die Kleinbürger bei sich in der Laubhütte abends eine »kleine Feier« – sie luden die Ziege und die Junge ein, spielten die ganze Nacht hindurch auf zwei Knopfakkordeons, sangen Lieder, bewirteten die Freundinnen mit Pfefferkuchen, Tee und Wodka, und im Morgengrauen, als der Wagen schon angespannt war, warfen sie die betrunkene Junge unversehens auf den Boden, banden ihr die Hände, hoben ihre Röcke hoch, nahmen sie über dem Kopf zusammen und wickelten einen Strick herum. Die Ziege ergriff die Flucht, verkroch sich in ihrer Angst im feuchten Unkraut, und als sie – nachdem der Wagen mit den Kleinbürgern in rascher Fahrt aus dem Garten davongerollt war – daraus hervorspähte, entdeckte sie, daß die Junge nackt bis zum Gürtel an einem Baum hing. Es war ein trüber, nebliger Morgen, ein feiner Regen rieselte im Garten, die Ziege zerfloß in Tränen und klapperte mit den Zähnen, als sie die Junge losband, schwor bei Mutter und Vater, daß sie eher vom Blitz erschlagen werden wolle, als daß man im Dorf erfahren würde, was im Garten geschehen sei … Doch es verging keine Woche, bis in Durnowka Gerüchte über die Schande der Jungen die Runde machten …

Die Gerüchte zu überprüfen war natürlich nicht möglich: »Gesehen hat es keiner, und die Ziege schwindelt viel, wenn der Tag lang ist.« Die Junge selbst, die in dieser Woche um etwa fünf Jahre gealtert war, reagierte darauf mit so dreistem Geschimpfe, daß selbst ihre Mutter es in solchen Momenten bei ihrem Anblick mit der Angst bekam. Aber das Gerede, das durch die Gerüchte entstanden war, wollte nicht aufhören, und alle warteten mit großer Ungeduld, daß Rodka zurückkommen und mit seiner Frau abrechnen würde. Besorgt – und wieder aus dem Geleise geraten! – erwartete auch Tichon Iljitsch diese Abrechnung, der die Geschichte im Garten von seinen Arbeitern erfahren hatte: Die Geschichte könnte schließlich damit enden, daß er sie totschlüge! Doch sie endete so, daß man nicht sagen kann, was Durnowka stärker getroffen hätte – ein Totschlag oder dieses Ende: In der Nacht auf den Michaelistag starb Rodka, der nach Hause gekommen war, »um das Hemd zu wechseln«, und die Junge nicht angerührt hatte, »am Magen«! In Worgol erfuhr man das erst am späten Abend, doch Tichon Iljitsch ließ sogleich das Pferd anspannen und jagte durch Dunkelheit und Regen zu seinem Bruder. Nachdem er zum Tee eine Flasche Likör getrunken hatte, stieß er mit rastlos umherschweifendem Blick abrupt ein leidenschaftliches Bekenntnis hervor:

»Meine Schuld, Bruder, meine Schuld!«

Kusma hörte ihn an, sagte lange gar nichts und ging

lange im Zimmer umher, wobei er jeden Finger einzeln umbog und daran zog, bis die Gelenke knackten. Schließlich sagte er:

»Überleg doch mal: Gibt es etwas Grausameres als unser Volk? In der Stadt wird jeder kleine Dieb, der an einem Stand einen billigen Fladen mitgehen läßt, vom ganzen Bauernmarkt verfolgt, und wenn sie ihn schnappen, seifen sie ihm den Mund ein. Bei einem Brand, bei einer Schlägerei kommt die ganze Stadt gelaufen, und alle finden es schade, wenn der Brand oder die Schlägerei zu rasch ein Ende hat! Du brauchst gar nicht den Kopf zu schütteln: So ist es! Und wie sie es genießen, wenn jemand seine Frau totprügelt oder einen Jungen verdrischt, daß ihm Hören und Sehen vergeht, oder sich über ihn lustig macht! Das finden sie alle besonders amüsant.«

Tichon Iljitsch fragte:

»Und warum erzählst du mir das?«

»Warum? Warum?« versetzte Kusma aufgebracht und fuhr fort: »Hier in Durnowka schleicht die dumme Fjoscha herum. Die Kinder bringen ihr ihre letzten Kopeken – sie setzen sie auf den Weideplatz und verpassen ihr Kopfnüsse auf ihren geschorenen Schädel: Für zehn Kopfnüsse gibt es eine Kopeke! Geschieht das aus Bosheit? Ja, aus reiner Bosheit, aus Dummheit und Bosheit, verflucht sei sie! ... Und so ist es auch mit der Jungen.«

»Aber vergiß nicht«, unterbrach Tichon Iljitsch ihn hitzig, »Rabauken und Narren hat es immer und überall zuhauf gegeben.«

»Stimmt. Aber hast du dir diesen ... na, wie heißt er noch? ... nicht manchmal selbst kommen lassen?«

»Meinst du Motja Entenkopf?« fragte Tichon Iljitsch.

»Ja, genau den ... Hast du ihn nicht manchmal selbst kommen lassen, zum Spaß?«

Tichon Iljitsch grinste: Ja, das stimmte. Einmal hatten sie ihm Motja sogar mit der Eisenbahn geliefert – in einem Zuckerfaß. Bis zur Stadt war es nur ein Katzensprung, und er kannte den Bahnvorsteher – da ging das. Auf dem Faß hatte gestanden: »Vorsicht. Volltrottel.«

»Dann bringt man diesen Narren das Onanieren bei und macht sich lustig darüber!« fuhr Kusma bitter fort. »Man beschmiert armen Bräuten das Tor mit Teer! Hetzt Hunde auf Bettler! Holt zum Spaß Tauben mit Steinen vom Dach. Aber diese Tauben zu essen, nicht wahr, das ist eine große Sünde. Der Heilige Geist selbst, nicht wahr, nimmt schließlich Taubengestalt an.«

Der Samowar war längst kalt geworden, die Kerze heruntergebrannt, im Zimmer hing trüber, bläulicher Qualm, die ganze Spülschüssel war voller stinkender, aufgeweichter Stummel. Der Ventilator – ein Blechrohr in der oberen Ecke des Fensters – war geöffnet, und von Zeit zu Zeit begann darin etwas zu quietschen, sich zu drehen und eintönig zu brummen – »wie in der Gemeindeverwaltung«, dachte Tichon Iljitsch. Doch es war so verraucht, daß auch zehn Ventilatoren nichts geholfen hätten. Auf dem Dach trommelte der Regen, und Kusma ging wie ein Pendel von einer Ecke in die andere und sagte:

»Ja, schöne Zustände! Eine unbeschreibliche Güte! Wenn man sich die Geschichte anschaut, stehen einem die Haare zu Berge: Der eine Bruder geht auf den anderen los, der Sohn auf den Vater, Verrat und Mord, Mord und Verrat ... Und auch die Bylinen – das reinste Vergnügen: ›schlitzte ihm die weiße Brust‹, ›ließ das Gedärm zu Boden fallen‹ ... Und Ilja ›trat auf das linke Bein und riß sie fest am rechten‹ – bei seiner eigenen Tochter! Und die Lieder? Immer dasselbe: die Stiefmutter – ›böse und habgierig‹, der Schwiegervater ist ›grimmig und nörglerisch‹, ›hockt in der Kammer wie ein Rüde am Seil‹, die Schwiegermutter ist nicht weniger ›grimmig‹, ›sitzt auf dem Ofen wie eine Hündin an der Kette‹, die Schwägerinnen sind ›Schlampen und Intrigantinnen‹, die Schwager ›böse Spötter‹, der Ehemann ist ›entweder ein Narr oder ein Säufer‹, den der ›Schwiegervater heißt, sein Weib zu prügeln und ihr das Fell über die Ohren zu ziehen‹, und die Schwiegertochter gießt ihm ›Spülwasser in die Kohlsuppe‹, backt ihm ›aus dem Dreck in der Ecke eine Pirogge‹ und sagt zu ihrem lieben Mann: ›Wach auf, du Scheusal, hier hast du Spülwasser, wasch dich, hier hast du Fußlappen, trockne dich ab, hier ist ein Stück Seil, häng dich auf.‹ ... Und erst unsere scherzhaften Redensarten, Tichon Iljitsch! Kann man sich etwas Schmutzigeres und Zotigeres ausdenken? Und die Sprichworte! ›Ein Geprügelter ist zwei Ungeprügelte wert!‹ ... ›Ein schlichtes Gemüt ist schlimmer als Diebstahl‹ ...«

»Deiner Meinung nach sollte man also besser als halbnackter Narr leben?« fragte Tichon Iljitsch spöttisch.

Kusma stimmte ihm erfreut zu:

»Ja, so ist es! Niemand auf der ganzen Welt ist nackter als wir, dafür stellt aber auch niemand diese Nackheit dreister zur Schau. Wodurch kann man am schlimmsten kränken? Durch Armut! ›Teufel auch, du hast nichts zu fressen …‹ Nimm ein Beispiel: Deniska … na, dieser … der Sohn von dem Grauen, der Schuster … Kürzlich sagt er zu mir …«

»Moment«, unterbrach ihn Tichon Iljitsch, »wie geht es denn dem Grauen?«

»Deniska sagt, er krepiert vor Hunger.«

»Ein Aas ist er, der Kerl!« sagte Tichon Iljitsch überzeugt. »Mit dem brauchst du mir gar nicht erst zu kommen.«

»Tu ich auch nicht«, erwiderte Kusma wütend. »Obwohl ich es sollte. Schließlich heißt er mit Nachnamen Krassow … Aber das ist ein anderes Thema … Hör lieber von Deniska. Er hat mir folgendes erzählt: ›Einmal, in einem Hungerjahr, sind wir Gesellen losgezogen, zum Friedhof in der Tschornja Sloboda, da waren Prostituierte, jede Menge. Halb verhungert waren sie, die Weiber. Wenn du einer ein halbes Pfund Brot für die ganze Arbeit gegeben hast, hat sie es gleich unter dir aufgefressen … Zum Totlachen war das! …‹ Hörst du!«, rief Kusma streng aus und hielt inne. »Zum Totlachen war das!«

»So hör doch auf, um Himmels willen«, unterbrach Tichon Iljitsch ihn wieder, »laß mich auch mal ein Wort dazu sagen!«

Kusma hielt inne.

»Gut, sag was«, sagte er. »Aber was willst du sagen? Was du machen sollst? Nichts weiter! Gib ihnen Geld, und fertig. Überleg doch: Sie haben nichts zu heizen, nichts zu essen, nichts zum Sterben! Also gibst du am besten Geld … Na, und vielleicht noch Kartoffeln und ein oder zwei Fuhren Stroh … Und die Junge solltest du wieder einstellen. Als Köchin für mich …«

Und Tichon Iljitsch schien sofort ein Stein von der Seele gefallen zu sein. Eilig kramte er seine Börse hervor, zog einen Zehnrubelschein heraus und erklärte sich freudig auch mit allem übrigen einverstanden … Dann plötzlich stieß er gequält hervor:

»Sie wird ihn doch nicht vergiftet haben?«

Aber Kusma zuckte zur Antwort nur die Achseln.

Vergiftet oder nicht, allein der Gedanke daran war entsetzlich.

Tichon Iljitsch fuhr vor Tagesanbruch nach Hause, am kalten, nebligen Morgen, als es noch nach feuchter Tenne roch und nach Rauch, als in dem nebelverhangenen Dorf schlaftrunken die Hähne krähten, die Hunde an den Vortreppen schliefen und auch die alte, strohgelbe Pute schlief, die auf einen Ast des halbkahlen, noch mit totem Herbstlaub geschmückten Apfelbaums neben dem Haus geklettert war. Auf den Feldern konnte man in dem dichten, grauen Nebelschleier, den der Wind vor sich hertrieb, keine zwei Schritte weit sehen. Schlafen wollte Tichon Iljitsch nicht, doch er fühlte sich erschöpft und trieb wie üblich das Pferd an, eine große, braune Stute mit zusammengebundenem Schwanz, die ganz naß war und dadurch schmaler, eleganter und dunkler wirkte. Er wandte den Kopf vom Wind ab, klappte auf der rechten Seite den kalten, nassen Kragen seines langen Tuchrocks hoch, der über und über mit winzigen Regenperlen bedeckt war und silbrig glänzte, beobachtete durch die kühlen Tröpfchen, die an seinen Wimpern hingen, wie mit jeder Drehung der Räder mehr klebrig-zähe Schwarzerde daran haftenblieb und wie ein dichter, hoher Schwall von Erdklümpchen vor ihm stand, die ihm schon Stiefel und Knie verklebten, und schielte auf die schwankenden Schenkel des Pferdes und seine angelegten Ohren, die im Nebel kaum zu erkennen waren ... Als er mit schmutzgesprenkeltem Gesicht auf sein Haus zupreschte, fiel ihm als erstes Jakows Pferd ins Auge, das am Pfosten angeleint war. Er schlang die Zügel rasch um das Vordergestell der Renndroschke, sprang heraus, rannte zur offenstehenden Tür des Ladens – und blieb erschrocken stehen.

»Trottel!« sagte Nastassja Petrowna, die hinter der Theke stand und offensichtlich ihn, Tichon Iljitsch, nachahmte, aber mit leidender, freundlicher Stimme, wobei sie sich immer tiefer über die Geldschublade neigte, in den klimpernden Kupfermünzen kramte und im Dunkeln kein passendes Wechselgeld fand. »Trottel! Wo gibt es das denn heutzutage billiger?«

Als sie nicht fündig wurde, richtete sie sich wieder auf und sah Jakow an, der in Mütze und langem Bauernrock, aber barfuß vor ihr stand, musterte sein leicht erhobenes Gesicht und den schiefen Bart von undefinierbarer Farbe und fügte hinzu:

»Sie wird ihn doch nicht vergiftet haben?«

Und Jakow murmelte hastig:

»Ist nicht unsere Sache, Petrowna ... Weiß der Teufel ... Da kümmern wir uns gewissermaßen nicht drum ...«

Den ganzen Tag über zitterten Tichon Iljitsch die

Hände beim Gedanken an dieses Gemurmel. Alle, alle dachten, sie hätte ihn vergiftet!

Glücklicherweise blieb das Geheimnis ein Geheimnis: Rodka empfing vor seinem Tod das Abendmahl, die Junge weinte und klagte so aufrichtig, als sie den Sarg geleitete, daß es schon unanständig war – schließlich soll das Klagen nicht Ausdruck von Gefühlen, sondern Ausübung eines Zeremoniells sein –, und nach und nach legte sich Tichon Iljitschs Besorgnis. Aber noch lange Zeit zeigte er ein finsteres Gesicht.

Er hatte alle Hände voll zu tun – wie immer – und keine Gehilfen. Nastassja Petrowna war ihm keine große Stütze. Als Knechte stellte Tichon Iljitsch immer nur »Sommerarbeiter« ein – bis zu den Vorfasten im Herbst –, und die waren schon wieder fort. Es blieben nur noch die Ganzjährigen – die Köchin, der alte Wächter mit dem Spitznamen Ölkuchen und »der Tölpel des Herrn« Oska, ein etwa siebzehnjähriger, fauler und boshafter Bursche. Und wieviel Fürsorge allein das Vieh verlangte! Die Schafe waren geschlachtet und gepökelt, aber sie hatten noch zwanzig Stück zum Überwintern. Im Schweinekoben lagen sechs schwarze, ewig brummige und unzufriedene Eber. In der Koppel standen drei Kühe, ein Jungbulle und eine rote Färse. Auf dem Hof standen elf Pferde, und im Verschlag der grauschwarze Hengst, böse, schwer, mit langer Mähne und breiter Brust – ein kräftiger Kerl, bestimmt vierhundert Rubel wert: Sein Vater besaß ein Abstammungszeugnis, hatte anderthalbtausend gekostet. Auf all das mußte man ein Auge haben. Und in den freien Minuten nagten Schwermut und Langeweile an ihm.

Nastassja Petrowna ärgerte ihn allein durch ihren Anblick, und er versuchte schon seit langem, sie zu überreden, Bekannte in der Stadt zu besuchen. Endlich war sie reisefertig und brach auf. Aber als sie fort war, schien es irgendwie noch langweiliger zu sein. Nachdem er sie weggebracht hatte, streifte Tichon Iljitsch ziellos durch die Felder. Auf der Chaussee ging mit dem Gewehr über der Schulter der Vorsteher der Poststelle in Uljanowka, Sacharow, der berühmt dafür war, daß er leidenschaftlich gerne kostenlose Preiskurante – für Gewehre, Saatgut, Musikalien – abonnierte und daß er so grausam mit den Bauern umsprang, daß sie sagten: »Wenn du einen Brief aufgibst, zittern dir Arme und Beine!« Tichon Iljitsch ging zur Straße und ihm entgegen. Mit hochgezogenen Augenbrauen sah er den Postvorsteher an und dachte:

»Ein Narr ist der Alte. Was stapft der hier durch den Dreck?«

Freundlich rief er ihm zu:

»Unterwegs zur Jagd, Anton Markytsch?«

Der Postvorsteher hielt inne. Tichon Iljitsch trat zu ihm und begrüßte ihn.

»Unterwegs zur Jagd, sage ich, oder nicht?« fragte er spöttisch.

»Ach, von wegen Jagd«, erwiderte der Postvorsteher finster, ein riesiger, gebückter Mann mit üppigen grauen Haaren, die ihm auch aus Ohren und Nase wucherten, mit buschigen Brauenbögen und tiefen Augenhöhlen – ein richtiger Gorilla. »Ich mache nur einen Spaziergang wegen meiner Hämorrhoiden«, sagte er, wobei er das letzte Wort besonders sorgfältig aussprach.

»Denken Sie nur«, ließ sich Tichon Iljitsch mit unerwarteter Heftigkeit vernehmen, wobei er den Arm mit gespreizten Fingern ausstreckte, »denken Sie nur: Unser Vaterland ist vollkommen verlassen. Nicht mal die Namen kennt man noch von all den Vögeln und Tieren.«

»Überall hat man die Wälder abgeholzt«, erklärte der Postvorsteher.

»Und wie! Und wie! Kahlgeschoren hat man sie!« Tichon Iljitsch war ganz einverstanden.

Unerwartet setzte er hinzu:

»Es haart! Alles haart!«

Warum ihm dieses Wort entschlüpft war, wußte Tichon Iljitsch selbst nicht, aber er spürte, daß es nicht einfach so dahingesagt war. »Alles haart«, dachte er, »genau wie das Vieh nach einem langen, harten Winter.« Er verabschiedete sich vom Postvorsteher, stand noch lange auf der Chaussee und blickte unzufrieden um sich. Wieder fing es an zu tröpfeln, und ein unangenehmer, feuchter Wind blies. Über den welligen Feldern – der Wintersaat, dem Ackerland, den Stoppelfeldern und den kleinen braunen Waldstücken – dunkelte es. Der dämmrige Himmel senkte sich immer niedriger zur Erde. Wie Zinn schimmerten die vom Regen übergossenen Wege. Am Bahnhof wurde der Postzug nach Moskau erwartet, der jeden Tag etwa eineinhalb Stunden verspätet kam. Nur am Bimmeln und Pfeifen, am Rattern und dem Geruch nach Kohle und Samowaren erkannte man im Hof von Tichon Iljitsch, daß der Zug ankam und wieder abfuhr – die Bahnstation war von Gebäuden versperrt. Nach Samowar roch es auch jetzt, und das weckte ein wehmütiges Verlangen nach Behaglichkeit, nach der Wärme einer sauberen Stube, einer Familie, oder nach einer Reise irgendwohin ... Plötzlich wurde dieses Gefühl von Verwunderung abgelöst: Aus dem kahlen Uljanowker Wald kam ein Mann mit Melone und nur in einer Jacke und ging auf die Chaussee zu; als Tichon Iljitsch genauer hinsah, erkannte er Schicharjew, den Sohn eines reichen Gutsbesitzers, der seit langem trank und völlig heruntergekommen war. Sein Herz krampfte sich beklommen zusammen. »Was soll's«, dachte Tichon Iljitsch traurig, »es ist wohl besser, mit ihm zu reden, ihm etwas zu geben, höchstens fünfzig Kopeken ... Man sollte Landstreicher und böse Menschen nicht unnötig ärgern.«

Doch Schicharjew trat dieses Mal ziemlich stolz auf, fröstelnd, aber den Kopf in seiner Vagabunden-Melone hoch erhoben, mit mahlenden Kiefern, da er am Mundstück einer längst erloschenen und ausgerauchten Papirossa kaute. Sein Gesicht war bläulich vor Kälte, leicht aufgedunsen vom Alkohol, die Augen waren rot unterlaufen, der Schnurrbart zerzaust. Den Kragen seines bis obenhin zugeknöpften Rocks hochgestellt, die Fingerspitzen in den Taschen, watete er mit seinen löchrigen gelben Stiefeln, die unter den kurzen, an den Knien ausgebeulten Hosen hervorstaken, munter durch den Dreck.

»A-a-ch!« preßte er, an seinem Stummel kauend, gedehnt hervor. »Wen haben wir denn da? Tichon Fomitsch höchstselbst nimmt seine Besitzungen in Augenschein!«

Er brach in heiseres Gelächter aus.

»Guten Tag, Lew Lwowitsch«, erwiderte Tichon Iljitsch gemessen. »Warten Sie auf den Zug?«

»Ja, aber da kann man ja lange warten!« Schicharjow zuckte die Schultern. »Ich warte und warte, aus lauter Langeweile war ich schon beim Waldhüter. Wir haben ein wenig geschwatzt und geraucht ... Aber es dauert bestimmt noch eine Ewigkeit! Sehen wir uns vielleicht an der Bahnstation? Sie sind doch wohl auch ... einem Gläschen nicht abgeneigt?«

»Gott bewahre«, erwiderte Tichon Iljitsch im selben gemessenen Tonfall wie zuvor. »Ein Gläschen in Ehren, aber alles zu seiner Zeit.«

»Was Sie nicht sagen!« bemerkte Schicharjew heiser, hüpfte leichtfüßig über eine Pfütze hinweg und machte sich im Spazierschritt auf zur Bahnstation.

Er bot einen bedauernswerten Anblick, und Tichon Iljitsch musterte verächtlich seine kurzen Hosen, die wie ein Beutel unter der kurzen Jacke hervorbaumelten.

In der Nacht goß es wieder in Strömen, und es war so finster, daß man die Hand vor Augen nicht sehen konnte. Tichon Iljitsch schlief schlecht, er knirschte unangenehm mit den Zähnen. Ihn fröstelte – vermutlich hatte er sich beim Stehen auf der Chaussee verkühlt –, der Tuchrock, mit dem er sich zugedeckt hatte, rutschte zu Boden, und dann hatte er den Traum, der ihn seit der Kindheit verfolgte, immer dann, wenn er nachts am Rükken fror: Dämmerung, enge Gassen, eine fliehende Menge, Feuerwehrleute, die mit schweren Wagen, auf wilden schwarzen Zugpferden dahingaloppierten ... Einmal erwachte er, er riß ein Streichholz an, warf einen Blick auf die tickende Uhr – sie zeigte drei Uhr –, hob den Tuchrock auf und dachte beim Einschlafen wieder bedrückt an Schicharjew. Im Halbschlaf verfolgte ihn noch ein anderer Gedanke: Wenn man den Laden überfallen, seine Pferde stehlen würde …

Manchmal schien ihm, er sei im Gasthof in Dankowo, nächtlicher Regen trommle auf das Vordach am Tor und andauernd würde an der Glocke gezogen, würde es läuten – Diebe seien gekommen und hätten seinen Hengst in diese undurchdringliche Finsternis gebracht, und wenn sie erführen, daß er hier war, würden sie ihn umbringen. Manchmal aber kehrte das Bewußtsein der Wirklichkeit zurück. Doch auch die Wirklichkeit war beängstigend. Der Alte machte mit der Klapper unter den Fenstern die Runde, aber bald schien es, er sei irgendwo weit weg, bald schien der Schäferhund geifernd jemanden gepackt zu haben und stürzte mit stürmischem Gebell aufs Feld hinaus, um dann wieder unter dem Fenster aufzutauchen, stehenzubleiben und ihn mit seinem Bellen zu wecken. Dann machte Tichon Iljitsch sich bereit, hinauszugehen und nachzusehen, was los war, ob alles in Ordnung sei. Doch kaum hatte er sich durchgerungen aufzustehen, klatschte der heftige, schräge Regen, den der Wind von den dunklen, endlosen Feldern hertrieb, dichter und fester gegen die dunklen kleinen Fenster, und der Schlaf schien ihm dann teurer als alles andere auf der Welt …

Endlich klapperte die Tür, feuchte Kälte strömte herein – und der Wächter Ölkuchen schleifte raschelnd ein Bund Stroh ins Vorzimmer. Tichon Iljitsch öffnete die Augen: Es war sechs Uhr, trüb und wäßrig wurde es Tag, die kleinen Fenster waren beschlagen.

»Heiz ordentlich ein, Brüderchen«, sagte Tichon

Iljitsch, die Stimme noch heiser vom Schlaf. »Jetzt gehen wir noch füttern, danach kannst du dich hinlegen.«

Der Alte, über Nacht abgemagert, ganz blau vor Kälte, Nässe und Müdigkeit, blickte ihn mit eingefallenen, leblosen Augen an. In der nassen Mütze, dem nassen, kurzen Bauernrock und den zerfetzten, mit Wasser und Schmutz vollgesogenen Bastschuhen knurrte er dumpf vor sich hin, kniete sich mühsam vor den Ofen, stopfte das kalte, stark riechende, ausgedroschene Stroh hinein und zündete den Schwefel an.

»Was ist, hat dir die Kuh die Zunge abgebissen?« fragte Tichon Iljitsch heiser, kletterte aus dem Bett und hob den Tuchrock vom Boden auf. »Was brummst du dir da in den Bart?«

»Die ganze Nacht auf den Beinen, und jetzt auch noch füttern«, murrte der Alte mit gesenktem Kopf, als spräche er mit sich selbst.

Tichon Iljitsch warf ihm einen schiefen Blick zu:

»Das hab ich gesehen, wie du auf den Beinen warst!«

Er fühlte sich zerschlagen, zog aber trotzdem den langen Mantel an, bezwang das leichte Flattern im Magen und trat hinaus auf die von den Hunden ausgetretene Vortreppe, in die eisige Frische des blassen, trüben Tages. Überall standen bleigraue Pfützen, alle Wände schimmerten dunkel vom Regen …

»Diese Knechte!« dachte er erbittert.

Es ging nur ein feiner Sprühregen, aber zum Mittag würde es bestimmt wieder gießen, überlegte er. Verwundert sah er den zottigen Bujan an, der unter dem Speicher hervor auf ihn zugestürmt kam: die Pfoten voller Dreck, aber schäumend vor Energie, mit blitzenden Augen, die Zunge frisch und feuerrot, ein gesunder, heißer Atem, der ganze Hund strotzte vor Kraft ... Und das, nachdem er die ganze Nacht bellend herumgerannt war!

Er packte Bujan am Halsband und machte, durch den Dreck stapfend, eine Runde, um alle Schlösser in Augenschein zu nehmen. Danach kettete er ihn beim Speicher an, kehrte in den Flur zurück und steckte den Kopf in die große Küche, in die Gesindekate. Darin stank es widerlich und warm; die Köchin schlief auf der nackten Bank unter den Heiligen, das Gesicht mit der Schürze bedeckt, das Hinterteil ausgestellt, die Beine in den alten, großen Filzstiefeln mit den lehmverschmierten Sohlen zum Bauch hochgezogen; Oska lag bäuchlings auf der Pritsche, in Halbpelz und Bastschuhen, den Kopf in ein speckiges, klumpiges Kissen gedrückt.

»Da bändelt der Teufel mit dem Säugling an!« dachte Tichon Iljitsch angewidert. »Sieh mal an, die ganze Nacht treibt sie sich herum – und am Morgen auf die Bank.«

Er musterte die schwarzen Wände, die winzigen Fenster, den Kübel mit Spülwasser, den gewaltigen, ausladenden Ofen, und rief laut und streng:

»Heda, gnädige Herrschaften! Jetzt ist es aber genug!«

Während die Köchin, gähnend und sich kratzend, den Ofen anfeuerte, Kartoffeln für die Eber kochte und den Samowar anfachte, schleppte Oska barhäuptig und vor Schläfrigkeit stolpernd die Getreidespreu zu den

Pferden und Kühen. Tichon Iljitsch schloß selbst das quietschende Tor der Koppel auf und betrat als erster die warme, schmutzige, von den Vordächern, Verschlägen und Stallungen umgebene Behaglichkeit. Dort lag der Dung mehr als knöchelhoch. Dung, Harn und Regen – das alles hatte sich vermengt und bildete eine zähflüssige, braune Jauche. Die Pferde, die schon ihr dunkles, samtenes Winterfell trugen, streiften unter den Vordächern umher. Die Schafe drängten sich als schmuddliggraue, wogende Masse in einer Ecke zusammen. Der alte schwarzbraune Wallach döste einsam an der leeren, mit Futterbrei beschmierten Krippe. Von dem kühlen, unfreundlichen Himmel über dem quadratischen Hof nieselte es in einem fort, doch der Wallach bemerkte es nicht. Die Eber klagten und grunzten hartnäckig im Stall.

»Trostlos!« dachte Tichon Iljitsch und brüllte den Alten, der ein Bündel ausgedroschenes Stroh schleppte, wütend an:

»Was wälzt du das im Dreck herum, du alter Schwätzer?«

Der Alte ließ das Stroh auf den Boden fallen, sah ihn an und sagte plötzlich ganz ruhig:

»Pack dich an die eigene Nase.«

Tichon Iljitsch blickte sich rasch um, ob der Junge weggegangen war, und als er sich davon überzeugt hatte, trat er rasch und scheinbar gleichfalls ganz ruhig auf den Alten zu, verpaßte ihm eine, daß der Kopf wackelte, packte ihn am Kragen und schob ihn mit aller Kraft zum Tor.

»Verschwinde!« schrie er keuchend, kreidebleich geworden. »Daß ich dich hier nie wieder sehe, du Lump!«

Der Alte stürzte zum Tor hinaus – und marschierte fünf Minuten später mit einem Sack über den Schultern und einem Stock in der Hand bereits über die Chaussee in Richtung Uljanowka, nach Hause. Tichon Iljitsch tränkte mit zitternden Händen den Hengst, schüttete ihm selbst frischen Hafer hin – der von gestern war durchwühlt und vom Geifer aufgeweicht –, und ging dann mit weit ausholenden Schritten, durch Jauche und Dung watend, zur Gesindekate.

»Na was ist, bist du fertig?« schnarrte er und schob die Tür einen Spaltbreit auf.

»Kriegst schon noch früh genug was!« versetzte die Köchin bissig.

In der Kate hing ein warmer, süßlicher Dampf von Kartoffeln, der aus einem gußeisernen Topf quoll. Zusammen mit dem Jungen zerdrückte die Köchin die Kartoffeln wütend mit einem Stampfer und gab Mehl hinzu, und bei dem Geklopfe hörte Tichon Iljitsch ihre Antwort nicht. Er knallte die Tür zu und ging Tee trinken.

In dem kleinen Vorraum schob er die schmutzige, schwere Pferdedecke, die an der Schwelle lag, mit dem Fuß weg und ging in die Ecke, wo über einem Hocker mit einer Zinnschüssel ein kupfernes Becken an die Wand genagelt war und auf einem Brettchen ein abgenutztes Stück Kokosseife lag. Während er mit dem Waschgeschirr klapperte, rollte er die Augen, schob die Brauen zusammen, blähte die Nasenflügel auf, blickte sich in einem fort mit böse flackernden Augen um und sagte dann mit besonderer Deutlichkeit:

»Hm! Nein, diese Knechte! Mit denen ist einfach nicht auszukommen! Sagt man einem ein Wort, gibt er zehn Widerworte! Sagt man ihm zehn, gibt er hundert! Nein, nein, so ein Unsinn! Im Sommer gibt's immer viele von euch Lumpen! Aber zum Winter hin, mein Bester, willst du was zu fressen, dann kommst du wieder, du Hundesohn, und kriechst im Dreck vor mir!«

Das Handtuch, das der Herrschaft und den Gästen gleichermaßen diente, hing schon seit dem Michaelistag neben dem Waschbecken. Es war sehr lang und so viel benutzt, daß Tichon Iljitsch bei seinem Anblick mit den Zähnen knirschte.

»Ach!« sagte er, schloß die Augen und schüttelte den Kopf. »Ach, heilige Muttergottes!«

Er schleuderte das Handtuch auf den Boden und trocknete sich mit dem bestickten Hemdsaum ab, der unter seiner Weste heraushing.

Zwei Türen führten aus dem Vorraum hinaus. Die eine ging nach links in das Zimmer für die Durchreisenden, ein länglicher, halbdunkler Raum, mit kleinen Fenstern zur Koppel hin; darin standen zwei große, steinharte, mit schwarzem Wachstuch bespannte Diwane, in denen es vor Wanzen – lebenden ebenso wie zerquetschten und vertrockneten – nur so wimmelte, und am Fensterpfeiler hing das Portrait eines Generals mit feschem Biberbackenbart; das Portrait umrahmten kleine Portraits von Helden aus dem Russisch-Türkischen Krieg, und darunter stand: »Lange werden unsere Kinder und die slawischen Brüder der ruhmreichen Taten gedenken, wie unser Vater, der kühne Krieger, den Suleiman Pascha schlug, die ungläubigen Feinde besiegte und mit seinen Kindern so steile Hänge bezwang, daß nur Nebel und gefiederte Könige sich hinaufschwingen.« Die andere Tür führte ins Zimmer der Herrschaft. Darin blinkte rechter Hand neben der Tür ein Glasschrank mit seinen Scheiben, und linker Hand schimmerte weiß ein Ofen mit Liegebank; der Ofen hatte irgendwann einen Riß bekommen, den man mit Lehm abgedichtet hatte, wodurch sich auf der weißen Fläche die verzerrte Silhouette eines hageren Menschen ergab, der Tichon Iljitsch gründlich zum Halse heraushing. Hinter dem Ofen erhob sich das Ehebett; an der Wand über dem Bett war ein Teppich aus mattgrüner und ziegelroter Wolle befestigt, darauf die Abbildung eines Tigers, mit Barthaaren und spitz aufgestellten Katzenohren. Gegenüber der Tür, an der Wand, befand sich eine Kommode mit einer gehäkelten Decke, auf der Decke stand Nastassja Petrownas Brautschatulle; in der Schatulle lagen die Verträge mit den Arbeitern, Fläschchen mit längst abgelaufenen Arzneimitteln, Streichhölzer …

»In den Laden!« rief die Köchin und schob die Tür einen Spaltbreit auf.

»Die laufen uns schon nicht weg!« erwiderte Tichon Iljitsch verärgert – und ging eilig hinaus.

Die Ferne war in wäßrigen Nebel gehüllt, es ging wieder auf die Dämmerung zu, Regen sprühte, doch der Wind hatte gedreht, blies jetzt aus Norden – und die Luft war frischer. Munterer und klingender als in den letzten

Tagen stieß der abfahrende Güterzug an der Bahnstation einen schrillen Pfiff aus.

»Guten Tag, Iljitsch!« sagte, mit seiner nassen, mandschurischen Pelzmütze nickend, ein Mann mit Hasenscharte, der ein nasses, geschecktes Pferd an der Vortreppe angebunden hatte.

»Guten Tag«, nickte Tichon Iljitsch mit einem schrägen Blick auf den weißen, kräftigen Zahn, der in der gespaltenen Oberlippe des Bauern blitzte. »Was bekommst du?«

Eilig gab er Salz und Petroleum heraus, eilig kehrte er in die Stube zurück.

»Nicht mal Zeit zum Bekreuzigen geben sie einem, die Hunde!« murmelte er im Gehen.

Der Samowar, der auf einem Tisch beim Fensterpfeiler stand, brodelte und sprudelte, der kleine Spiegel über dem Tisch war vom weißen Dampf ganz beschlagen. Angelaufen waren auch die Fenster und der Öldruck, der unterhalb des Spiegels befestigt war, ein Riese im gelben Kaftan und roten Saffianstiefeln, in der Hand eine russische Fahne, hinter der der Moskauer Kreml mit seinen Türmen und Kuppeln zu sehen war. Photokarten mit Rahmen aus Muscheln umgaben das Bild. Am Ehrenplatz hing das Portrait eines Priesters in einer Moiré-Kutte, mit schütterem Bärtchen, aufgedunsenen Wangen und kleinen bohrenden Augen. Tichon Iljitsch warf einen Blick darauf und bekreuzigte sich dann andächtig vor der Ikone in der Ecke. Anschließend nahm er den rußgeschwärzten Teekessel vom Samowar, goß sich ein Glas von dem kräftig nach heißen Birkenzweigen duftenden Tee ein und setzte sich hin.

»Nicht mal Zeit zum Bekreuzigen geben sie einem«, dachte er und runzelte gequält die Stirn. »Sie machen einen fertig, verflucht sollen sie sein!«

Ihm schien, er müsse sich an etwas erinnern, etwas überlegen oder sich einfach nur hinlegen und ordentlich ausschlafen. Er wünschte sich Wärme, Ruhe, Klarheit und Festigkeit im Denken. Er stand auf, ging zum Glasschrank, in dem Scheiben und Geschirr klirrten, nahm die Flasche mit Ebereschenlikör heraus und ein bauchiges kleines Glas mit der Aufschrift: »Auch Mönche nehmen ihn ein.«

»Oder besser doch nicht?« überlegte er laut.

Doch er konnte nicht widerstehen. Unwillkürlich schoß ihm die Redensart durch den Kopf: »Ob man trinkt oder nicht, sterben muß man sowieso.« Er schenkte sich ein und trank, schenkte sich noch einmal ein und trank noch einmal. Er aß einen dicken Kringel dazu und setzte sich wieder an den Tisch.

Er spürte inwendig ein angenehmes Brennen, schlürfe gierig den heißen Tee aus der Untertasse und lutschte an einem Stück Zucker, das er auf der Zunge hielt. Dem Körper ging es besser. Doch die Seele lebte weiter ihr eigenes Leben, düster und wehmütig. Ein Gedanke folgte auf den anderen, doch sie ergaben keinen Sinn. Während er seinen Tee schlürfte, schielte er zerstreut und mißtrauisch zum Fensterpfeiler hinüber, zu dem Mann im gelben Kaftan und den muschelgerahmten Photokarten und sogar zu dem Priester in der Moiré-Kutte.

»Wir haben es nicht so mit der Lerigion, wir Schweine!« dachte er, und als wolle er sich vor jemandem rechtfertigen, setzte er barsch hinzu: »Bleib im Dorf, friß Schtschi!«

Er schielte auf den Priester und spürte, daß alles ungewiß war ... selbst seine gewohnheitsmäßige Ehrfurcht vor diesem Priester ... ungewiß und nicht durchdacht. Wenn man es richtig überlegte ... Aber da wandte er seinen Blick hastig zum Moskauer Kreml.

»Es ist eine Schande!« brummte er. »Ich war noch nie im Leben in Moskau!«

Es stimmte. Und warum? Weil die Eber es nicht zuließen! Bald war es der Kramladen, der ihn nicht gehen ließ, oder der Gasthof, bald die Schenke oder Durnowka ... Jetzt waren es der Hengst und die Eber. Aber was heißt Moskau? Seit zehn Jahren nahm er sich vergebens vor, das Birkenwäldchen jenseits der Chaussee zu besuchen. Immer hatte er gehofft, sich einen freien Abend zu machen, einen Teppich und einen Samowar mitzunehmen und im Gras zu sitzen, in der Frische, im Grünen – aber es war ihm einfach nicht gelungen. Wie Wasser zwischen den Fingern entglitten ihm die Tage, ehe er sich recht versehen hatte, war er fünfzig geworden, und bald würde alles vorbei sein; dabei schien es nicht lange her zu sein, daß er in kurzen Hosen herumgerannt war! Als wäre es erst gestern gewesen!

Reglos blickten die Gesichter aus den Muschelrahmen. Da war eine Szene, wie es sie nie gegeben hatte und nie geben würde: Auf der Erde, im dichten Roggen, liegen zwei – Tichon Iljitsch selbst und der junge Kaufmann Rostowzew – und halten Gläser in der Hand, die genau zur Hälfte mit dunklem Bier gefüllt sind. Was für eine

Freundschaft zwischen Rostowzew und Tichon Iljitsch entstanden war! Wie gut er sich an diesen grauen Tag in der Butterwoche erinnern konnte, als sie sich photographieren ließen! Aber in welchem Jahr war das gewesen? Wo war Rostowzew geblieben? Er war in Woronesch gestorben – und nun konnte man nicht einmal mit Gewißheit sagen, ob er auf dieser Welt gelebt hatte oder nicht ... Und hier stehen in strammer Haltung drei Kleinbürger mit glattgekämmten, gerade geschnittenen Haaren, in bestickten russischen Hemden mit seitlich geknöpftem Stehkragen, langen Röcken und sauber geputzten Stiefeln – Butschnjow, Wystawkin und Bogomolow. Wystawkin, der, der in der Mitte steht, hält Brot und Salz auf einem Holzteller hoch, der mit einem mit Hähnen bestickten Handtuch bedeckt ist, Butschnjow und Bogomolow halten jeder eine Ikone. Sie hatten sich an dem staubigen, windigen Tag photographieren lassen, als das Getreidesilo eingeweiht wurde – als der Bischof und der Gouverneur gekommen waren und Tichon Iljitsch so stolz darauf war, daß es ihm gelungen war, zu den Zuschauern zu gehören, die die Obrigkeit willkommen hießen. Doch was war ihm von diesem Tag im Gedächtnis geblieben? Nur, daß sie auf den neuen braunen Geleisen beim Getreidesilo etwa fünf Stunden auf die Ankunft des Gouverneurs gewartet hatten, daß eine weiße Staubwolke im Wind dahintrieb, daß die Waggons und die Bäume staubbedeckt waren, daß der Gouverneur wie ein langer, reinlicher Leichnam in weißen Hosen mit Goldstreifen und in goldbesticktem Uniformrock mit Dreispitz ungewöhnlich langsam auf die Abordnung zuging, daß es richtig unheimlich war, als er zu reden begann und Brot und Salz nahm, daß alle verblüfft waren über die ungewöhnliche Magerkeit und die Weiße seiner Hände und ihrer Haut, die so fein und glänzend war wie abgezogene Schlangenhaut, über die funkelnden Ringe an seinen dürren, feinen Fingern mit den durchsichtigen langen Nägeln ... Jetzt lebte dieser Gouverneur nicht mehr, auch Wystawkin lebte nicht mehr ... Und in fünf oder zehn Jahren würde man auch über Tichon Iljitsch sagen:

»Der verstorbene Tichon Iljitsch ...«

In der Stube wurde es von dem heißen Ofen wärmer und behaglicher, der kleine Spiegel war wieder klar, aber durch die Fenster konnte man nichts sehen, die Scheiben waren von mattem, trübem Dunst beschlagen, also hatte es draußen aufgefrischt. Immer lauter drang das eintönige Grunzen der hungrigen Eber herüber – und plötzlich wurde dieses Grunzen zu einem einträchtigen, mächtigen Gebrüll: Die Eber hatten sicher die Stimmen von Oska und der Köchin gehört, die den schweren Kübel mit Mengfutter hinüberschleppten. Und obwohl er mit seinen Gedanken über den Tod noch nicht zu Ende war, warf Tichon Iljitsch seine Papirossa in die Spülschüssel, zog den Mantel über und eilte zur Koppel. Mit weit ausholenden Schritten watete er tief durch den schmatzenden Dung, öffnete selbst die Stalltür und konnte seinen gierigen, wehmütigen Blick nicht von den Ebern abwenden, die sich auf den Futtertrog stürzten, in den nun dampfend das Mengfutter geschüttet wurde.

Dem Gedanken über den Tod kam ein anderer Gedanke in die Quere: Ein Verstorbener ist nun mal verstorben, aber vielleicht wird dieser Verstorbene dereinst als Vorbild hingestellt. Wer war er? Eine Waise, bettelarm, die in der Kindheit manchmal zwei Tage lang kein Stück Brot zu fressen hatte ... Und jetzt?

»Deine Biographie müßte man schreiben«, hatte Kusma einmal spöttisch bemerkt.

Dabei gab es eigentlich gar nichts zu spotten. Denn er mußte schon ein heller Kopf gewesen sein, wenn aus dem bettelarmen Bürschchen, das kaum lesen konnte, nicht Tischka, sondern Tichon Iljitsch geworden war.

Plötzlich bekam die Köchin, die gleichfalls unverwandt die Eber beobachtete, die sich vor dem Futtertrog drängelten und mit ihren Vorderläufen hineinkletterten, einen Schluckauf und sagte:

»Och, mein Gott! Wenn bloß heute kein Unglück geschieht! Heute nacht hab ich geträumt, daß man uns Vieh auf den Hof getrieben hat, Schafe, Kühe, allerhand Schweine ... Und alle schwarz, alle schwarz!«

Wieder krampfte sich sein Herz zusammen. Ja, das Vieh! Allein deswegen könnte man sich aufhängen. Keine drei Stunden würde es gehen – und wieder würde er die Schlüssel nehmen, wieder das Futter für den ganzen Hof schleppen müssen. Im gemeinsamen Verschlag standen zwei Milchkühe, in Einzelverschlägen die rote Färse und der Bulle Bismarck: Denen hieß es jetzt Heu geben. Pferde und Schafe bekamen Getreidespreu zu Mittag, und der Hengst – weiß der Teufel, was der brauchte! Der war vollkommen verwöhnt. Er streckte sein Maul durch das Gitter oberhalb der Tür, roch ir-

87

gendwas und machte Grimassen: Er schob die Oberlippe hoch, entblößte sein rosiges Zahnfleisch und seine weißen Zähne, verzog die Nüstern ... Und in einem Anfall von Wut, der für ihn selbst überraschend kam, schrie Tichon Iljitsch ihn an:

»Teufelsbraten, verwöhnter, der Blitz soll dich treffen!«

Wieder hatte er durch und durch nasse Füße und war völlig durchgefroren – es graupelte –, und wieder trank er Ebereschenlikör. Er aß Kartoffeln mit Sonnenblumenöl und Salzgurken, Schtschi mit Pilzeinlage und Hirsebrei ... Sein Gesicht rötete sich, der Kopf wurde schwer.

»Sechs und achzig Entenkühken«, las er am Fensterpfosten, auf dem Nastassja Petrowna hin und wieder mit Bleistift Hauswirtschaftsnotizen machte, und grinste trüb. Recht hatte Kusma: Wir kennen unsere eigene Sprache nicht! »Sechs und achzig Entenkühken« – was bitte sollte das für eine Sprache sein? Und mit hämischem Vergnügen erinnerte er sich daran, als Nastassja Petrowna einmal bei Regen Blumentöpfe auf die Vortreppe gestellt hatte, woraufhin der Eber Fomka angestürmt kam – und weg war der Ficus. Die Knechte wollten noch dazwischengehen, aber er hatte den Ficus mitsamt der Wurzel aus dem Topf gerissen, und weg war er ... Mein Gott, was hatte Nastassja Petrowna da für ein Spektakel veranstaltet!

»Den Pikus hat er gefressen! Den Pikus hat er gefressen!«

»Das hast du nun von deinem Pikus!« sagte Tichon Iljitsch und blähte die Nasenflügel auf.

Vom Wodka, vom Essen und von den wirren Gedanken war er schläfrig geworden. Ohne sich auszuziehen – nur die schmutzigen Stiefel streifte er mit den Füßen ab –, legte er sich aufs Bett. Aber er war unruhig, weil er schon bald wieder würde aufstehen müssen: Die Pferde, die Kühe und die Schafe mußten zum Abend Haferstroh bekommen, der Hengst auch ... oder nein, besser würde er es mit Heu mischen, dann mit Wasser besprengen und anständig salzen ... Bloß würde er sicher verschlafen, wenn er sich jetzt gehenließ. Tichon Iljitsch streckte die Hand zur Kommode, nahm den Wecker und zog ihn auf. Der Wecker erwachte zum Leben, fing an zu ticken – und in der Stube wurde es gleichsam friedlicher und heiterer durch sein hurtiges, gleichmäßiges Ticken. Die Gedanken verschwammen ...

Doch da ertönte unvermittelt rauher, lauter Kirchengesang. Tichon Iljitsch schlug erschrocken die Augen auf und begriff zunächst nur eines: Zwei Bauern grölten näselnd, und aus dem Vorraum zogen Kälte und der Geruch nach feuchten Bauernröcken herein. Er sprang auf und setzte sich, und als er die Bauern erkannte, spürte er plötzlich sein Herz heftig pochen: Der eine war ein Blinder, ein großer, pockennarbiger Kerl mit Knollennase, einer länglichen Oberlippe und einem großen, runden Schädel, und der andere war – Makar Iwanowitsch!

Makar Iwanowitsch war früher einfach nur Makarka gewesen – »Makarka, der Pilger« hatten ihn alle genannt – und eines Tages zu Tichon Iljitsch in die Schenke gekommen. Er war auf der Chaussee unterwegs gewesen – in Bastschuhen, Mönchskappe und speckiger Kutte – und hereingekommen. In der Hand ein langer Stock, mit Grünspan angelaufen, ein Kreuz am oberen Ende und eine Lanzenspitze am unteren, über den Schultern ein Tornister und eine Feldflasche; lange, gelbliche Haare; das Gesicht breitflächig und kittfarben, die Nasenlöcher wie zwei Gewehrmündungen, die Nase gebogen wie ein Sattelbaum, und die blitzenden Augen, wie oft bei solchen Nasen, hell und scharf. Unverschämt, scharfsinnig, gierig eine Zigarre nach der anderen rauchend und den Rauch durch die Nase blasend, mit seiner barschen, abgehackten Art zu sprechen und seinem Tonfall, der jeglichen Widerspruch ausschloß, hatte er Tichon Iljitsch ausnehmend gut gefallen, und zwar eben wegen dieses Tonfalls – weil von vornherein klar war: Er war ein ausgekochter Hundesohn.

Tichon Iljitsch hatte ihn bei sich behalten – als Handlanger. Er zog ihm die Pilgerkleidung aus und behielt ihn. Doch Makarka erwies sich als so hartgesottener Dieb, daß er ihn brutal auspeitschen lassen und davonjagen mußte. Ein Jahr später war Makarka im ganzen Kreis für seine Orakelsprüche bekannt, die so unheilverkündend waren, daß alle eine Heidenangst bekamen, sobald er auftauchte. Wenn er sich bei jemanden unter das Fenster stellte und wehmütig anhob: »Selig sei bei den Heiligen …« oder wenn er ein Stück Weihrauch und eine Prise Staub austeilte – dann stand diesem Haus so gut wie sicher ein Todesfall bevor.

Und jetzt stand Makarka in seiner Kleidung von früher und mit dem Stab in der Hand an der Schwelle und sang. Der Blinde stimmte ein und rollte dabei seine milchigen Augen nach oben, und an seinen unproportionierten Gesichtszügen erkannte Tichon Iljitsch in ihm sogleich den entlaufenen Sträfling, eine entsetzliche, erbarmungslose Bestie. Noch entsetzlicher jedoch war das, was diese Landstreicher sangen. Der Blinde zuckte finster mit seinen hochgezogenen Augenbrauen und sang hingebungsvoll in einem scheußlichen, näselnden Tenor. Makarka funkelte scharf mit seinen reglosen Augen und dröhnte in einem grimmigen Baß. Heraus kam ein übermäßig lauter Gesang, rauh und harmonisch, altkirchlich, herrisch und drohend:

> In Tränen ausbrechen wird Mutter Erde, in Schluchzen!

begann der Blinde,

> In Trä-hä-nen, in Schlu-hu-uchzen!

sekundierte Makarka, seiner Sache sicher,

> Vor dem Erlöser, der Ikone,

jaulte der Blinde,

> Bereuen dann die Sünder!

drohte Makarka und blähte seine frechen Nasenflügel auf. Nunmehr seinen Baß mit dem Tenor des Blinden vereinend, behauptete er fest:

> Entgehen sie nicht Gottes Gericht!
> Entgehen sie nicht dem Ewigen Feuer!

Plötzlich brach er ab – gleichzeitig mit dem Blinden –, grunzte und befahl in seinem üblichen frechen Ton einfach:

»Geben Sie einen aus, Kaufmann, zum Aufwärmen.« Und ohne eine Antwort abzuwarten, trat er über die Schwelle, ging zum Bett und steckte Tichon Iljitsch ein Bildchen zu.

Es war nur ein Ausschnitt aus einer Illustrierten, doch als er einen Blick darauf warf, spürte Tichon Iljitsch eine plötzliche Kälte in der Magengrube. Unter der Abbildung – sturmgepeitschte Bäume, eine weiße Zickzacklinie in den Wolken und ein Mann, der zu Boden sackte – stand: »Jean-Paul Richter, vom Blitz erschlagen.«

Tichon Iljitsch war sprachlos.

Doch er faßte sich sogleich wieder. »So ein Halunke!« dachte er und riß das Bild langsam in kleine Fetzen. Dann stieg er aus dem Bett, zog die Stiefel an und sagte:

»Such dir jemand Dümmeren zum Erschrecken. Ich kenn dich nämlich zu gut, mein Lieber! Du kriegst, was dir zusteht, und dann geh mit Gott!«

Er ging in den Laden und brachte Makarka, der mit dem Blinden auf der Vortreppe stand, zwei Pfund Kringel und ein paar Heringe und wiederholte noch strenger:

»Geh mit Gott!«

»Und Tabak?« fragte Makarka dreist.

»Tabak hab ich selber nur ein kleines Faß.«

Makarka grinste.

»So, so!« sagte er. »Dann immer mal her damit.«

»Sieh zu, wo du welchen herkriegst«, antwortete Ti-

chon Iljitsch scharf. »Von mir jedenfalls nicht, mein Bester!«

Er schwieg eine Weile und fügte dann hinzu:

»Aufhängen wäre für dich noch zuwenig, Makarka!«

Makarka blickte auf den Blinden, der gerade und
aufrecht mit hochgezogenen Augenbrauen dastand, und
fragte ihn:

»Mann Gottes, was meinst du dazu? Aufhängen
oder erschießen?«

»Erschießen ist sicherer«, erwiderte der Blinde
ernsthaft. »Da ist es wenigstens sofort vorbei.«

Es dämmerte, die dichten Wolkenstränge schimmerten blau und kalt und brachten einen Hauch von
Winter. Der Dreck war fester geworden. Nachdem er
Makarka hinausgebracht hatte, stapfte Tichon Iljitsch mit
fröstelnden Beinen die Vortreppe hinauf und ging in die
Stube. Ohne sich auszuziehen, setzte er sich auf einen
Stuhl am Fenster, rauchte und versank wieder in Gedanken. Er mußte an den Sommer denken, an den Aufstand,
die Junge, die Arbeitszeit, den Bruder, seine Frau … und
daran, daß er für die Bescheinigungen, die er für die Arbeitszeit ausgegeben hatte, noch immer nicht bezahlt
hatte. Er hatte es sich zur Gewohnheit gemacht, Zahlun-
gen hinauszuzögern. Die Mädchen und Burschen, die als
Tagelöhner zu ihm kamen, standen im Herbst tagelang
bei ihm vor der Tür, beschwerten sich, sie hätten es bitter
nötig, waren aufgebracht, hin und wieder auch frech.
Doch er ließ sich nicht erweichen. Er schrie und rief Gott
als Zeugen an, er habe »bloß zwei Kopeken im Haus,
meinetwegen such doch selbst!«, er drehte seine Taschen

um, die Geldbörse, spuckte in gespielter Wut aus, als sei
er fassungslos angesichts des Mißtrauens und der »Ge-
wissenlosigkeit« der Bittsteller ... Diese Angewohnheit
kam ihm jetzt schlecht vor. Unerbittlich streng, kalt war
er zu seiner Frau, so fremd, daß er bisweilen ihre Existenz
völlig vergaß. Und plötzlich machte ihn auch das beklommen: Bei Gott, er hatte ja keine Vorstellung davon,
was für ein Mensch sie war! Wenn sie heute stürbe – er
könnte keine zwei Worte darüber verlieren, warum sie
gelebt, was sie gedacht, was sie gefühlt hatte in den langen Jahren, die sie mit ihm gelebt hatte, in diesen Jahren,
die zu einem einzigen Jahr zusammengeflossen, die in
unablässiger Mühe und Sorge verflogen waren ... Und
wozu hatten all diese Sorgen geführt?

Er warf die Papirossa fort und zündete sich eine weitere an ... Puh, schlau war er, diese Bestie, dieser Makarka! Aber wenn er so schlau war, konnte er dann nicht
voraussehen, was einem so alles bevorstand? Ihm, Tichon
Iljitsch, stand ganz bestimmt irgend etwas Schlimmes bevor. Er war schließlich nicht mehr blutjung! Wie viele seiner Altersgenossen waren schon nicht mehr auf dieser
Welt? Vor Alter und Tod gab es keine Rettung. Auch Kinder könnten ihn da nicht retten. Auch die Kinder würde
er nicht kennen, auch den Kindern wäre er fremd, so wie
er allen seinen Nächsten fremd war – den lebenden wie
den verstorbenen. Menschen auf der Welt gab es wie
Sterne am Himmel; aber so kurz war das Leben, so
schnell wuchsen, reiften und starben die Menschen, so
wenig kannten sie einander und so schnell vergaßen sie
alles Erlebte, daß man verrückt wurde, wenn man richtig

darüber nachdachte! Vor einiger Zeit hatte er über sich gesagt:

»Mein Leben müßte man beschreiben ...«

Aber was sollte man da beschreiben? Es gab nichts. Es gab nichts, oder nichts, das sich gelohnt hätte. Er konnte sich schließlich selbst an kaum etwas erinnern aus diesem Leben. Völlig vergessen hatte er zum Beispiel die Kindheit: Ab und zu erinnerte er sich vage an irgendeinen Tag, einen Sommertag, ein Ereignis, einen Altersgenossen ... Einmal hatte er eine Katze angesengt – und Prügel bezogen. Eine kleine Peitsche mit einer Trillerpfeife daran hatte er geschenkt bekommen – und sich unbeschreiblich gefreut. Sein betrunkener Vater hatte ihn einmal herbeigerufen – freundlich, mit bekümmerter Stimme: »Komm zu mir, Tischa, komm her, mein Lieber!«, und dann hatte er ihn unverhofft an den Haaren gerissen.

Wenn Ilja Mironow noch leben würde, der Krämer, würde Tichon Iljitsch dem Alten aus Gnade und Barmherzigkeit zu essen geben und ihn doch nicht kennen, ihn kaum bemerken. Mit seiner Mutter war es ebenso gewesen. Würde man ihn jetzt fragen: Erinnerst du dich an deine Mutter?, würde er antworten: Ich erinnere mich an eine gebückte Alte ... Dung getrocknet hat sie, den Ofen angeheizt, heimlich getrunken und viel geschimpft ... Und weiter nichts. Fast zehn Jahre hatte er bei Matorin gearbeitet, doch auch diese zehn Jahre verschmolzen zu einem oder zwei Tagen: Der Aprilregen tröpfelt und tupft auf die Blechplatten, die sie polternd und klappernd auf den Wagen vor dem Nachbarladen werfen ... Ein grauer, frostiger Mittag, die Tauben stürzen in einem lärmenden Schwarm auf den Schnee vor dem Laden des anderen Nachbarn, der Mehl, Grütze und Mengfutter mit Kleie verkauft – sie gurren und schlagen mit den Flügeln –, und sein Bruder und er stehen an der Schwelle und peitschen mit dem Ochsenziemer einen surrenden Brummkreisel ...

Matorin war damals jung und stark, rothaarig, mit glattrasiertem Kinn und rotblonden, gestutzten Koteletten. Heute war er arm, er schlurfte in einem verschossenen Tuchrock und einer tief in die Stirn gezogenen Schirmmütze wie ein alter Mann von einem Laden zum anderen, von einem Bekannten zum anderen, spielte Dame, hockte bei Dajew in der Schenke, trank in kleinen Schlucken und redete, wenn er betrunken wurde, vor sich hin:

»Wir sind kleine Leute: trinken, essen, bezahlen – und nach Hause!«

Wenn er Tichon Iljitsch begegnete, erkannte er ihn nicht und lächelte nur traurig:

»Nicht möglich – bist du das, Tischka?«

Dabei hatte Tichon Iljitsch selbst bei der ersten Begegnung diesen Herbst nicht einmal seinen eigenen Bruder erkannt: »Ist das wirklich Kusma, mit dem ich so viele Jahre über die Felder, die Dörfer und Feldwege gestreift bin?«

»Alt bist du geworden, Bruder!«

»Ein wenig, ja.«

»Ein bißchen früh.«

»Dafür bin ich ja Russe. Bei uns geht das flott.«

Mein Gott, wie sich alles verändert hatte, seit der Zeit, als sie kleine Krämer waren! Wie furchtbar wenig der heutige Tichon Iljitsch dem Krämer Tischka glich, der schwarz war wie ein Käfer, tollkühn und fröhlich, ein halber Zigeuner!

Tichon Iljitsch steckte sich die dritte Papirossa an und blickte unverwandt grübelnd zum Fenster hinaus.

»Ist es in anderen Ländern auch so?«

Nein, das konnte nicht sein. Bekannte waren im Ausland gewesen – mindestens der Kaufmann Rukawischnikow – und hatten erzählt … Aber das konnte man sich auch ohne Rukawischnikow denken. Die Deutschen in den Städten zum Beispiel oder die Juden: Sie sind alle tüchtig und ordentlich, alle kennen sich gegenseitig, sind befreundet – und nicht nur beim Trinken –, alle helfen einander; wenn sie umziehen, schreiben sie sich ein Leben lang, schicken Portraits von Vätern, Müttern und Bekannten von Familie zu Familie; den Kindern bringen sie etwas bei, sie lieben sie, gehen mit ihnen spazieren, unterhalten sich mit ihnen von gleich zu gleich – da hat ein Kind etwas, woran es sich erinnern kann. Aber bei uns ist jeder des anderen Feind, Neider, Verleumder, wir besuchen einander einmal im Jahr, hocken in unserem Stall, rennen umher wie besessen, wenn unverhofft jemand kommt, stürmen davon, die Zimmer in Ordnung zu bringen … Aber wozu? Nicht mal ein Löffelchen Konfitüre gönnen wir dem Gast! Ohne daß man ihn mit Bitten bestürmt, wird der Gast kein Glas zu viel trinken … Schieläugige Kirgisen! Gelbhaarige Mordwinen!

Vor dem Fenster fuhr eine Trojka vorbei. Tichon Iljitsch musterte sie aufmerksam. Die Pferde waren mager und sehnig, aber augenscheinlich munter. Der Tarantas war in gutem Zustand. Wohin er wohl fuhr? In der Nachbarschaft besaß niemand eine solche Trojka. Die Gutsbesitzer aus der Nachbarschaft lebten in solchem Elend, daß sie manchmal drei Tage kein Brot hatten, die letzten Metalleinfassungen ihrer Ikonen verkauften und sich nicht leisten konnten, zerbrochene Scheiben auszutauschen oder das Dach instandzusetzen; die Fenster stopften sie mit Kissen aus, und wenn es regnete, stellten sie Tröge und Eimer auf den Boden – durch die Decken rann das Wasser wie durch ein Sieb ... Dann ging Deniska der Schuster vorbei. Wohin wollte er? Und was hatte er dabei? Doch wohl keinen Koffer? Ach, so ein Dummkopf, Herr, vergib mir meine Schuld!

Mechanisch streifte Tichon Iljitsch den langen Tuchrock über den kurzen Mantel, schob die Füße in die Stiefel und trat hinaus auf die Vortreppe. Als er hinauskam, nahm er einen tiefen Atemzug von der frischen Luft der vorwinterlichen, bläulichen Dämmerung, blieb stehen und setzte sich auf die kleine Bank ... Das war auch eine Familie – der Graue und sein Sohn! In Gedanken nahm Tichon Iljitsch den Weg, den Deniska zurückgelegt hatte, durch den Dreck, mit dem Koffer in der Hand. Er sah Durnowka, sein Gut, die Schlucht, die Bauernkaten, die Dämmerung, das Licht beim Bruder, die Lichter auf den Höfen ... Kusma saß bestimmt und las. Die Junge stand in dem kalten Vorraum am lauwarmen Ofen, wärmte sich Rücken und Hände, wartete darauf, daß es heißen würde: »Abendessen!«, und dachte nach, die gealterten, trockenen Lippen aufeinandergepreßt ... Worüber? Vielleicht über Rodka? Lüge war das alles, daß sie ihn vergiftet haben sollte, Lüge! Und wenn sie es doch getan hatte ...

Herrgott! Wenn sie ihn vergiftet hatte – was mußte sie dann empfinden? Welch schwerer Grabstein läge dann auf ihrer verschlossenen, merkwürdigen Seele? Und wie war das geschehen, wozu sie sich durchgerungen hatte, wahnsinnig vor Haß auf Rodka und den brutalen Schlägen – vielleicht auch von ihrem Gefühl der Schmach gegenüber ihm, Tichon Iljitsch –, und von ihrer Schande, der Furcht, daß Rodka letztendlich davon erfahren würde? Ach, und wie hatte er sie verprügelt! Ja, Tichon Iljitsch war gerade der Rechte ... Und so würde Gott ihn strafen ...

In Gedanken blickte er von der Vortreppe seines Durnower Hauses hinüber nach Durnowka – das Dorf war auch aufwieglerisch –, zu den schwarzen Katen am Hang hinter der Schlucht, zur Getreidedarre und zu den Weiden in den Hinterhöfen ... Jenseits der Felder, linker Hand am Horizont war das Bahnwärterhäuschen. In der Dämmerung fuhr ein Zug daran vorbei – eine Kette von Feueraugen flog dahin. Dann flammten die Augen in den Katen auf. Es dunkelte, wurde behaglicher – und ein unangenehmes Gefühl regte sich jedes Mal, wenn er zu den Katen der Jungen und des Grauen blickte, die fast mitten in Durnowka standen, nur drei Höfe voneinander entfernt: Weder in der einen noch in der anderen brannte Licht. Und so ging das fast den ganzen Winter hindurch! Die Kinder des Grauen waren blind wie Maulwürfe, gerieten jedes Mal außer Rand und Band vor Freude und Staunen, wenn es an einem glücklichen Abend einmal gelang, in der Kate Licht zu machen ...

»Nein, das ist Sünde!« sagte Tichon Iljitsch resolut und stand auf. »Nein, das ist gottlos! Da muß man mindestens ein wenig helfen«, sagte er und machte sich auf zur Bahnstation.

Es herrschte Frost, und aromatischer noch als gestern zog der Duft des Samowars vom Bahnhof herüber. Heller blinkten die Lichter am Tor, hinter den tapfer frierenden, fast kahlen, mit spärlichem Laub geschmückten Bäumen. Klangvoller rasselten die Schellen an der Trojka. Eine prachtvolle Trojka war das! Dagegen boten die Klepper der Bauernkutscher, ihre winzigen Wägelchen mit den halb auseinanderfallenden, schiefen, dreckstarrenden Rädern einen jämmerlichen Anblick! Hinter dem Lattenzaun quietschte die Bahnhofstür und knallte dumpf zu. Tichon Iljitsch ging um den Zaun herum, stieg die hohe steinerne Vortreppe empor, auf der ein zwei Eimer fassender, kupferner Samowar fauchte, der Rost rotglühend wie mit feurigen Zähnen, und traf dort genau den, den er gesucht hatte – Deniska.

Deniska stand mit nachdenklich gesenktem Kopf auf der Vortreppe, in der rechten Hand ein billiges, graues Köfferchen, das großzügig mit Blechnieten versehen und mit Bindfaden umwickelt war. Deniska trug einen kurzen Mantel, alt und offenbar sehr schwer, mit viel zu breiten Schultern und sehr tiefer Taille, eine neue Schirmmütze und kaputte Stiefel. Er war klein geraten, seine Beine waren im Vergleich zum Rumpf sehr kurz. »Ich hab bloß meinen Rumpf«, sagte er manchmal lachend über sich selbst. Jetzt, mit der tiefen Taille und den schiefgetretenen Stiefeln, schienen die Beine noch kürzer.

»Denis!« rief Tichon Iljitsch. »Was machst du hier, du Schlingel?«

Deniska, der niemals und durch nichts in Erstaunen zu versetzen war, schlug gemächlich seine dunklen, verträumten und traurig lächelnden Augen mit den langen Wimpern zu ihm auf und zog die Schirmmütze vom Kopf. Er hatte mausfarbenes, unglaublich dickes Haar, ein fahles, wie eingeöltes Gesicht, aber schöne Augen.

»Guten Tag, Tichon Iljitsch«, antwortete er mit seinem melodischen, städtischen Tenor und wie üblich etwas verlegen. »Ich fahre nach … na … nach Tula.«

»Und warum das, wenn man fragen darf?«

»Vielleicht kommt eine Anstellung dabei raus …«

Tichon Iljitsch musterte ihn. In der Hand hatte er den Koffer, aus der Manteltasche lugten irgendwelche zusammengerollten grünen und roten Büchlein. Wahrscheinlich war es nicht einmal sein eigener Mantel …

»In Tula kannst so aber keinen Blumentopf gewinnen.«

Deniska betrachtete sich nun auch von oben bis unten.

»Der Mantel?« fragte er bescheiden. »Na und, wenn ich in Tula erst mal Geld verdiene, kauf ich mir einen Rock mit Stehkragen und Litzen. Im Sommer hätte ich es schon fast geschafft! Zeitungen hab ich verkauft.«

Tichon Iljitsch wies mit dem Kopf zum Koffer:

»Und was ist das für ein Ding?«

Deniska senkte die Wimpern:

»Ich hab mir einen Koffer gekauft.«

»Na ja, ein Stehkragenrock, aber kein Koffer, das

geht natürlich nicht!« sagte Tichon Iljitsch spöttisch. »Und was hast du in der Tasche?«

»Nichts, nur Kinkerlitzchen …«

»Zeig mal her.«

Deniska stellte den Koffer auf der Vortreppe ab und zog die Büchlein aus der Tasche. Tichon Iljitsch nahm sie und schaute sie aufmerksam durch. Das Liederbuch *Marussja. Die lasterhafte Ehefrau. Das unschuldige Mädchen in den Ketten der Gewalt. Glückwunschgedichte für Eltern, Erzieher und Wohltäter. Die Rolle* …

Tichon Iljitsch stockte, aber Deniska, der ihn beobachtet hatte, half ihm flink und beflissen:

»*Die Rolle des Proletariats in Rußland.*«

Tichon Iljitsch schüttelte den Kopf.

»Das sind Neuigkeiten! Hast nichts zu fressen, aber Koffer und Bücher kaufst du. Man nennt dich wohl nicht umsonst einen Aufwiegler. Du schimpfst immer auf den Zaren, sagt man? Nimm dich in acht, mein Lieber!«

»Ich hab ja kein Gut gekauft«, erwiderte Deniska mit traurigem Spott. »Das sind gute Bücher. Und den Zaren hab ich nicht angerührt. Über mich erzählt man Lügen, wie über einen Toten. Dabei würde ich so was nicht mal denken. Ich bin doch nicht mondsüchtig.«

Die Türangeln quietschten, der Bahnhofswärter erschien – ein grauhaariger ausgemusterter Soldat, der kurzatmig pfiff und röchelte –, und hinter ihm der Büfettier, ein Dicker mit verquollenen Augen und fettigen Haaren.

»Bitte zur Seite treten, die Herren Kaufleute, gestatten Sie den Samowar mitzunehmen …«

Deniska trat zur Seite und packte wieder den Griff

des Koffers. »Den hast du doch sicher irgendwo mitgehen lassen?« fragte Tichon Iljitsch, wobei er mit dem Kopf auf den Koffer wies und daran dachte, warum er zur Bahnstation gekommen war.

Deniska schwieg mit eingezogenem Kopf.

»Und er ist doch leer?«

Deniska fing an zu lachen:

»Ja ...«

»Bist du rausgeflogen?«

»Ich bin von selber weg.«

Tichon Iljitsch seufzte.

»Ganz der Vater!« sagte er. »Bei dem ist es genauso: Wenn man ihn an die frische Luft setzt, sagt er: ›Ich bin von selber weg.‹«

»Ich schwör's, das stimmt.«

»Schon gut, schon gut ... Warst du zu Hause?«

»Zwei Wochen.«

»Hat dein Vater wieder keine Arbeit?«

»Jetzt schon.«

»Jetzt schon!« äffte Tichon Iljitsch ihn nach. »Das Dorf ist dumm wie Bohnenstroh. Aber Hauptsache Revoluzionär! Willst zu den Wölfen und hast bloß einen Hundeschwanz.«

»Vielleicht bist du selbst so einer«, dachte Deniska grinsend, aber ohne den Kopf zu heben.

»Der Graue sitzt also bloß da und raucht?«

»Versager!« erklärte Deniska überzeugt.

Tichon Iljitsch klopfte ihm mit den Fingerknöcheln an den Kopf. »Du solltest deine Dummheiten für dich behalten! Wer wird denn so über seinen Vater sprechen?«

»Ein alter Hund ist er, kein Vater«, erwiderte Deniska gelassen. »Ein Vater gibt einem was zu essen. Hat er das etwa gemacht?«

Tichon Iljitsch aber hörte ihm gar nicht mehr zu. Er nutzte einen günstigen Moment, um zur Sache zu kommen, und ließ Deniska nicht ausreden:

»Dann ist er eben ein Depp … Hat Jakow die Stute verkauft?«

Deniska brach unvermittelt in ein derbes, lautes Gelächter aus. Aber dann antwortete er mit seinem melodischen Tenor: »Jakow Mikitisch? Ach wo! Der wird immer reicher und geiziger. Das war lustig gestern!«

»Wieso?«

»Und wie! Ihm ist ein Fohlen krepiert, und was macht er? Nimmt die Beine mit den Hufen dran für seinen Flechtzaun – ihm fehlten ein paar Pfähle, also hat er die Beine genommen und da eingebaut …«

»Ein Minister ist er und kein Bauer!« sagte Tichon Iljitsch. »Mit dem könnt ihr Habenichtse euch nicht messen. Sag mal, willst du schwarz nach Tula fahren?«

»Wovon soll ich mir denn eine Fahrkarte kaufen?« versetzte Deniska. »Wenn ich einsteige, kriech ich mit Gottes Segen sofort unter die Bank. Hauptsache, ich komm schon mal bis nach Uslowskaja …«

»Wo soll das denn sein – Uslowskaja? Meinst du vielleicht Uslowaja?«

»Dann eben Uslowaja, ist doch egal. Wenn ich erst mal da bin, ist es zu Fuß nicht mehr weit …«

»Und die Bücher, wo willst du die lesen? Unter der Bank vielleicht?«

Deniska überlegte.

»Von wegen!« sagte er. »Dann sitz ich eben nicht immer unter der Bank. Ich geh auf den Abtritt, da kann ich lesen, bis es hell wird.«

Tichon Iljitsch schob die Augenbrauen zusammen.

»Jetzt paß mal auf«, fing er an. »Folgendes: Du läßt die ganze Sache bleiben. Du bist doch kein kleines Kind mehr, du Narr. Sieh zu, daß du nach Durnowka zurückkommst, es wird Zeit, daß du was Ordentliches machst. Es wird einem ja schlecht, wenn man euch anguckt. Bei mir haben es ja ... die ... die Hofräte besser. Na schön, ich helfe euch ... in der ersten Zeit. Wenn ihr was braucht, ein Werkzeug oder so ... Dann kannst du dich selbst ernähren und auch dem Vater wenigstens ein bißchen was geben.«

»Was will er bloß von mir?« überlegte Deniska.

Tichon Iljitsch war entschlossen, die Sache nun auch zu Ende zu bringen:

»Und zum Heiraten ist es auch allmählich Zeit.«

»Ach so!« dachte Deniska und drehte sich bedächtig eine Zigarette.

»Na ja«, ließ er sich gelassen und ein wenig betrübt vernehmen, ohne die Wimpern zu heben. »Dagegen wehre ich mich nicht. Heiraten kann ich ja. Zu den Prostituierten gehen ist schlimmer.«

»Na, genau das meine ich«, fiel Tichon Iljitsch besorgt ein. »Aber wohlgemerkt, mein Lieber, heiraten muß man mit Verstand. Um Kinder zu halten, braucht man Kapital.«

Deniska fing an zu lachen.

»Was gibt es da zu gackern?«

»Also bitte! Halten! Wie Hühner oder Schweine?«

»Sie wollen genauso zu essen haben wie Hühner oder Schweine.«

»Und wen?« erkundigte Deniska sich mit einem trüben Grinsen.

»Na wen schon? Wen du willst.«

»Die Junge etwa?«

Tichon Iljitsch lief feuerrot an.

»Dummkopf! Was ist denn schlecht an der Jungen? Sie ist eine sanfte, arbeitsame Frau.«

Deniska schwieg und kratzte mit dem Nagel an einer Blechniete auf dem Koffer. Dann spielte er den Dummen.

»Es gibt viele Junge«, sagte er gedehnt. »Ich weiß nicht, von welcher Sie da reden ... Etwa die, mit der Sie gelebt haben?«

Doch Tichon Iljitsch hatte sich wieder gefaßt.

»Ob ich mit ihr gelebt habe oder nicht – das geht dich gar nichts an, du Lump«, versetzte er so schnell und energisch, daß Deniska unterwürfig murmelte:

»Dann eben nicht ... Das war doch ... nicht so gemeint.«

»Dann red nicht so ein dummes Zeug ... Ich mach was Rechtes aus euch. Hörst du? Eine Aussteuer gebe ich euch ... Hörst du?«

Deniska zögerte.

»Also ich fahr jetzt mal nach Tula ...«, begann er.

»Ist es denn zu fassen? Was zum Teufel willst du noch in Tula?«

»Zu Hause gibt es nichts zu beißen.«

Tichon Iljitsch schlug die Rockschöße zurück und steckte die Hand in die Manteltasche – er wollte Deniska ein Zwanzigkopekenstück geben. Doch dann überlegte er es sich anders – es wäre dumm, Geld zu verschwenden, und dieser Trottel würde noch überheblich werden und sich einbilden, man wolle ihn bestechen – und tat so, als würde er etwas suchen,

»Ach, ich hab meine Papirossy vergessen! Laß mich mal eine drehen.«

Deniska reichte ihm den Tabaksbeutel. Über der Vortreppe brannte schon die Laterne, und in ihrem trüben Licht las Tichon Iljitsch laut vor, was mit großen weißen Buchstaben auf den Beutel gestickt war:

Dies schenck ich wehm ich liep
und in Treu verbunden bliep.

»Reizend!« sagte er, als er fertig war.

Deniska senkte verlegen den Kopf.

»Also hast du schon eine Herzallerliebste?«

»Weiber gibt es wie Sand am Meer!« erwiderte Deniska unbekümmert. »Gegen das Heiraten hab ich ja nichts. Nach der Fastenzeit bin ich wieder da, und dann mit Gottes Segen ...«

Hinter dem Lattenzaun hervor ratterte ein Leiterwagen – mit Dreck bespritzt, ein Bauer auf der Querstange und mittendrauf, im Stroh, der Diakon Goworow aus Uljanowsk – und rollte unter Getöse bis zur Vortreppe.

»Ist er weg?« rief der Diakon besorgt und warf ein in einer neuen Galosche steckendes Bein aus dem Stroh.

Jedes Haar auf seinem fuchsroten struppigen Kopf war wild gekräuselt, die Mütze war in den Nacken gerutscht, sein Gesicht von Wind und Aufregung hochrot.

»Der Zug?« fragte Tichon Iljitsch. »Nein, noch nicht, der ist noch nicht mal angekommen. Guten Tag, Diakon.«

»Aha! Na Gott sei Dank!« stieß der Diakon erfreut hervor, sprang aus dem Wagen und rannte trotzdem Hals über Kopf zur Tür.

Tichon Iljitsch schüttelte den Kopf. »Der mit seiner langen Mähne hat uns wirklich gerade noch gefehlt. Aus der Sache wird wohl nichts!« Dennoch griff er nach der Türklinke und sagte entschlossen und zuversichtlich:

»Also gut, von mir aus. Also bis nach der Fastenzeit.«

Im Bahnhof roch es nach feuchten Halbpelzen, nach Samowar, Machorka und Petroleum. Es war so verraucht, daß der Hals kratzte, die Lampen leuchteten nur trüb durch den Qualm, durch das Halbdunkel, die Feuchtigkeit und die Kälte. Die Türen quietschten und knallten, lärmend drängten sich Kerle mit Peitschen in der Hand – Kutscher aus Uljanowka, die manchmal eine ganze Woche keinen Fahrgast hatten. Zwischen ihnen hindurch ging mit erhobenen Augenbrauen ein jüdischer Getreidehändler in Melone und Kapuzenmantel, einen Schirm über der Schulter. An der Kasse zerrten Bauern herrschaftliche Koffer und mit Wachstuch bespannte Körbe auf die Waage, der Telegrafist, der als Gehilfe des Bahnhofsvorstehers amtete, schrie die Bauern an – ein junger kurzbeiniger Bursche mit großem Kopf, mit einer gelblichen Lockentolle, die nach Kosakenart an der linken Schläfe unter der Schirmmütze hochgekämmt war, und auf dem schmutzigen Boden hockte schlotternd und zitternd ein Pointer, gefleckt wie ein Frosch und mit menschlich melancholischen Augen.

Tichon Iljitsch zwängte sich zwischen den Bauern hindurch bis an die Tür zur ersten Klasse, wo an der Wand ein Holzgestell mit Briefen, Zeitungen und Telegrammen hing, die manchmal auch auf dem Boden lagen. Briefe für ihn waren keine dabei, nur drei Nummern des *Orlowski Westnik.* Tichon Iljitsch wandte sich zum Schanktisch, um einen Schwatz mit der Frau am Ausschank zu halten. Aber neben dem Schanktisch hockte auf einem Schemel ein Betrunkener mit hellblauen, glasigen Augen, violett glänzendem Gesicht und einer runden Schirmmütze mit Knopf – der Aufseher aus der Branntweinbrennerei des Fürsten Lobanow. Tichon Iljitsch machte hastig kehrt. Der Aufseher war ein Bekannter – wenn er ihm unter die Augen geriete, käme er die nächsten vierundzwanzig Stunden nicht mehr los. Auf der Vortreppe stand noch immer Deniska.

»Was ich Sie noch bitten wollte, Tichon Iljitsch«, sagte er noch verlegener als sonst.

»Was denn noch?« fragte Tichon Iljitsch gereizt. »Geld? Kriegst du nicht.«

»Nein, kein Geld! Meinen Brief zu lesen.«

»Deinen Brief? An wen?«

»An Sie. Ich wollte Ihnen den neulich schon geben, aber ich hab mich nicht getraut.«

»Worum geht es denn?«

»Also … mein Leben hab ich beschrieben …«

Tichon Iljitsch nahm Deniska den Papierfetzen aus

der Hand, steckte ihn in die Tasche und ging durch den nachgiebigen, fester gewordenen Schlamm raschen Schrittes nach Hause.

Er war nun wieder zuversichtlich gestimmt. Er wollte gerne arbeiten und überlegte vergnügt, daß es Arbeit gab – das Vieh mußte gefüttert werden. Schade nur, daß er im Eifer des Gefechts Ölkuchen rausgeschmissen hatte, jetzt würde er die Nacht über aufbleiben müssen. Auf Oska war kein Verlaß. Der schlief wahrscheinlich schon. Oder er saß mit der Köchin und schimpfte auf den Herrn … Tichon Iljitsch ging an den erleuchteten Fenstern der Gesindekate vorbei und schlich in den Vorraum, trampelte in der Dunkelheit gegen das kalte, duftende Stroh und preßte sein Ohr an die Tür. Hinter der Tür erklang Gelächter, dann die Stimme von Oska:

»Dann gab es noch eine andere Geschichte. In einem Dorf lebte ein Bauer, bitterarm, so arm war kein anderer im ganzen Dorf. Eines Tages, Freunde, fährt also dieser Bauer zum Pflügen. Ihm nach sein gefleckter Hund. Der Bauer pflügt, der Hund flitzt über das Feld und wühlt immer in der Erde. Und plötzlich fängt er an zu heulen! Was hat das denn zu bedeuten? Der Bauer also nichts wie hin, guckt in die Grube und da drin ist – ein Topf …«

»Ein Topf?« fragte die Köchin.

»Hör doch zu. Topf hin oder her, aber in dem Topf war Gold! Jede Menge! … Der Bauer wurde also reich …«

»Ach, diese Schwätzer!« dachte Tichon Iljitsch und lauschte begierig, wie es dem Bauern weiter ergehen würde.

»Der Bauer wurde reich und unleidlich wie ein Kaufmann ...«

»Wohl nicht schlimmer als unser Steifbein?« warf die Köchin ein.

Tichon Iljitsch schmunzelte: Er wußte, daß man ihn schon lange Steifbein nannte ... Jeder Mensch hatte einen Spitznamen!

Oska fuhr fort:

»Noch ein bißchen reicher ... Ja ... Aber der Hund ist eines Tages krepiert. Was nun? Nichts zu machen – schade um den Hund, den hätte man mit allen Ehren begraben müssen ...«

Lautes Gelächter erscholl. Auch der Erzähler selbst fing an zu lachen – und noch jemand anders, mit einem Altmännerhüsteln.

»Das ist doch wohl nicht Ölkuchen?« Tichon Iljitsch fuhr auf. »Na, Gott sei Dank. Ich hab's dem Trottel doch gesagt: Du kommst wieder!«

»Da ging der Bauer zum Popen«, fuhr Oska fort. »Er ging zum Popen: So und so, Väterchen, der Hund ist krepiert – man muß ihn begraben ...«

Die Köchin konnte wieder nicht an sich halten und schrie vergnügt: »Du kennst aber auch gar nichts!«

»So laß mich doch zu Ende erzählen!«

Auch Oska schrie jetzt und kehrte zurück zu seinem erzählenden Tonfall, in dem er bald den Popen, bald den Bauern spielte:

»So und so, Väterchen, den Hund muß man begraben. Der Pope stampft mit dem Fuß auf: Wie begraben? Wo begraben? Auf dem Friedhof? Ins Gefängnis steck ich dich, in Ketten leg ich dich! – Väterchen, das ist doch kein einfacher Hund: Als er krepiert ist, hat er Ihnen fünfhundert Rubel vermacht! – Da ist der Pope aber aufgesprungen! Du Narr! Schimpf ich denn, weil man ihn begraben soll? Es geht darum, wo du ihn begraben willst! An der Kirchhofmauer gehört er begraben!«

Tichon Iljitsch hustete laut und öffnete die Tür. Am Tisch, bei der blakenden Lampe, deren gesprungenes Glas von der einen Seite mit geschwärztem Papier verklebt war, saß die Köchin, den Kopf gesenkt, die feuchten Haare vor dem Gesicht. Sie kämmte sich mit einem Holzkamm und betrachtete den Kamm durch die Haare gegen das Licht. Oska, eine Zigarette zwischen den Zähnen, lachte laut, lehnte sich zurück und baumelte mit den Bastschuhen. Neben dem Ofen, im Halbdunkel, ein rotglühender Schimmer – eine Pfeife. Als Tichon Iljitsch die Tür aufzog und auf der Schwelle erschien, brach das Lachen abrupt ab, und der Pfeifenraucher erhob sich zaghaft, nahm die Pfeife aus dem Mund und steckte sie in die Tasche … Tatsächlich, Ölkuchen! Aber als sei am Morgen nichts vorgefallen, rief Tichon Iljitsch freundlich und munter:

»Leute! Füttern …«

Mit einer Laterne gingen sie über die Koppel und leuchteten über den hart gewordenen Dung, das verstreute Stroh, die Futterkrippe und die Pfähle, wobei sie riesige Schatten warfen und die Hühner auf ihren Stangen unter den Vordächern weckten. Die Hühner flogen auf, fielen herunter und rannten, nach vorn gebeugt und beim Laufen wieder einschlafend, blind umher. Die großen lila Augen der Pferde, die ihre Köpfe zum Licht umwandten, glänzten und blickten ganz menschlich. Beim Atmen stieg Dampf auf – als ob alle rauchten. Und als Tichon Iljitsch die Laterne sinken ließ und nach oben blickte, sah er voller Freude über dem Quadrat des Hofes die leuchtenden, bunten Sterne am tiefen, klaren Himmel. Man hörte, wie der Nordwind trocken knisternd über die Dächer strich und mit frostiger Frische in die Ritzen blies ... Gott sei Dank – es war Winter!

Als die Arbeit getan war und er den Samowar bestellt hatte, ging Tichon Iljitsch mit der Laterne in den kalten, aromatisch riechenden Laden, suchte sich einen schönen marinierten Hering aus – nicht schlecht, so ein salziger Happen zum Tee! –, verzehrte ihn zum Tee, trank einige Gläschen bittersüßen, goldroten Ebereschenlikör, goß sich noch eine Tasse Tee ein und zog die alten großen Rechnungsbücher heran. Doch dann fand er Deniskas Brief und machte sich daran, sein Gekrakel zu entziffern.

»Denja bekam vierzig Rubel Gelt unt packte die Sachn ...«

»Vierzig Rubel!« dachte Tichon Iljitsch. »Ach, so ein Habenichts!«

»Denja gink zum Bahnhof Tula unt da haben sie ihm bestohln alles wech auch die lezte Kopeke unt er war gans betrühbt ...«

Dieses Zeug zu entziffern war schwierig und mühselig, aber der Abend war lang, er hatte nichts weiter zu tun ... Der Samowar brodelte geschäftig, die Lampe warf ein ruhiges Licht – und Traurigkeit lag in der Stille und

Ruhe des Abends. Rhythmisch ging die Klapper unter den Fenstern vorbei, hell erklang ein Tanzliedchen in der frostigen Luft ...

»Dann hatt ich Sensucht unt wie ich nach hause komm is der Vater mächtik wütent ...«

»So ein Narr, also wirklich! Meine Güte!« dachte Tichon Iljitsch. »Der Graue und wütend!«

»Ich bin in den tiefn Walt unt such mir eine richtich hohe Tanne unt nehm vom Zuckerhut ein Bintfaden unt geh damitt ins ehwige Leben eine neue Hohse hap ich an aber keineschtihfl nich ...«

»Keine Stiefel, oder was soll das heißen?« sagte Tichon Iljitsch und hielt den Zettel weit ab von den ermüdeten Augen. »Wo er recht hat, hat er recht ...«

»Dann kommt ein stahker Wint blauhe Wollken unt eine große Wollke hatt stahken Regen geschüttett unt die Sonne kahm rauss unt der Bintfaden is verfaullt unt dann reißt er ap unt Denja fellt auf den Bohden unt Amaisen krappeln über ihn wech unt ein Ihgel unt eine Natter unt ein grühner Kreps ...«

Tichon Iljitsch warf den Brief in die Spülschüssel, nahm einen Schluck Tee, stützte die Ellbogen auf den Tisch und blickte in die Lampe ... Die Scheiben waren angelaufen, scharf und schwungvoll klopfte die Klapper, ein winterlicher, harmonischer Klang ... Ach, wenn er Kinder hätte! Eine Geliebte vielleicht, eine hübsche, anstelle dieser aufgedunsenen Alten, die ihm zum Hals heraushing mit ihren Erzählungen über die Fürstin, über die fromme Nonne Polikarpija, die in der Stadt Polukarpija genannt wurde! ... Zu spät, zu spät.

Tichon Iljitsch knöpfte den bestickten Kragen seines Hemdes auf und betastete mit bitterem Lächeln den Hals, die Vertiefungen am Hals hinter den Ohren … Diese Vertiefungen waren das erste Anzeichen des Alters – er bekam einen Pferdekopf! Auch der Rest war nicht schlecht. Er beugte den Kopf, befingerte seinen Bart … Der Bart war grau, trocken, struppig. Nein, aus und vorbei, aus und vorbei, Tichon Iljitsch!

Er trank und bekam einen Schwips, immer fester preßte er den Kiefer zusammen, immer eindringlicher starrte er mit zusammengekniffenen Augen auf den gleichmäßig brennenden Docht der Lampe … Man stelle sich vor: Zu seinem eigenen Bruder konnte er nicht fahren – die Eber ließen es nicht zu, die Schweine! Und selbst wenn, hätte er wenig Freude daran. Kusma würde ihm eine Gardinenpredigt halten, die Junge würde mit zusammengepreßten Lippen und gesenkten Wimpern dastehen … Allein bei diesen gesenkten Augen wollte man davonlaufen!

Das Herz stockte, schmerzte, der Kopf war süß umnebelt … Wo hatte er dieses Lied gehört?

> Kam mein trüber Abend,
> Ich weiß nicht, was fang ich an,
> Kam mein liebster Freund,
> Liebkoste mich alsdann …

Ach ja, das war in Lebedjan, im Gasthof. An einem Winterabend hatten dort Mädchen beim Klöppeln gesessen und gesungen … Sie saßen, klöppelten und sangen, ohne die Wimpern zu heben mit klingender Bruststimme:

Küßte mich, umarmte mich,
Nahm Abschied von mir dann …

Sein Kopf war umnebelt – bald schien es, als liege noch alles vor ihm, Freude, Freiheit, Sorglosigkeit, bald schmerzte sein Herz quälend und hoffnungslos. Bald sagte er sich: »Solange man Geld in der Tasche hat, ist alles halb so schlimm!« Dann wieder blickte er verdrossen auf die Lampe und brummte, womit er seinen Bruder meinte:

»Lehrmeister! Prediger! Gnädiger Filaret! Habenichts verfluchter!«

Er hatte den Ebereschenlikör ausgetrunken und so viel geraucht, daß es dunkel geworden war … Mit unsicheren Schritten, nur im Rock, ging er über den schwankenden Boden hinaus in den dunklen Flur, nahm die kräftige Frische der Luft wahr, den Geruch nach Stroh und Hund und sah auf der Schwelle zwei grünliche Lichter aufblitzen.

»Bujan!« schrie er.

Und mit voller Wucht trat er Bujan mit dem Stiefel gegen den Kopf.

Dann hörte er die Klapper, stampfte im Gleichklang mit ihr, während er auf die Stufen der Vortreppe urinierte, und sagte in Gedanken vor sich hin:

Komm doch her zu mir!
Sieh mich doch mal an!

Totenstille lag über der Erde, die im Sternenlicht dunkel und weich schimmerte. Die bunten Ornamente der

Sterne blinkten. Mattweiß schimmerte die Chaussee, die sich im Halbdunkel verlor. In der Ferne erklang dumpf, wie unterirdisch, ein allmählich zunehmendes Grollen. Plötzlich brach es aus und erdröhnte ringsumher: Mit einer weißfunkelnden Kette elektrisch beleuchteter Fenster, von unten her purpurrote Rauchstränge aufwirbelnd, wie eine fliegende Hexe, brauste in der Ferne, die Chaussee querend, der Expreßzug vorbei …

»Und so was kommt an Durnowka vorbei!« sagte Tichon Iljitsch und schluckte. »An dem Grauen vorbei! Ach, Verbrecher, Teufelsbrut …«

Die schläfrige Köchin kam in die von der heruntergebrannten Lampe matt beleuchtete, tabakgeschwängerte Stube und trug einen speckigen, gußeisernen Topf mit Schtschi herein, den sie mit schmalz- und rußgeschwärzten Lappen festhielt. Tichon Iljitsch warf ihr einen schrägen Blick zu und sagte:

»Verschwinde auf der Stelle.«

Die Köchin drehte sich um, stieß die Tür mit dem Fuß auf und verschwand.

Dann holte er den Kalender von Gatzuk, tunkte die rostbraune Feder in die rostbraune Tinte und begann, mit zusammengepreßten Lippen und schläfrigen, bleischweren Augen kreuz und quer über den Kalender zu schreiben:

»Gatzuk Gatzuk Gatzuk Gatzuk …

II

Kusma hatte fast sein Leben lang davon geträumt, zu schreiben und zu lernen.

Aber was waren Gedichte! Mit Gedichten hatte er sich in seiner Jugend amüsiert. Er wollte davon erzählen, wie er zugrunde ging, mit unerhörter Schonungslosigkeit sein Elend schildern und den in seiner Banalität erschrekkenden Alltag, der ihn zu einem Krüppel, einem unfruchtbaren Feigenbaum machte.

Wenn er sein Leben gründlich überdachte, verurteilte er sich ebenso, wie er sich rechtfertigte.

Ja, er war ein bettelarmer Kleinbürger aus der Provinz, er hatte beim Lesen buchstabieren müssen, fast bis er fünfzehn war. Aber seine Geschichte war die Geschichte aller russischen Autodidakten. Er war geboren in einem Land mit mehr als hundert Millionen Analphabeten. Er war aufgewachsen in der Tschornaja Sloboda, wo Faustkämpfe noch heute bis auf den Tod ausgetragen werden. Er hatte als Kind Schmutz und Trunksucht gesehen, Faulheit und Eintönigkeit ... Die Kindheit hatte ihm nur einen einzigen poetischen Eindruck geschenkt: Das war der dunkle Friedhofshain und der Weideplatz auf der Anhöhe hinter der Vorstadt und jenseits davon – die Weite, das heiße Flirren der Steppe, in der Ferne eine weiße Hütte unter einer Pappel. Doch selbst dieser Hütte gegenüber hatte man ihm Verachtung eingeflößt: Dort wohnten *chochly*, und die waren überaus dumm.

Buchstaben und Zahlen hatte ihm und Tichon ein Nachbar beigebracht, der Galoschenmacher Belkin; aber auch das nur deshalb, weil er nie Arbeit hatte – wer besaß schon Galoschen in der Vorstadt! –, weil es immer angenehm ist, wenn man jemanden maßregeln kann, und weil man nicht ewig einfach nur auf einem Erdwall sitzen, den struppigen Kopf in die Sonne halten und hin und wieder in den Staub zwischen den bloßen Füßen spucken konnte. Im Laden von Matorin lernten die Brüder bald schreiben und lesen, und Kusma fing an, sich für die Bücher zu interessieren, die er auf dem Markt von dem Harmonikaspieler Balaschkin, einem Freigeist und Sonderling, geschenkt bekam. Aber hatte er im Laden vielleicht Zeit zum Lesen? Matorin brüllte oft genug: »Ich reiß dir die Ohren ab, wenn ich dich noch mal mit diesen Wälzern erwische, du kleiner Teufel!«

Das war eine alte Geschichte, aber Kusma wollte auch an die Sitten und Gebräuche auf dem Markt erinnern. Auf dem Markt hatte er allerlei Gemeinheiten erlebt. Dort hatte man ihm und dem Bruder beigebracht, sich über das Elend der Mutter lustig zu machen, darüber, daß sie zu trinken begann, als sie mit zwei halbwüchsigen Söhnen im Stich gelassen wurde. Dort hatten sie einmal folgendes gemacht: Tagtäglich kam auf seinem Weg von der Bibliothek der Sohn des Schneiders Witebski an der Ladentür vorbei – ein Jude von etwa sechzehn Jahren, mit einem bleichen, bläulichen Gesicht, furchtbar mager, mit abstehenden Ohren und Brille, der beim Gehen stets aufmerksam las –, und sie warfen ihm Schotter auf den Gehweg, woraufhin der Jude – »dieser kleine Gelehrte!« – ausrutschte und so unglücklich fiel, daß er sich Knie, Ellbogen und Zähne blutig schlug … Auf dem Markt begann Kusma auch zu schreiben – zunächst davon, wie ein Kaufmann, der bei einem furchtbaren Gewitter in den Wäldern von Murom unterwegs war, im Nachtlager unter die Räuber fiel und ermordet wurde; leidenschaftlich schilderte Kusma sein Flehen, seine Gedanken, seinen Schmerz um sein sündiges und »zu früh beendetes Leben« … Der Markt aber verpaßte ihm gnadenlos eine kalte Dusche. Er sprach fröhlich und frech aus Tichons Mund:

»Gott verzeih mir, aber du bist ein komischer Kauz! Von wegen ›zu früh‹ – es war längst Zeit für diesen dickbäuchigen Teufel! Und woher weißt du, was er gedacht hat? Schließlich haben sie ihn doch abgestochen!«

Daraufhin schrieb Kusma ein Lied im Stil von Kolzow, über einen hochbetagten Recken, der seinem Sohn sein treues Pferd vermachte. »Es hat schon in der Jugend mich getragen!« rief der Ritter in dem Lied. Doch auch darüber schüttelte Tichon nur den Kopf.

»So was!« sagte er. »Wie alt war denn dieses Pferd? Ach, Kusma, Kusma! Du solltest dir besser was Vernünftiges ausdenken – von mir aus zum Beispiel über den Krieg …«

Kusma paßte sich daraufhin dem Geschmack des Marktes an und schrieb eifrig über das, wovon auf dem Markt geredet wurde – über den Russisch-Türkischen Krieg,

Im Jahre siebenundsiebzig war's,
Da griff der Türk uns an.

Er dacht', daß er mit seiner Kriegerschar
Rußland ganz schnell erobern kann.

Und diese Kriegerschar

In ihren garst'gen Kappen schleicht
Hin zu Zar-Puschka unerreicht.

Schmerzlich wurde ihm später bewußt, wieviel Stumpfsinn, wieviel Unwissenheit in derlei Knüttelversen lag
und was diese grobe Sprache, diese russische Verachtung für fremde Kappen wert waren. Schmerzlich erinnerte er sich auch an vieles andere ... an Sadonsk zum
Beispiel. Eines Tages überkam ihn ein leidenschaftliches
Bedürfnis nach Reue und die Angst, daß seine Mutter,
die fast hungers gestorben wäre, ihr trauriges Leben im
Himmel bitterlich beklage, und er machte sich zu Fuß
auf zum Heiligen von Sadonsk; dort aber wußte er
nichts Besseres zu tun, als den anderen Pilgern mit hämischem Vergnügen ein »Blatt« vorzulesen, das ihn besonders beeindruckt hatte: Wie ein Dorfschreiber auf
die Idee verfiel, weder Obrigkeit noch Kirche anzuer-
kennen und Gott damit dermaßen erzürnte, daß »dieser
Aristokrat sterbenskrank wurde« und seine Krankheit
die folgende war: »Er fraß mehr als ein Schwein und
schrie doch, es sei ihm zu wenig, und er magerte ab bis
zur Unkenntlichkeit.« ... Kusmas gesamte Jugend verging mit solchen Geschichten! Man dachte und beich-
tete das eine, aber man sprach und tat das andere. Wenn
er vom Schreiben träumte und die Bilanz seines Lebens
zog, schüttelte Kusma wehmütig den Kopf: »Das ist eine

russische Eigenheit! Man sät Erbsen und Disteln zu gleichen Teilen.«

In seiner Jugend war er offenbar fröhlich gewesen, gutmütig, liebevoll, aufgeweckt und wißbegierig. Aber war das tatsächlich so? Natürlich war er nicht Tichon … Warum aber hatte er, ähnlich wie Tichon, so früh die Grobheit der Umgebung angenommen? Warum hatte er, der gutmütig und liebevoll war, so erbarmungslos seine Mutter vergessen? Warum wurde sein Herz, das so leidenschaftlich an einem Buch arbeitete, so lange beherrscht vom Markt? Warum, warum war er ein unfruchtbarer Feigenbaum?

Tichon nahm ihm fast seinen gesamten Verdienst weg und gab ihn in die gemeinsame Sparbüchse: Sie hatten beschlossen, ihr eigenes Geschäft aufzumachen. Kusma gab sein Geld mit einer aufrichtigen, herzlichen Vertrauensseligkeit, wie Tichon sie niemals gehabt hatte. Aber die Mutter, die Mutter! Er grämte sich bei dem Gedanken daran, daß sie, die bettelarm war, ihn gesegnet und ihm ihre einzige Kostbarkeit geschenkt hatte, eine Erinnerung aus besseren Tagen, die sie tief in der Truhe aufbewahrte – ein silbernes Heiligenbildchen. Sein Gram war aufrichtig, aber das Geld bekam dennoch Tichon …

Sie hatten im Laden gekündigt, das, was die Mutter hinterlassen hatte, verkauft, einen Handel angefangen und waren zu den *chochly* gefahren, nach Woronesch. In ihrer Heimatstadt waren sie häufig, und Kusma hielt nach wie vor Freundschaft mit Balaschkin, las begierig die Bücher, die Balaschkin ihm gab oder nannte, wenn auch ganz anders als Tichon. Tichon las ebenfalls gerne, wenn nichts zu tun war; er konnte ein Jahr lang kein Buch in die Hand nehmen, doch wenn er einmal anfing, las er es in einem Zug bis zur letzten Zeile durch, um es dann aber sofort wieder zur Seite zu legen. Einmal las er in einer Nacht einen ganzen Band des *Sowremennik,* ohne allzuviel zu begreifen, bezeichnete das, was er begriff, als sehr interessant – und vergaß darauf den *Sowremennik* für immer. Auch Kusma begriff vieles nicht – selbst bei Belinski, Gogol und Puschkin. Doch sein Begreifen wuchs nicht in Tagen, sondern in Stunden, das Wesentliche vermochte er erstaunlich schnell zu erfassen und in seinem Herzen zu verankern ... Aber wenn er die Worte von Dobroljubow erfassen konnte, warum fluchte er dann auf dem Markt, warum sagte er »Chwakt« anstatt »Fakt«? Warum träumte er, wenn er mit Balaschkin über Schiller sprach, sehnsüchtig davon, sich Balaschkins Knopfakkordeon ausleihen zu können? Er begeisterte sich für *Rauch,* behauptete aber gleichzeitig, »wer gescheit ist, aber nicht gebildet, weiß auch ohne Bildung viel«. Als er am Grab von Kolzow stand, notierte er dort begeistert die stümperhafte Inschrift auf der Grabplatte: »Unta dihsem Denkmahl ist begrahben der Leichnahm des Kleinbürgers alessei vassiljewisch Kalzow des Schöpfers unt Dichters von woronesch ausgezeichnet durch die Gnahde des Monarschen von Natuhr unt ohnewissenschafften gebilldet ...«

Balaschkin war es, der ihn zur Vernunft brachte und seine Seele entscheidend prägte.

Alt, riesig, hager, winters wie sommers in einem ausgeblichenen grünlichen Tuchrock und warmer Schirmmütze, ein großflächiges, glattrasiertes Gesicht mit schiefem Mund, wirkte Balaschkin beinahe furchterregend mit seinen scharfzüngigen Reden, seinem tiefen Altmänner-baß, seinen stachligen, silbrigen Stoppeln auf den grauen Wangen und über den Lippen und seinem hervorquellenden linken Auge, das grün funkelte und zur selben Seite hin schielte, zu der hin auch sein Mund schief stand. Wie hatte er Kusma eines Tages grob angefahren, als er Kusmas Gerede von »Aufklärung ohne Wissenschaft« vernahm, wie hatte er da mit diesem Auge gefunkelt und die Papirossa weggeworfen, die er gerade über einer Sprottenbüchse mit Machorka füllte!

»Eselskopf! Was schwatzt du da für dummes Zeug! Hast du dir überlegt, was das bedeutet, unser ›Aufklärung ohne Wissenschaft‹? Der Tod der Schadowskaja ist ein teuflisches Symbol dafür.«

»Was ist damit?« fragte Kusma.

Balaschkin schrie wütend:

»Hast du das vergessen? Eine Dichterin, eine reiche, vornehme Frau, im Abort ersoffen! Hast du das vergessen?«

Er hob die Papirossa wieder auf und brüllte dumpf:

»Barmherziger Gott! Puschkin hat man umgebracht, Lermontow auch, Pissarjew ersäuft ... Rylejew gehenkt, Poleschajew zur Armee geschickt, Schewtschenko für zehn Jahre in Arrest gesteckt ... Dostojewski zur Hinrichtung geschleppt, Gogol um den Verstand gebracht ... Und Kolzow, Nikitin, Reschetnikow, Pomjalowski und Lewitow? Gibt es auf der Welt noch so ein Land wie das unsere, noch so ein Volk, dreimal verflucht soll es sein?«

Unruhig an den Knöpfen seines langen Rocks zup-

fend, sie immerzu öffnend und wieder schließend, stirnrunzelnd und verlegen grinsend, gab Kusma zur Antwort:

»So ein Volk? Das allergrößte Volk, und nicht ›so ein
Volk‹, wenn Sie die Bemerkung gestatten.«

»Wage es nicht, Preise zu verteilen!« schrie Balaschkin wieder.

»Aber ja doch! All diese Schriftsteller sind schließlich Kinder dieses Volkes.«

»Ja, du Teufelsbrut, George Sand war nicht schlechter als deine Schadowskaja, aber sie ist nicht ertrun-
ken!«

»Platon Karatajew ist ein anerkannter Typus dieses
Volkes!«

»Und warum nicht Jeroschka oder Lukaschka?
Wenn es mir gefällt, an der Literatur zu rütteln, dann
trample ich allen Göttern auf den Füßen herum! Warum
Karatajew, und nicht Rasuwajew und Kolupajew, warum
nicht der Ausbeuter, der Pope, der sich bestechen läßt,
oder der käufliche Diakon, warum nicht die Saltytschicha, nicht Karamasow oder Oblomow, nicht Chlestakow
oder Nosdrjow, oder, um nicht zu weit zu gehen, warum
nicht dein nichtsnutziger Bruder, warum nicht Tischka
Krassow?«

»Platon Karatajew ...«

»Die Läuse haben deinen Karatajew gefressen. In
dem sehe ich kein Ideal!«

»Und die russischen Märtyrer, die Asketen, die Gerechten, die Christusnarren, die Raskolniki?«

»Wa-a-as? Und die Kolosseen, die Kreuzzüge, die
Lerigionskriege, die unzähligen Sekten? Und Luther, was

ist mit dem? Nein, so geht das nicht! Mir machst du so schnell nichts vor!«

»Aber was soll ich denn Ihrer Meinung nach tun?« rief Kusma. »Augen zu und weglaufen?«

Aber da verstummte Balaschkin unvermittelt. Er schloß die Augen, und sein graues, riesiges Gesicht drückte tiefes, leidvolles Alter aus. Er steckte die Hand in den Ausschnitt, zog einen schweren silbernen Chronometer an einer langen, ebenfalls silbernen Kette heraus und überlegte lange mit gesenktem Kopf. Schließlich murmelte er:

»Tun? Ich weiß es nicht … Eines weiß ich: Wir sind verloren. Das Letzte waren noch die *Otetschestwennye Sapiski* – und auch die haben sie verboten. Aber du, Dummkopf, mußt vor allem eines: lernen …«

Ja, vor allem eines war nötig – lernen. Aber wann, wo?

Fünf ganze Jahre als Krämer – und das in den besten Jahren des Lebens! Sogar die Ankunft in der Stadt erschien ihm da als großes Glück. Erholung, Bekannte, der Duft von Bäckereien und Blechdächern, das Pflaster in der Torgowaja-Straße, Tee, Kringel und der persische Marsch in der Schenke »Kars« … Die aus Teekesseln besprengten Böden in den Läden, das Schlagen der berühmten Wachtel an der Tür von Rudakow, der Geruch der Fischstände, nach Dill und Machorka von Romanow … Das Lächeln von Balaschkin, gutmütig und schrecklich, wenn er Kusma erblickte … Dann das Gepolter und die Verwünschungen an die Adresse der Slawophilen, Belinski und übles Schimpfen, ohne Zusammenhang und leidenschaftlich warfen sie einander Namen und Zitate an den Kopf ... Und die aussichtslosesten Schlußfolgerungen – zuallerletzt. »Jetzt ist wirklich alles aus – es geht mit Macht zurück nach Asien!« dröhnte der Alte, sah sich plötzlich um und sagte mit gesenkter Stimme: »Hast du es gehört? Saltykow, heißt es, liegt im Sterben. Der Letzte! Vergiftet, sagt man ...« Am Morgen dann – wieder der Leiterwagen, die Steppe, Gluthitze oder Schlamm, Lesen in qualvoller Anspannung, beim Holpern der Räder ... Lange hinaussehen in die Weite der Steppe, die lieblich-wehmütige Melodie der Verse tief drinnen, unterbrochen von Gedanken an den Verkaufserlös oder einer Zankerei mit Tichon ... Der erregende Duft der Straße – nach Staub und Teer ... Der Duft von Lebkuchen mit Pfefferminzgeschmack und der betäubende Gestank der Katzenfelle, der schmutzigen Schafwolle, der mit Fischtran eingeriebenen Stiefel ... Diese Jahre hatten ihn fürwahr erschöpft – Müdigkeit, zwei Wochen kein frisches Hemd, immer nur kaltes Essen, Humpeln wegen der Blasen an den Fersen, Übernachten in fremden Familien, in fremden Katen, in fremden Fluren!

Kusma bekreuzigte sich dreimal, als er diesem Joch endlich entkam. Doch er ging bereits auf die dreißig zu, grau war er geworden, vernünftig und ernsthaft, die Verse und das Lesen hatte er aufgegeben; er war an Wirtshäuser und Zechereien gewöhnt. Kurze Zeit hatte er bei einem Viehhändler in der Nähe von Jelez gearbeitet und war in dessen Angelegenheiten in Moskau gewesen – aber dann hatte er sich auszahlen lassen und war seiner Wege gegangen. In Woronesch hatte er seit langem eine

Liebe, eine Beziehung zu einer verheirateten Frau – und dahin hatte es ihn gezogen. Fast zehn Jahre lang hatte er sich in Woronesch durchgeschlagen – bei der Getreideaufschüttung, bei der Vermittlung von allerlei Geschäften oder mit dem Schreiben von Zeitungsartikeln zur Getreidefrage; ablenken oder vielmehr mitreißen lassen hatte er sich von den Aufsätzen Tolstojs, den Satiren von Schtschedrin. Und ständig hatte ihn der quälende Gedanke verfolgt, daß er verloren sei, daß sein Leben verloren sei.

»Das also«, sagte er, wenn er an diese Jahre dachte, »das also bedeutet Aufklärung ohne Wissenschaft!«

Anfang der neunziger Jahre starb Balaschkin an einem Bruch, und kurz zuvor sah Kusma ihn zum letzten Mal. Das war eine Begegnung!

»Schreiben muß man«, klagte der eine düster und grimmig. »Man welkt dahin, wie die Kletten auf dem Feld ...«

»Ja,ja«, dröhnte der andere, der mit seinem starren Auge schon schläfrig schielte, kaum noch den Kiefer bewegen konnte und die Machorka verschüttete, als er eine Papirossa stopfen wollte. »Es heißt: lerne jede Stunde, denke jede Stunde ... Sieh dich doch um – sieh all unsere Not, unsere Armseligkeit ...«

Darauf schmunzelte er verlegen, legte die Papirossa zur Seite und griff in den Ausschnitt seines Rocks.

»Hier«, brummte er und kramte in einem Bündel zerlesener Papiere und Zeitungsausschnitte. »Hier, mein Freund, ist so allerlei ... Eine große Hungersnot war das, verflucht sei sie! ... Und ich hab alles gelesen und aufge-

schrieben ... Wenn ich tot bin, wirst du es gebrauchen
können, es ist teuflisches Material. Überall Skorbut und
Typhus, Typhus und Skorbut. In einem Bezirk sind alle
Kinder gestorben, in einem anderen haben sie sämtliche
Hunde aufgefressen ... Gott ist mein Zeuge, ich lüge
nicht! Warte, ich habe es gleich ...«

Doch soviel er suchte, er fand es nicht, dann suchte
er seine Brille, kramte aufgeregt in seinen Taschen,
blickte unter den Tisch, ermüdete – und winkte ab. Dann
schüttelte er stirnrunzelnd den Kopf:

»Ach nein, nein – faß das vorläufig besser nicht an!
Du bist noch ein schwachköpfiger Ignorant. Hack dein
eigenes Holz. Über dieses Thema, was ich dir gegeben
habe, über Suchonossow, hast du da etwas geschrieben?
Noch nicht? Ich sag's ja – Eselskopf! Das ist ein Thema!«

»Über das Dorf müßte man schreiben, über das
Volk«, sagte Kusma. »Sie sagen doch selbst: Rußland,
Rußland ...«

»Und Suchonossow, ist der nicht das Volk, nicht
Rußland? Ganz Rußland ist ein Dorf, schreib dir das hinter die Ohren! Sieh dich doch um – meinst du vielleicht,
das ist eine Stadt? Jeden Abend stürmt eine Viehherde
durch die Straßen ... vor lauter Staub kannst du deinen
Nachbarn nicht sehen ... Und du sagst: ›Eine Stadt‹! Ach,
du Holzkopf – auch wenn man dich mit der Nase drauf-
stößt, du wirst niemals irgend etwas schreiben ...«

Kusma erkannte klar und deutlich, daß Balaschkin
die reine Wahrheit gesagt hatte: Er konnte nicht schreiben. Suchonossow zum Beispiel ... Viele Jahre lang
mußte er immer wieder an diesen furchtbaren Alten aus

der Vorstadt denken, dessen ganze Habe in einer verwanzten Matratze und einer mottenzerfressenen Saloppe, die ihm seine Frau hinterlassen hatte, bestand. Er bettelte, er war krank und hungerte und hauste für fünfzig Kopeken im Monat in einer Ecke bei einem Marktweib vom »Freßmarkt«, nach deren Meinung er seine Verhältnisse durch den Verkauf der Hinterlassenschaft deutlich hätte verbessern können. Doch er hütete die Hinterlassenschaft wie seinen Augapfel – und natürlich nicht aus Zartgefühl gegenüber der Verblichenen: Sie gab ihm das Gefühl, daß er im Unterschied zu anderen überhaupt etwas besaß. Ihm schien seine Habe ungeheuer wertvoll: »Heutzutage gibt's doch solche Saloppen gar nicht mehr!« Er war keineswegs abgeneigt, sie zu verkaufen. Doch verlangte er derart abwegige Preise, daß die Käufer zur Salzsäule erstarrten ... Kusma verstand diese Vorstadttragödie sehr gut. Aber als er zu überlegen begann, wie er sie darlegen könnte, begann er auch wieder in diesem ganzen schwierigen Alltag der Vorstadt zu leben, in seinen Kindheits- und Jugenderinnerungen – und er verstrickte sich darin, ertränkte Suchonossow in der Flut der Bilder, die seine Phantasie bestürmten, und verlor den Mut, niedergedrückt von dem Bedürfnis, seine eigenen Seelenregungen zum Ausdruck zu bringen, alles das darzulegen, was sein eigenes Leben verstümmelte. Das Schlimmste an diesem Leben aber war, daß es einfach und alltäglich war, daß es sich mit unbegreiflicher Geschwindigkeit in eine Bagatelle verwandelte ... Und er konnte nicht schreiben: Lange hatte er nicht einmal richtig denken können; er quälte sich wie ein Anfänger, wenn er zur Feder griff ...

Balaschkins Prophezeiung hatte ihn ernüchtert: Es war nicht die Zeit für Erzählungen! Und zum ersten Mal tauchte der Gedanke auf, eine »Bilanz« zu schreiben, ein strenges, hartes Epitaph für sich selbst – und für Rußland.

Seither waren allerdings noch einmal zwölf fruchtlose Jahre vergangen. Er hatte sich als Vermittler von allerlei Geschäften betätigt, zuerst in Woronesch, und später, nachdem die Frau, mit der er zusammenlebte, am Kindbettfieber gestorben war, in Jelez, er war Verkäufer in einem Kerzenladen in Lipezk gewesen und Kontorist beim Gutsbesitzer Kassatkin. Sein Leben war gleichmäßig verlaufen, mit Arbeit und Alltagssorgen – bis die kleinen Zechereien plötzlich in Trunksucht mündeten. Er war ein leidenschaftlicher Anhänger Tolstojs geworden: Ein Jahr lang hatte er nicht geraucht, keinen Tropfen Wodka getrunken, kein Fleisch gegessen, ständig *Meine Beichte* und das *Evangelium* mit sich getragen, wollte in den Kaukasus zu den Duchoborzen gehen ... Eines Tages aber mußte er in geschäftlichen Angelegenheiten nach Kiew fahren. Bei der Abreise empfand er eine beinahe schmerzliche Freude, als hätte man ihn nach langer Gefangenschaft unerwartet in die Freiheit entlassen. Es war ein heller Tag Ende September – und alles schien leicht und wunderschön: die klare Luft, die milde Sonne, das Dahinrollen des Zuges, die geöffneten Fenster und die daran vorbeihuschenden, farbenprächtigen Wälder ... Plötzlich, beim Halt in Neschin, erblickte Kusma eine große Menge an der Bahnhofstür. Die Menge umringte jemanden, schrie und stritt aufgebracht. Mit klopfendem Herzen lief Kusma auf die Menge zu. Er zwängte sich rasch hindurch und sah die rote Schirmmütze des Bahnhofsvorstehers, die weiße Mütze eines Kochs, der aussah wie ein Hetman, den grauen Uniformmantel eines hochgewachsenen Gendarmen, der drei unterwürfig, aber störrisch vor ihm stehenden *chochly* in kurzen, dicken Tuchröcken, unverwüstlichen Stiefeln und braunen Schaffellmützen die Leviten las. Diese Mützen hielten sich kaum auf den runden, entsetzlich anzusehenden Köpfen – umwickelt mit Mullbinden, die steif waren vor geronnenem Blut, die Augen dick geschwollen, die Gesichter aufgedunsen, glasig, mit grün-gelblichen, blutunterlaufenen Stellen und überkrusteten, schwarz verfärbten Wunden; die Ukrainer waren von einem tollwütigen Wolf gebissen worden, man hatte sie nach Kiew zum Krankenhaus geschickt, und nun waren sie seit Tagen fast auf jeder größeren Bahnstation ohne Brot und ohne eine Kopeke steckengeblieben. Als er erfuhr, daß man sie nur deshalb jetzt nicht in den Zug einsteigen ließ, weil dieser sich Schnellzug nannte, geriet Kusma plötzlich in eine solche Wut, daß er mit den Füßen aufstampfte und den Gendarmen, unter beifälligen Zurufen der Juden in der Menge, lauthals anschrie. Er wurde festgenommen, man erstellte ein Protokoll, und während er auf den nächsten Zug wartete, betrank Kusma sich zum ersten Mal in seinem Leben bis zur Besinnungslosigkeit.

Die *chochly* waren aus dem Gouvernement Tschernigowsk. Dieser Landstrich mit seinem matten, trüben Blau über den Wäldern war ihm schon immer öde und verlassen vorgekommen. An die Zeiten Wladimirs, an das lange zurückliegende Leben der Bauern im Wald erinnerten Kusma diese Menschen, die mit der tollwütigen Bestie gekämpft hatten. Und während er sich nach diesem empörenden Vorfall mit zitternden Händen sein Glas füllte und sich langsam betrank, rief Kusma begeistert aus: »Ach, das waren noch Zeiten!« Er schnaubte vor Wut auf den Gendarmen, aber auch auf dieses unterwürfige Vieh in Bauernkitteln. Stumpfsinnig und wild, verflucht sollten sie sein ... Aber Rußland, das alte Rußland! Tränen trunkener Freude und Kraft, die jedes Bild ins Unnatürliche verzerrten, trübten Kusmas Augen. »Und der Verzicht auf gewaltsamen Widerstand?« fiel ihm bisweilen ein, und er schüttelte grinsend den Kopf. Mit dem Rücken zu ihm saß ein junger, schmucker Offizier beim Mittagessen, und Kusma musterte freundlichunverfroren seine weiße Uniformjacke, die so kurz war und eine so hoch sitzende Taille hatte, daß er am liebsten hingegangen wäre und sie zurechtgezupft hätte. »Das mache ich jetzt!« dachte Kusma. »Wenn er dann aufspringt und mich anschreit, kriegt er eins auf die Schnauze! Soviel zum Verzicht auf gewaltsamen Widerstand!« ... Er fuhr weiter nach Kiew, schlug die Geschäfte vorerst in den Wind und durchstreifte drei Tage berauscht und freudig erregt die Stadt und die Abhänge am Dnjepr. Bei der Messe in der Sophienkathedrale betrachteten viele mit Verwunderung den hageren, breitschultrigen *kazap*, der vor dem Sarkophag von Jaroslaw stand. Er war ordentlich angezogen, hielt seine neue Schirmmütze in der Hand, stand geziemend da, und doch bot er einen merkwürdigen Anblick: Die Messe ging zu Ende, die Gläubigen gingen zum Ausgang und öffneten die Türen, die Wächter löschten die Kerzen, durch die Fenster in der Höhe fielen die goldenen Strahlen der heißen Mittagssonne in den bläulichen Dunst, aber er stand da mit zusammengepreßtem Mund, den schütteren Bart auf die Brust gesenkt und die tief eingefallenen Augen leidvollglücklich geschlossen, und lauschte auf das Geläut, das melodisch und dumpf über der Kathedrale erscholl – jenes uralte Geläut, das einst die Feldzüge gegen die Petschenegen begleitet hatte ... Gegen Abend sah man Kusma bei der Lawra. Er saß ihrem Tor gegenüber unter einer dürren Akazie, neben einem verkrüppelten kleinen Jungen, rauchte und betrachtete mit nachdenklich-pfiffigem Stirnrunzeln die weißen Mauern und Gitter, das Gold der kleinen Kuppeln vor dem klaren Herbsthimmel. Der Junge hatte keine Mütze auf, einen Leinenbeutel über der Schulter und schmuddlige Lumpen an seinem mageren Körper; in der einen Hand hielt er einen hölzernen Becher, auf dessen Boden eine Kopeke lag, und mit der anderen verlagerte er immer wieder, als gehörte es nicht zu ihm, als wäre es ein Gegenstand, sein verkrüppeltes, bis zum Knie entblößtes rechtes Bein, das schlaff, unnatürlich dünn, sonnenverbrannt und dicht goldbehaart war. Es war niemand in der Nähe, aber dennoch hatte der Junge seinen kurzgeschorenen, von Sonne und Staub ganz rauhen Kopf schlaff und kränklich zurückgeworfen, wodurch die dünnen, kindlichen Schlüsselbeine heraustraten, und sang, ohne die Fliegen, die seinen Rotz fraßen, zu beachten, in einem fort:

Seht her, ihr Mütterchen,
Wie unglücklich wir sind und leiden!
Ach, Gott erbarm, ihr Mütterchen,
Daß keiner muß so leiden!

Kusma stimmte ihm zu: »Ganz recht, ganz recht! Nur weiter so, du kleine Mißgeburt, weiter so. Ausgezeichnet!« In seinem berauschten Verstand pochte hartnäckig der Gedanke, daß er noch einmal mutig Bilanz gezogen hatte – Bilanz von zwölf ganzen Jahren, die ihn so schnell und unmerklich an einen vollkommen unerwarteten Abgrund geführt hatten ...

Als er seine Trinkerei überwunden hatte und wieder zur Vernunft gekommen war, fühlte er sich als alter Mann. Seit der Reise nach Kiew waren drei Jahre vergangen. Und in dieser Zeit war mit ihm zweifellos etwas sehr Bedeutendes geschehen. Wie das geschehen war, versuchte er nicht einmal selbst zu erklären. Zu außergewöhnlich war das Leben in diesen Jahren gewesen – sein eigenes ebenso wie das gesellschaftliche Leben. Natürlich hatte er schon in Kiew erkannt, daß er bei Kassatkin nicht mehr lange würde bleiben können, daß ihm Elend und der Verlust seines menschlichen Gesichts drohten. So war es dann auch gekommen. Er konnte sich noch zwei Saisons lang halten, allerdings in einer sehr schmachvollen, schwierigen Lage: er war ewig angetrunken, schmuddlig, heiser, stank durchdringend nach Machorka und versuchte mit aller Kraft, seine Untauglichkeit für das Geschäft zu verbergen ... Dann fiel er noch tiefer: Er kehrte in seine Heimatstadt zurück und verpraßte seine letzten Groschen; den ganzen Winter über schlief er im Gemeinschaftsraum im Gasthof von Chodow, die Tage schlug er sich in der Schenke von Awdejitsch auf dem Weibermarkt um die Ohren. Von seinen letzten Groschen hatte er einen Großteil für einen törichten Einfall verplempert – er hatte seinen Gedichtband herausgegeben, und nun mußte er versuchen, Awdejitschs Gästen das Büchlein zum halben Preis anzudrehen … Aber es kam noch schlimmer: Beinahe hätte er sich zum Hofnarren gemacht! An einem frostigen, sonnigen Morgen stand er auf dem Markt bei den Mehlläden und sah einen Vagabunden vor dem Kaufmann Mosschuchin stehen, der eben vor seinen Laden hinausgetreten war, und Faxen machen. Mosschuchin, dessen Gesicht aussah wie ein Spiegelbild auf einem Samowar, grinste schläfrig und interessierte sich mehr für den Kater, der seine blankgeputzten Stiefel leckte. Aber der Vagabund ließ nicht locker. Er trommelte sich mit der Faust an die Brust, zog die Schultern hoch und deklamierte heiser:

Wer nach einem Kater trinkt,
Der ist ein weiser Mann,

woraufhin Kusma mit seinen verquollenen Augen blitzend unverzüglich einfiel:

Es lebe der, der gerne singt,
Und der gut feiern kann!

Eine alte Kleinbürgerin mit einem Gesicht wie eine alte Löwin kam vorbei, blieb stehen, blickte ihn finster an und sagte mit erhobener Krücke laut und deutlich:

»Beten kannst du bestimmt nicht so gut!«

Tiefer konnte er nicht fallen. Aber genau das rettete ihn. Er überstand mehrere schreckliche Herzanfälle – und gab auf einen Schlag das Trinken auf, fest entschlossen, ein einfaches, arbeitsreiches Leben zu beginnen, zum Beispiel einen Obst- oder Gemüsegarten zu pachten, irgendwo in seinem Heimatkreis einen Bienenstand zu kaufen, zum Glück waren ihm noch hundertfünfzig Rubel geblieben …

Dieser Gedanke behagte ihm zu Anfang. »Ja, das ist ausgezeichnet«, dachte er mit dem vergrämt-ironischen Lächeln, das er sich erst seit kurzem angeeignet hatte. »Es ist Zeit, nach Hause zu gehen!« Und wahrhaftig, er brauchte Erholung, wollte ein neues Leben anfangen. Vor kurzem erst hatte dieser gewaltige Aufruhr begonnen, in ihm selbst und um ihn herum. Doch er tat schon seine Wirkung. Er war nicht mehr derselbe wie früher. Sein Bärtchen war vollkommen grau geworden, seine gerade geschnittenen, an den Spitzen gekräuselten Haare waren schütter und eisengrau, sein Gesicht mit den breiten Wangenknochen war dunkler und noch hagerer geworden. Seine Aufmerksamkeit, sein skeptischer Verstand hatten sich geschärft. Seine Seele war empfindsamer und krankhaft feinfühlig geworden, obwohl er das hinter dem ernsthaften, bisweilen sogar harten Blick seiner kleinen Augen unter den leicht schief stehenden Augenbrauen zu verbergen vermochte. Er nahm sich zusammen, dachte weniger an sich und mehr an seine Umgebung … Aber trotzdem wollte er »nach Hause« und sich erholen; er wollte eine Arbeit nach seinem Geschmack.

Im Frühjahr, einige Monate vor der Versöhnung mit Tichon, hörte Kusma, daß in dem Weiler Kasakowo, in seinem Heimatkreis, ein Garten zu verpachten sei, und machte sich eilig auf den Weg: ein abgelegener Ort, Schwarzerde, nicht weit von dort, wo die Wurzeln der Krassows waren.

Es war Anfang Mai; nach der Hitze waren Kälte und Regen eingekehrt, zogen herbstlich düstere Wolken über der Stadt dahin. Kusma, in einem alten Tuchrock und einer alten Schirmmütze, ohne Galoschen, nur in abgetretenen Boxcalf-Stiefeln, war unterwegs zum Bahnhof hinter der Puschkarnaja Sloboda und lächelte kopfschüttelnd, die Stirn in Falten wegen der Papirossa in seinem Mund, die Hände unter dem Tuchrock auf den Rücken geschoben, als ihm ein barfüßiger Junge mit einem Bündel Zeitungen entgegengerannt kam und im Laufen ausrief, was alle längst wußten:

»Generalstreik!«

»Du kommst zu spät, Bursche«, sagte Kusma. »Was Neueres hast du nicht?«

Der Junge hielt mit blitzenden Augen kurz inne.

»Die neuen hat mir der Schutzmann am Bahnhof weggenommen«, erwiderte er.

»Schöne Verfassung!« sagte Kusma höhnisch und machte sich, durch den Schlamm hüpfend, wieder auf den Weg, entlang an regendunklen, morschen Zäunen, an den Zweigen der nassen Gärten und den Fenstern der ärmlichen, schiefen Häuschen, die bergab zum Ende der Straße hinunterliefen. »Sieh mal einer an!« dachte er, während er weiterhüpfte. Früher hatte man bei einem solchen Wetter gähnend in den Läden und Schenken gehockt und kaum ein Wort gewechselt. Jetzt herrschte in der ganzen Stadt Gerede über die Duma, über Aufstände und Brände, darüber, wie »Muronzew dem Primier-Minister heimgeleuchtet« hatte. … Nun ja, der Frosch hat nicht lange einen Schwanz! Im Stadtgarten spielte schon die Polizeikapelle. Eine ganze Hundertschaft Kosaken hatte man geschickt. … Vorgestern hatte sich auf der Torgowaja-Straße einer von ihnen betrunken ans offene Fenster der öffentlichen Bibliothek gestellt, seine Hose aufgeknöpft und dem Fräulein Leiterin angeboten, seine »Arichmethik« zu kaufen. Ein alter Droschkenkutscher, der in der Nähe stand, wollte ihm ins Gewissen reden, aber der Kosake zog den Säbel, versetzte ihm einen Hieb in die Schulter und stürzte obszön fluchend den vor Angst kopflos in alle Richtungen auseinanderstiebenden Passanten nach.

»Katzenfänger, Katzenfänger, klettert unter'n Zaun, will die Katze hau'n!« krähten kleine Mädchen mit dünner Stimme hinter Kusma her und hopsten über die Steine in dem seichten Vorstadtbach. »Katzenfänger, Katzenfänger, ist die Katze tot, holt er sich ne Pfot'!«

»Lausemädchen!« brüllte ein Zugschaffner sie an, der vor Kusma herging und einen schon dem Aussehen nach furchtbar schweren Uniformmantel trug, und holte mit einer Blechbüchse aus. »Sucht euch Altersgenossen!«

Aber schon an seiner Stimme war zu erkennen, daß er sich das Lachen verkniff. Die alten, hohen Galoschen des Schaffners waren schlammverkrustet, der Riegel des Mantels hing nur noch an einem Knopf. Der Balkensteg, den er überquerte, lag schief. Weiter vorn, neben den vom Frühjahrswasser ausgewaschenen Gräben, wuchsen kümmerliche Weidenbüsche. Kusma betrachtete verdrossen die Weiden und die Strohdächer am Vorstadthang, die bläulichen Rauchwolken darüber und den fuchsroten Hund, der in einem Graben einen Knochen abnagte ... Auf dem Grund des Grabens hockte breitbeinig ein Kleinbürger in einer Weste über einem Stehkragenhemd und hatte mit einem verlegenen, dümmlichen Lächeln seine hervorstehenden Augen nach oben gerichtet, die in dem vor Anstrengung roten Gesicht weiß leuchteten. Als Kusma auf gleicher Höhe mit ihm war, sagte er aus Verlegenheit:

»Haben die Mädchen hinter Ihnen hergeschrien? Diese kleinen Teufel, lernen von klein auf nichts als Dummheiten.«

»Die bringt ihr ihnen doch selbst bei«, versetzte Kusma mit finsterer Miene.

»Ja, ja«, dachte er, als er hügelan stieg. »Der Frosch hat nicht lange einen Schwanz!« Oben angekommen, atmete er tief den feuchten Wind vom Feld her, erblickte inmitten der leeren grünen Felder die roten Bahnhofsgebäude und mußte wieder schmunzeln. Das Parlament, die Abgeordneten! Gestern abend war er aus dem Stadtgarten zurückgekehrt, wo es anläßlich des Feiertags Festbeleuchtung und Feuerwerk gab und wo die Polizeikapelle spielte – *Torero, Am Flüßchen, am Brückchen,* einen Machiche und die *Trojka;* sie rief beim Galopp: »He, Mila, he!« Er war also zurückgegangen und hatte am Tor seines Gasthofs geklingelt. Er zog und zog an der scheppernden Klingelschnur – keine Menschenseele. Auch ringsum keine Menschenseele, Stille, Dämmerung, kalter grünlicher Himmel in Richtung des Sonnenuntergangs jenseits des Platzes am Ende der Straße, darüber Wolken ... Endlich kam hinter dem Tor ächzend jemand angeschlurft. Er klapperte mit den Schlüsseln und brummte:

»Jetzt bin ich zu allem Überfluß auch noch lahm ...«

»Wie kommt das denn?« fragte Kusma.

»Vom Pferd getreten«, erwiderte der Pförtner und fügte, als er die Tür aufzog, hinzu: »Jetzt fehlen noch zwei.«

»Die vom Gericht?«

»Ja.«

»Weißt du vielleicht, warum das Gericht hier tagt?«

»Einen Abgeordneten verurteilen ... Es heißt, er hätte den Fluß vergiften wollen.«

»Ein Abgeordneter? Du Dummkopf, als ob sich Abgeordnete mit so was befassen.«

»Weiß der Teufel ...«

Am Rande der Vorstadt, vor einer Lehmhütte, stand ein hochgewachsener Alter in abgeschnittenen Stiefeln, die er als Schuhe trug. In der Hand hielt er einen langen Haselstock, und als er Kusma erblickte, stellte er sich hastig weit älter, als er war – er packte den Stock mit beiden Händen, zog die Schultern hoch und setzte eine müde, traurige Miene auf. Der feuchte, kalte Wind, der vom Feld her blies, zerrte an seinen grauen Zotteln. Kusma mußte an seinen Vater denken, an seine Kindheit ...

»Rußland, Rußland, wohin jagst du?« kam ihm Gogols

Ausruf in den Sinn. »Rußland, Rußland! Ach, ihr Schwätzer, zum Teufel mit euch! Ehrlicher wäre es zu sagen: ›Ein Abgeordneter wollte den Fluß vergiften!‹ Aber wen soll man dafür zur Verantwortung ziehen? Unglücklich ist das Volk, vor allem unglücklich!« In Kusmas kleine, grünliche Augen traten Tränen – ganz plötzlich, wie so häufig in letzter Zeit. Kürzlich war er zufällig in Awdejitschs Schenke auf dem Weibermarkt geraten. Vom Hof aus, wo er bis zum Knöchel im Schmutz versank, war er in die erste Etage – in die »noble Hälfte« – hinaufgestiegen, über eine derartig stinkende, durch und durch morsche Holztreppe, daß es sogar ihm, der viel gesehen hatte, übel wurde; mit Mühe und Not öffnete er die schwere, speckige Tür, an der Filz- und Stoffetzen, Überreste der Polsterung, klebten und die von einer Schnur mit einem Backstein gehalten wurde, und er wurde blind von dem stickigen Dunst, dem Qualm und dem Glanz der blechernen Hohlspiegel hinter den kleinen Wandlampen, er wurde taub vom Geschirrgeklapper an der Theke, von dem Stimmengewirr, dem Getrappel der hin und her laufenden Bedienten und dem näselnden Plärren des Grammophons. Er ging in einen weiter hinten gelegenen Raum, wo weniger Volk war, setzte sich an einen Tisch und bestellte Honigwein … Auf dem ausgetretenen, vollgespuckten Boden lagen ausgelutschte Zitronenscheiben, Eierschalen und Zigarettenstummel … Und an der Wand gegenüber saß ein langer Bauer in Bastschuhen, der selig lächelnd seinen struppigen Kopf wiegte und auf das plärrende Grammophon lauschte. Auf dem kleinen Tisch hundert Gramm Wodka, ein

Schnapsglas und Kringel. Doch der Bauer trank nicht, er wiegte nur den Kopf, sah auf seine Bastschuhe hinunter und schlug plötzlich, als er Kusmas Blick auf sich spürte, seine fröhlichen Augen auf und hob sein wunderbares, gutmütiges Gesicht mit dem roten, krausen Bart. »Ich hab's geschafft, hier reinzukommen!« rief er fröhlich und verblüfft. Und fügte als Rechtfertigung eilig hinzu: »Mein Bruder ist hier angestellt, Herr … Mein leiblicher Bruder.« Kusma mußte blinzeln, um sich die Tränen zu verkneifen, und preßte die Zähne zusammen. Zum Teufel, wie weit hatte man das Volk mit Tritten und Schlägen eingeschüchtert! »Ich hab's geschafft, hier reinzukommen!« Ausgerechnet bei Awdejitsch! Aber damit nicht genug: Als Kusma sich erhob und sagte: »Nun, leb wohl!«, erhob sich auch der Bauer hastig und erwiderte im Überschwang seines glücklichen Herzens, zutiefst dankbar für das Licht, für die prächtige Einrichtung und dafür, daß man mit ihm wie mit einem Menschen gesprochen hatte: »Seien Sie mir nicht böse …«

In den Eisenbahnwaggons hatte man früher nur über Regen und Dürre gesprochen oder darüber, daß »die Getreidepreise von Gott gemacht« seien. Jetzt aber hielten viele eine raschelnde Zeitung in der Hand, man redete über die Duma, über Freiheiten und über die Enteignung des Bodens – keiner schenkte dem strömenden Regen, der auf das Dach trommelte, auch nur die geringste Beachtung, obwohl die Leute im Zug – Getreidehändler, Bauern, Kleinbürger von den Vorwerken – alle sehnlichst auf den Frühjahrsregen warteten. Ein junger, beinamputierter Soldat, gelbsüchtig, mit traurigen schwarzen Augen, kam humpelnd und mit seinem Stelzbein klopfend vorbei, zog seine mandschurische Pelzmütze und bekreuzigte sich wie ein Bettler bei jeder Gabe. Ein lautes, entrüstetes Gerede erhob sich, über die Regierung, über den Minister Durnowo und den staatlichen Hafer. Spöttisch rief man in Erinnerung, worüber man früher in naive Begeisterung ausgebrochen war – wie »Witja« seine Koffer packen ließ, um die Japaner in Pourtsmouth zu erschrecken ... Ein junger Mann mit hochgekämmtem Bürstenschnitt, der Kusma gegenübersaß, lief rot an und mischte sich erregt ein:

»Gestatten Sie, Herrschaften! Sie reden von Freiheit ... Ich arbeite als Schriftführer bei einem Steuerinspektor und schicke kleine Artikel an die Hauptstadtzeitungen. Geht ihn das vielleicht etwas an? Er behauptet, er sei auch für die Freiheit, aber als er erfuhr, daß ich über die nicht normale Organisation unserer Feuerwehr geschrieben habe, ließ er mich rufen und sagte: Wenn du Hundesohn noch mehr solche Sachen schreibst, reiße ich dir den Kopf ab! Gestatten Sie: Wenn meine Ansichten linker sind als seine ...«

»Ansichten?« rief der Nachbar des jungen Mannes plötzlich mit der Altstimme eines Zwergs, ein dicker Skopze mit Stiefeln wie Flaschen, der Mehlhändler Tschernjajew, der ihn die ganze Zeit über mit seinen Schweinsäuglein scheel angesehen hatte. Er ließ ihn gar nicht zur Besinnung kommen und brüllte:

»Ansichten? Du hast also Ansichten? Du bist also links? Ich hab dich schon gekannt, da hast du noch in die Hosen gemacht. Vor Hunger verreckt bist du, ebenso wie dein Vater, ihr Bettler! Du müßtest dem Inspektor die Füße waschen und die Brühe austrinken!«

»Die Ver-fa-ha-ssung!« begann Kusma, den Skopzen unterbrechend, mit dünner Stimme zu singen, erhob sich und ging durch den Waggon zur Tür, wobei er die Knie der Sitzenden streifte.

Der Skopze hatte kleine, füllige, widerwärtige Füße, wie eine alte Beschließerin, auch sein Gesicht war weibisch, groß, gelblich, robust wie Guttapercha, die Lippen waren schmal … Aber Polosow war auch gut, der Lehrer vom Progymnasium, der so freundlich nickte, dem Skopzen zuhörte und sich auf seinen Spazierstock stützte, ein untersetzter, gepflegter Mann von etwa dreißig Jahren, in hohen Stiefeln unter seinen grauen Hosen, in grauem Hut und grauem Kragenmantel, mit hellen Augen, einer runden Nase und einem prächtigen, die ganze Breite seiner Brust einnehmenden dunkelblonden Bart. Ein Lehrer – aber einen schweren goldenen Siegelring am Zeigefinger. Und ein Häuschen besaß er auch schon – die Mitgift für die Tochter des Protopopen. Er hatte kleine Füße, kurze Arme, Stummelfinger; er war außerordentlich rechtschaffen und akkurat, ging jeden Tag zum Baden … Und ein Teufelsbraten, hieß es, daß Gott erbarm! Nein, Bauern und Kleinbürger können sich mit solchen Leuten nicht messen. Kusma öffnete die Tür auf die Plattform und sog tief die kalte, nach Regenfrische duftende Luft ein. Der Regen trommelte dumpf auf das Vordach über der Plattform, floß in Strömen herab, und Kusma bekam Spritzer ab. Nach der Stadt machte die mit dem erregenden Dampfgeruch der Lokomotive vermischte Luft der Felder ihn trunken. Die Waggons rumpelten schwankend durch das Prasseln des Regens, ihnen entgegen schwebten, sich senkend und wieder hebend, die Telegraphenleitungen, und seitwärts liefen dichte, sattgrüne Ränder von Nußwäldchen vorbei. Eine bunte Horde kleiner Jungen sprang plötzlich am Bahndamm hoch und schrie schallend etwas im Chor. Kusma fing vergnügt an zu lachen, und sein Gesicht überzog sich mit feinen Falten. Als er den Blick hob, sah er auf der gegenüberliegenden Plattform einen Pilger: ein gutmütiges, erschöpftes Bauerngesicht, ein grauer Bart, ein breitkrempiger Hut, ein Mantel aus grobem Tuch, von einem Strick zusammengehalten, einen Beutel und einen Teekessel aus Blech auf den Schultern, an den dünnen Beinen Bastschuhe. Kusma rief ihm durch das Rattern und Lärmen zu:

»Wie heißt du, Väterchen?«

»Anton ... Anton Bespalych«, rief der Pilger müde, aber freundlich und bereitwillig.

»Kommst du von einer Wallfahrt?«

»Aus Woronesch ...«

»Bedrängen sie dort die Gutsbesitzer?«

»Ja ...«

»Wunderbar!«

»Wie?«

»Wunderbar, sage ich!« rief Kusma.

Er wandte sich ab, unterdrückte blinzelnd die aufsteigenden Tränen und drehte sich mit zitternden Händen eine Zigarette ... Seine Gedanken gingen wieder durcheinander. »Der Pilger ist das Volk, aber der Lehrer und der Skopze nicht? Die Sklaverei ist erst seit fünfundvierzig Jahren abgeschafft, was kann man da von diesem Volk verlangen? Ja, aber wer ist schuld daran? Das Volk selbst doch. Rußland war unter dem russischen Joch, verschiedene Brüder unter dem türkischen, die Galizier unter dem österreichischen Joch, und die Polen – das versteht sich von selbst ... Das ist dann die große slawische Familie!« Kusmas Gesicht verdüsterte sich wieder und wurde spitz. Er blickte schräg nach rechts und links und begann, seine Finger einzeln umzubiegen und daran zu ziehen, bis die Gelenke knackten.

An der vierten Haltestelle stieg er aus und mietete ein Fuhrwerk. Die Kutscher verlangten zuerst sieben Rubel – bis Kasakowo waren es zwölf Werst – und dann fünfeinhalb. Schließlich sagte der eine: »Für einen Dreier fahr ich dich, das ist mein letztes Wort. Die Zeiten haben sich geändert ...« Doch er hielt den Ton nicht durch und fügte gewohnheitsmäßig hinzu: »Außerdem ist das Futter teuer ...« Und er fuhr ihn für anderthalb. Der Schlamm war unpassierbar, der Wagen war klein und kam kaum von der Stelle, das Pferdchen war langohrig wie ein Esel und schwächlich. Langsam fuhren sie vom Hof der Bahnstation herunter, der Bauer, der auf der Querstange des Wagens saß, plagte sich ab und zerrte an der Leine, als wolle er das Pferd mit seinem ganzen Wesen unterstützen. Er hatte damit geprahlt, das Pferd sei »nicht zu halten«, und jetzt war es ihm offenbar peinlich. Aber am schlimmsten war er selbst. Er war jung, riesig, ziemlich dick, trug Bastschuhe und weiße Fußlappen, einen kurzen, taillierten Bauernrock mit gerüschtem Gürtel und eine alte Schirmmütze auf den glatten, gelblichen Haaren. Er roch nach rauchfangloser Kate und nach Hanf – ein Ackersmann von anno dazumal! –, hatte ein weißes, bartloses Gesicht, einen geschwollenen Hals und eine heisere Stimme.

»Wie heißt du?« fragte Kusma.

»Achwanassi heiß ich ...«

»Achwanassi!« dachte Kusma gerührt.

»Und weiter?«

»Menschow ... Na, na, du Teufelsbraten!«

»Ist es schlimm?« Kusma wies mit dem Kopf auf den Hals.

»Na ja, schon«, brummte Menschow und blickte zur Seite. »Ich hab zu viel kalten Kwas getrunken ...«

»Und tut das Schlucken weh?«

»Nein – Schlucken nicht ...«

»Also schwatz nicht so viel«, sagte Kusma streng. »Mach besser, daß du so schnell wie möglich ins Krankenhaus kommst. Du bist doch bestimmt verheiratet?«

»Bin ich ...«

»Na siehst du. Wenn dann Kinder kommen, ist das die beste Belohnung für sie.«

»Ganz bestimmt«, stimmte Menschow zu.

Wieder plagte er sich und zerrte am Zügel. »Na, na ... mit dir kommt man einfach nicht zurecht, du Teufelsbraten!« Schließlich brach er diese vergebliche Übung ab und beruhigte sich. Er schwieg eine ganze Zeit lang und fragte plötzlich:

»Haben sie jetzt die Duma versammelt, Kaufmann, oder nicht?«

»Ja, haben sie.«

»Makarow lebt ja noch, heißt es, nur erlaubt er nicht, daß man das sagt …«

Kusma winkte ab: Saubere Bürschchen waren das! »Was für ein Reichtum hier!« dachte er, während er mit hochgezogenen Knien gequält auf dem nackten Boden des Wagens hockte, auf einem mit Sackleinen bedeckten Strohbündel, und über die Straße blickte. Es war noch kälter geworden, noch düsterer zogen von Nordwesten her die Wolken über dieser mit Regen so überreich gesättigten Schwarzerde-Gegend auf. Der Schlamm auf den Wegen war bläulich und dick, das Grün der Bäume, der Gräser und der Gemüsegärten dunkel und satt, und über allem lag dieser bläuliche Ton von Schwarzerde und Wolken. Aber die kleinen Bauernkaten waren aus Lehm und hatten Dächer aus Dung. Neben den Katen rissige Wasserwagen. Das Wasser darin natürlich voller Kaulquappen … Da – ein reicher Hof. Im Gemüsegarten, hinter alten Weiden, einem Bienenstand und einem Gärtchen aus drei oder vier Apfelbäumen stand eine alte dunkle Getreidedarre. Die Koppel, das Tor, die Bauernkate – alles unter einem mit Strohschauben gedeckten Dach. Die Kate ist aus Ziegeln und hat zwei Stuben, die Fensterpfeiler sind mit Kreide bemalt: auf dem einen ein Stab mit nach oben gerichteten Flügelchen – eine Tanne, auf dem anderen etwas Ähnliches wie ein Hahn; die kleinen Fenster sind ebenfalls mit Kreide umsäumt – mit kleinen Zacken. »Kunst!« schmunzelte Kusma. »Wie die Höhlenmenschen, wahrhaftig, Gott strafe mich!« An den Schuppentüren mit Kohle gezeichnete Kreuze, an der Vortreppe ein großer Grabstein – offenbar bereiten sich

Großvater oder Großmutter auf den Tod vor … Ja, ein reicher Hof. Aber der Schlamm ringsum kniehoch, auf der Vortreppe liegt ein Schwein, auf dem schwankend und mit den Flügeln schlagend ein gelbes Küken umherspaziert. Die Fenster sind winzig, und im Wohnteil der Kate herrschen vermutlich Dunkelheit und ewige Enge: ein Hängeboden mit Schlafstelle, ein Webstuhl, ein riesiger Ofen, ein Kübel mit Spülwasser … Und eine große Familie, viele Kinder, im Winter Lämmer und Kälber. Dazu Feuchtigkeit und so viel Kohlendunst, daß grünliche Schwaden im Raum hängen. Die Kinder plärren – und brüllen, wenn sie eins hinter die Ohren bekommen; die Schwiegertöchter zanken sich – »daß dich der Blitz trifft, du Hündin!« – und wünschen sich gegenseitig, »daß dir zu Ostern ein Knochen im Hals steckenbleibt«; die Schwiegermutter schmeißt alle Augenblicke Topfgabeln und Schüsseln nach den Schwiegertöchtern, krempelt die Ärmel an ihren dunklen, sehnigen Armen hoch und stürzt sich kreischend und schimpfend, Geifer und Verwünschungen verspritzend, bald auf die eine, bald auf die andere … Böse und krank ist auch der Alte, der mit seinen Belehrungen und seiner Angeberei alle zermürbt; er zerrt die verheirateten Söhne an den Haaren, und die greinen manchmal unschön, wie es Männerart ist …

»Wem gehört der Hof?« fragte Kusma.

»Den Krasnows«, erwiderte Menschow und setzte hinzu: »Bei denen steht es auch schlimm …«

Hinter dem Hof der Krasnows bogen sie auf den Weideplatz ein. Das Dorf war groß, der Weideplatz ebenfalls. Dort wurde der Jahrmarkt aufgebaut. Schon ragten hier und da Zeltgerüste auf, Räder türmten sich, Tongeschirr; ein auf die Schnelle aufgebauter Ofen qualmte, es duftete nach Pfannkuchen, ein Zigeunerwagen schimmerte grau, und an dessen Rädern angekettet lagen Schäferhunde. Linker Hand war eine Kate zu sehen, rechter Hand ein Lagerschuppen für Holz, zwei städtische Läden, eine Bäckerei. Weiter hinten, neben der staatlichen Schenke, wo eine dichtgedrängte Menge junger Mädchen und Bauern stand, erklang Geschrei.

»Das Volk feiert«, sagte Menschow nachdenklich.

»Und wieso?« fragte Kusma.

»Die Hoffnung ...«

»Worauf?«

»Ist doch klar – auf den Klabautermann!«

Und wahrhaftig. Auf dem leeren Weideplatz, an diesem düsteren, kalten Tag, schienen das Gekreisch und die Klänge der beiden gut aufeinander abgestimmten Akkordeons erbärmlich, sie verloren sich in etwas Alltäglichem, Langweiligem und Altem. Das Volk erlebt etwas Neues, feiert etwas, aber glaubt es an seinen Feiertag? »Oh, wohl kaum!« dachte Kusma im Heranfahren und blickte auf die weißen, rosa und grünen Röcke der Mädchen, ihre gleichgültigen, grell geschminkten Gesichter, die orangefarbenen, goldenen und himbeerroten Tüchlein. Der Wagen fuhr auf die Menge zu und hielt an. Menschow starrte sie an und grinste breit. Hier schienen die Klänge nicht mehr erbärmlich, die Akkordeons spielten einander begierig Echos zu, und im Einklang mit ihnen erschallten unter beifälligem Gelärme der Betrunkenen verwegene Scherzworte:

»He-he-he!« schrie jemand unter kräftigem dumfen Gestampfe.

Nicht ackern und nicht mähen
Den Mädchen Lebkuchen bringen

Ein kleiner Bauer, der hinter der Menge stand, schwenkte plötzlich die Arme. Alles an ihm war häuslich, reinlich, solide – die Bastschuhe, die Fußlappen, die neuen schweren Hosen und der sehr kurze, eng geschnittene, an der Taille gefältelte Mantel aus furchtbar dickem, grauschwarzem Tuch. Er hatte bestimmt zeit seines Lebens noch nie getanzt, aber jetzt stampfte er plötzlich weich und geschickt mit den Bastschuhen auf, schwenkte die Arme, rief mit Tenorstimme: »Zur Seite, laßt den Kaufmann auch was sehen!«, sprang in das sich öffnende Rund und drehte sich in seinen schweren Hosen tollkühn vor einem hochgewachsenen jungen Burschen, der mit gesenkter Schirmmütze höllische Verrenkungen mit seinen Stiefeln machte und dabei den kurzen schwarzen Mantel, den er über einem neuen Kattunhemd trug, abwarf. Das Gesicht des Burschen war konzentriert, finster, bleich und schweißüberströmt, aber um so stärker und unerwarteter kam sein Kreischen.

»Söhnchen! Mein Lieber!« heulte eine Alte in einem Bauernrock durch den Heidenlärm und das schnelle, abgehackte Gestampfe und breitete die Arme aus. »Hör auf, um Christi willen! Mein Lieber, hör auf, du stirbst!«

Mit einem Mal hob das Söhnchen den Kopf, ballte die Fäuste und knurrte stampfend und mit wütender Miene durch die Zähne:

»Ksch-ksch, Alte, laß das Geplärr …«

»Und sie hat ihr letztes Leinen für ihn verkauft«, sagte Menschow, während er über die Weide ging. »Sie liebt ihn besinnungslos – sie ist eben Witwe, aber er traktiert sie Tag für Tag, ist immer betrunken … Das kommt davon.«

»Was heißt denn das … Das kommt davon?« fragte Kusma.

»Na ja … wenn man zu nachsichtig ist …«

Ja, in der Stadt, in den Waggons, in den Dörfern, den Ortschaften – überall war etwas Ungewöhnliches zu spüren, der Widerhall eines großen Feiertags, eines großen Sieges und großer Erwartungen. Doch schon in der Vorstadt erkannte Kusma, daß dieser Widerhall um so gedämpfter, absurder und melancholischer wurde, je weiter er hinauskam in die endlosen Felder unter dem kalten düsteren Himmel. Kaum waren sie abgefahren, wirkten die Schreie der Menge bei der Schenke kläglich. Dort war ein Feiertag, die Leute wollten »feiern«, aber vor ihnen lag der Alltag, grau und gleichgültig, vor ihnen lagen Gemüsegärten, Weidengebüsch, zwei Reihen rauchfangloser Katen, Wasserwagen mit stinkendem Teichwasser, und am Ende der Straße – Felder, das Blau der kalten Ferne, der dunkle Wald am Horizont, tiefhängende Wolken …

Vor einer Kate mit eingeschlagenem Fenster und einem Rad auf dem vermoderten Dach saß auf einem Bänkchen ein langer, kranker Bauer – wie der leibhaftige Tod. Er sah aus wie Nekrassow. Einen alten Halbpelz um die Schultern gelegt, darunter ein langes, schmuddliges

Hanfhemd; seine Beine steckten wie Stöcke in den Filzstiefeln, die großen, leblosen Hände lagen gerade auf den spitzen Knien, den durchgescheuerten Hosen. Die Mütze war auf Greisenart in die Stirn gezogen, die Augen gequält, flehend, das unmenschlich hagere Gesicht langgezogen, die Lippen aschgrau, halb geöffnet ...

»Das ist Popanz«, sagte Menschow und wies mit dem Kopf auf den Kranken. »Schon das zweite Jahr todkrank, der Magen.«

»Popanz? Ist das sein Spitzname?«

»Hmm ...«

»Wie albern!« sagte Kusma.

Er wandte sich ab, um das kleine Mädchen vor der nächsten Kate nicht sehen zu müssen: Sie stand nach hinten gebeugt, ein kleines Kind mit Häubchen auf dem Arm, starrte die Vorübergehenden an und bereitete dem Kind mit herausgestreckter Zunge kauend, einen Schnuller aus Schwarzbrot vor. Und am Zaun der hintersten Tenne heulte das Weidengebüsch im Wind, und eine schiefe Vogelscheuche flatterte mit leeren Ärmeln. Eine Tenne zur Steppe hin ist immer unwirtlich und öde, aber hier waren noch die Vogelscheuche, die Herbstwolken, der heulende Wind vom Feld her, der das Hinterteil der Hühner aufplusterte, während sie auf dem mit Beifuß und Melde überwucherten Dreschboden herumliefen, bei der Getreidedarre mit dem offenen Dach und der blauen Dreschmaschine ... Und auf der Querstange des Leiterwagens, der sich vom Dorf her in den bläulichen Dreck der sich in einem Meer von grünem Hafer und Roggen verlierenden Landstraße hinauswälzt, hockt der riesige, weißmaulige

Kretin mit langen weißen Wimpern und geschwollener Kehle …

Der Wald, der sich am Horizont blau abzeichnete – zwei längliche Talsenken mit Eichengehölz –, hieß Portotschki. Und nahe bei diesem Portotschki wurde Kusma von einem Wolkenbruch mit Hagel überrascht, der ihn bis Kasakowo begleitete. Als sie auf das Dorf zufuhren, trieb Menschow seine Pferde zum Galopp an, und Kusma kauerte mit zusammengekniffenen Augen unter den feuchten, kalten Lumpen. Seine Hände waren starr vor Kälte, in den Kragen seines langen Tuchrocks rannen eisige Bäche, das Sackleinen, von dem Regen schwer geworden, stank nach fauligem Futterkasten. Hagelkörner prasselten an seinen Kopf, Dreckklumpen, Wasser gluckerte in den Fahrrinnen, unter den Rädern, irgendwo blökten Lämmer … Schließlich wurde es so stickig, daß Kusma das Sackleinen zurückschlug und gierig die frische Luft einsog. Der Regen hatte nachgelassen, es ging auf den Abend zu, am Wagen vorbei lief eine Herde über den grünen Weideplatz in Richtung der Bauernkaten. Ein schwarzes Schaf mit staksigen Beinen scherte aus, und ihm hinterher setzte, ihren nassen Rock über sich haltend, mit weiß leuchtenden Waden ein barfüßiges Weib. Im Westen hinter dem Dorf hellte es auf, im Osten, vor dem staubgrauen Hintergrund einer Wolke, standen über dem Getreide zwei grün-violette Bögen. Es roch satt und feucht nach dem Grün der Felder und warm nach den Behausungen.

»Wo ist hier der herrschaftliche Hof?« rief Kusma einer breitschultrigen Bäuerin in weißem Hemd und rotem Wollrock zu.

Die Frau stand auf einem Stein neben der Kate des Dorfaufsehers und hielt ein jammerndes Mädchen von etwa zwei Jahren an der Hand. Das Mädchen jammerte so inbrünstig, daß die Frage ungehört verhallte.

»Hof?« fragte die Bäuerin. »Was für einer?«

»Von der Herrschaft.«

»Wie? Ich kann nichts verstehen ... Ach, ersticken sollst du, Ziegenpeter sollst du kriegen!« kreischte die Frau und riß das Mädchen so heftig am Arm, daß es von dem Stein herunterstürzte.

Sie erkundigten sich bei einem anderen Hof. Sie fuhren über eine breite Straße, bogen nach links ab, dann nach rechts, vorbei an einem altväterlichen Gutshof, dessen Haus fest vernagelt war, und dann steil bergabwärts auf eine Brücke über einen kleinen Fluß zu. Menschow fielen Tropfen vom Gesicht, von den Haaren und von seinem Bauernrock. Sein frischgewaschenes, dickes Gesicht sah noch beschränkter aus. Neugierig blickte er nach vorne. Auch Kusma blickte nach vorne. Auf der anderen Seite, auf einem abschüssigen Weideplatz, war der dunkle Garten von Kasakowo, der breite Hof, umgeben von verfallenen Wirtschaftsgebäuden und Überresten einer Steinmauer; mitten auf dem Hof, hinter drei vertrockneten Tannen, stand ein grau verschaltes Haus mit rostrotem Dach. Unten, an der Brücke, ein Häuflein Bauern. Ihnen entgegenkommend kämpfte eine vor einen Tarantas gespannte Trojka dürrer Arbeitspferde mit dem Schlamm und schleppte sich über den steilen, aufgeweichten Weg bergauf. Ein abgerissener, aber schöner Knecht, gut gebaut, blaß, mit einem rötlichen Bärtchen und klugen Augen, stand neben der Trojka, zerrte an den Zügeln und schrie mit sich überschlagender Stimme: »Hüh-hüh! Hüüh!« Die Bauern fielen gackernd und pfeifend ein: »Brr! Brr!« Eine im Tarantas sitzende junge Frau in Trauer streckte verzweifelt die Arme aus, große Tränen an den langen Wimpern, das Gesicht angstverzerrt. Angst und Anspannung lagen auch in den türkisblauen Augen des dicken, neben ihr sitzenden Mannes mit dem roten Schnurrbart. Ein Ehering glänzte an seiner rechten Hand, die einen Revolver umklammerte; mit der linken Hand wedelte er sich ständig Luft zu, ihm mußte wohl sehr heiß sein in seinem Kamelhaarmantel und der vornehmen Schirmmütze, die ihm in den Nacken gerutscht war. Von dem Bänkchen gegenüber der Sitzfläche blickten zwei Kinder mit schüchterner Neugierde um sich – ein Junge und ein Mädchen, beide bleich vor Kälte und Müdigkeit und in Schals eingewickelt.

»Das ist Mischka Siwerski«, sagte Menschow laut und heiser, als er um die Trojka herumfuhr, und warf einen gleichgültigen Blick auf die Kinder. »Er ist gestern abgebrannt ... Hat er wohl verdient ...«

Die Angelegenheiten der Herrschaften Kasakow verwaltete der Starosta, ein ehemaliger Kavallerist, ein langer, grober Kerl. Zu ihm in die Gesindekate müsse er gehen, wie Kusma ein Arbeiter sagte, der auf einem Leiterwagen mit frisch gemähtem, feuchtgrünem Gras auf den Hof gefahren kam. Doch den Starosta hatten an diesem Tag zwei Unglücke ereilt – ein Kind war gestorben und eine Kuh war krepiert –, und Kusma wurde unfreundlich empfangen. Als er Menschow vor dem Tor zurückließ und auf die Gesindekate zuging, trug die verweinte Frau des Starosta ein gescheckftes Huhn aus dem Garten, das friedlich unter ihrem Arm hockte. Zwischen den Säulen auf der baufälligen Vortreppe stand ein großer junger Mann in weiten Hosen, langen Stiefeln und einem Stehkragenhemd aus Kattun und rief, als er die Frau des Starosta sah:

»Agafja, wohin willst du denn damit?«

»Schlachten«, antwortete die Frau des Starosta ernst und traurig und blieb beim Eiskeller stehen.

»Gib her, ich mach das.«

Der junge Mann ging zum Eiskeller, ohne auf den Regen zu achten, der wieder vom düsteren Himmel zu tröpfeln begann. Er öffnete die Tür des Eiskellers, nahm eine Axt von der Schwelle, einen Moment später ertönte ein kurzer Schlag – und das kopflose Huhn rannte mit seinem roten Halsstümpfchen über das Gras, strauchelte, drehte sich mit zuckenden Flügeln und verstreute nach allen Seiten hin Federn und Blutspritzer. Der junge Mann warf die Axt hin und ging zum Garten, und die Frau des Starosta trat, nachdem sie das Huhn eingefangen hatte, zu Kusma:

»Was willst du?«

»Mich nach dem Garten erkundigen«, sagte Kusma.

»Dann warte auf Fjodor Iwanytsch.«

»Und wo ist er?«

»Er kommt gleich vom Feld.«

Kusma wartete vor dem geöffneten Fenster der Gesindekate. Er warf einen Blick hinein, sah im Halbdunkel einen Ofen, eine Pritsche, einen Tisch und einen Trog auf der Bank am Fenster – ein kleiner Trog als Sarg, in dem das tote Kind lag mit seinem großen, beinahe kahlen Köpfchen, seinem bläulichen Gesichtchen … Am Tisch saß ein dickes blindes Mädchen und fischte mit einem großen hölzernen Löffel Milch mit Brotstückchen aus einer Schüssel. Fliegen summten über ihr wie Bienen in einem Bienenstock, krochen über ihr lebloses Gesichtchen und fielen in die Milch, aber die Blinde, die aufrecht dasaß wie ein Ölgötze und mit ihren trüben Augen in die Dämmerung starrte, aß und aß. Kusma wurde es unheimlich, und er wandte sich ab. Stoßweise blies ein kalter Wind, und durch die Wolken wurde es immer dunkler. Auf dem Hof ragten zwei Pfähle auf, darüber ein Querbalken, an dem Querbalken hing wie eine Ikone eine große gußeiserne Platte: Folglich fürchtete man sich des Nachts und schlug dagegen. Überall auf dem Hof lagen magere Windhunde. Ein etwa achtjähriger Junge lief zwischen ihnen herum, zog auf einem Handkarren sein weißblondes, rundbackiges Brüderchen hinter sich her, das eine große schwarze Schirmmütze trug, und der Karren quietschte heftig. Das Haus war grau und klobig und mußte bei Dämmerung, so wie jetzt, verteufelt langweilig sein. »Wenn sie wenigstens Licht machen würden!« dachte Kusma. Er war todmüde, ihm schien, es sei fast ein Jahr her, seit er aus der Stadt aufgebrochen war. Plötzlich vernahm man Geheul und Gebell – und durch das Tor zum Garten stürmten blind drauflos zwei Hunde, die mit gespitzten Ohren um sich blickten und sich seitwärts loszureißen versuchten, jeder in eine andere Richtung – ein Jagdhund und ein Hofhund. Hinter ihnen lief gackernd und mit seinen schweren Stiefeln schlurfend ein Bursche, ohne Gürtel und ohne Mütze. Hinter dem Burschen – der junge Herr …

Den Abend und die Nacht verbrachte Kusma im Garten, in der alten Banja. Als der Starosta zu Pferd vom Feld zurückkam, hatte er aufgebracht gesagt, der Garten sei »schon längst vergeben«, und auf die Bitte um ein Nachtlager zeigte er sich hämisch verwundert. »Du bist ja ein ganz Schlauer!« rief er ohne viel Federlesens. »Sieht das hier vielleicht aus wie ein Gasthof? Leute von deinem Schlag treiben sich heutzutage jede Menge herum.« Doch er erbarmte sich und erlaubte ihm, in der Banja zu übernachten. Kusma bezahlte Menschow und ging am Haus vorbei zum Tor der Lindenallee. Aus den dunklen, offenen Fenstern, hinter den eisernen Fliegengittern, schepperte ein Klavier, übertönt von einer großartigen Stimme zwischen Bariton und Tenor und komplexen Vokalisen, die überhaupt nicht zu diesem Abend und zu diesem Gut paßten. Über den schmutzigen Sand der abschüssigen Allee, an deren Ende der Wolkenhimmel trübe schimmerte wie am Ende der Welt, kam Kusma gemächlich ein kleiner Bauer mit dunkelrotem Haar entgegen, einen Eimer in der Hand – und gleichfalls ohne Gürtel, ohne Mütze und in schweren Stiefeln.

»Sieh mal einer an!« sagte er im Gehen spöttisch und lauschte auf die Vokalisen. »Jetzt geht's mal wieder mit ihm durch, der Wanst soll ihm platzen!«

»Mit wem geht es durch?« fragte Kusma.

Der Bauer hob den Kopf und blieb stehen.

»Na, mit dem jungen Herrn dort«, sagte er aufgeräumt und mit schnarrendem »R«. »Angeblich geht das schon das siebte Jahr so!«

»Welcher ist das? Der mit den Hunden?«

»Nein, der andere … Aber das hier geht ja noch! Manchmal schmettert er auch drauflos: ›Heute du, morgen ich …‹ – einfach zum Davonlaufen!«

»Wahrscheinlich übt er noch.«

»Schönes Üben!«

»Und der andere, was macht der?«

»Der?« Der Bauer lächelte mit unterdrücktem Spott und holte Luft. »Nichts macht der … Wozu auch – er hat ja alles, gut zu futtern, und sein Vergnügen auch: Fedka wirft ihm Flaschen hin, und er ballert drauflos, oder er kauft einem Bauern den Bart ab, schneidet ihn ab und stopft ihn ins Gewehr, einfach so, zum Spaß … Dann noch die Hunde … einen ganzen Haufen haben wir. Kaum läuten sonntags die Glocken, fällt die ganze Bande ein … ein Höllenlärm ist das! Vorgestern haben sie einen Bauernhund zerfleischt – und die Bauern auf dem Hof: ›Gib uns was für einen Eimer – und fertig! Sonst gibt's hier gleich einen Streik.‹ …«

»Und, hat er ihnen was gegeben?«

»Na sicher doch! Und ob, Bruder! Hier ist ein Müller … Der ist direkt zur Vortreppe marschiert und hat gesagt: ›Der Wind, ihr Herren Adelige, bläst vom Feld her!‹ Ist ja klar, was damit gemeint war. Der junge Herr tat ganz mutig: ›Und was bitte soll das für ein Wind sein?‹ Der Müller darauf: ›Dreimal darfst du raten, und denk gut drüber nach …‹ Das hat ihn auf der Stelle kuriert, Bruder!«

Das alles wurde scheinbar nachlässig und beiläufig erzählt, mit Unterbrechungen, aber mit solch beißendem Spott und solch heftigem Schnarren – »kurrierrt, Brruder!« –, daß Kusma den Bauern aufmerksam musterte. Er sah aus wie ein Narr. Gerade, lange Haare, vom Scheitel her rundherum abgeschnitten. Das Gesicht klein, unauffällig, altrussisch, ein Susdaler Gesicht. Riesige Stiefel, der Körper hager und irgendwie hölzern. Unter den großen, schläfrigen Lidern Habichtsaugen, mit einem kleinen goldenen Kreis in der Pupille. Wenn er die Augen niederschlug, war er ein schnarrender Narr, wenn er sie hob, war es ein wenig unheimlich.

»Wohnst du im Garten?« fragte Kusma.

»Ja, wo denn sonst?«

»Und wie heißt du?«

»Ich? Akim ... Und du?«

»Ich wollte den Garten pachten.«

»Na so was ... Was du nicht sagst!«

Und Akim schüttelte spöttisch den Kopf und ging seines Weges.

Der Wind blies immer böiger und schüttelte Tropfen von den leuchtendgrünen Bäumen, irgendwo weit hinter dem Garten grollte dumpfer Donner, blaßblaue Blitze erhellten die Allee, und überall schlugen die Nachtigallen. Es war völlig unbegreiflich, wie sie so eifrig, so beharrlich selbstvergessen, so süß und kräftig flöten, schlagen und trillern konnten unter diesem schweren, bleigrauen Wolkenhimmel, in den sich im Wind biegenden Bäumen, im dichten, nassen Gebüsch. Noch unbegreiflicher aber war, wie die Wächter bei diesem Wind die Nacht verbrachten, wie sie schlafen konnten auf dem feuchten Stroh unter dem Vordach der modrigen Laubhütte am Ende der Allee.

Es gab drei Wächter. Und alle waren sie krank. Der eine, ein junger, schmächtiger, sympathischer ehemaliger Bäcker – im vergangenen Herbst entlassen, weil er gestreikt hatte, und jetzt auf der Straße –, der sein bäuerliches Aussehen noch nicht verloren hatte, klagte über Fieber; der andere, ebenfalls auf der Straße, aber schon seit langem, litt an Schwindsucht, auch wenn er sagte, ihm ginge es gut, »bloß zwischen den Flügeln ist mir kalt«; Akim litt an »Hühnerblindheit« – wegen seiner Kachexie konnte er in der Dämmerung schlecht sehen. Als Kusma näher kam, hockte der Bäcker, bleich und freundlich, die Ärmel einer wattierten Frauenjacke an den dünnen, schwachen Armen hochgekrempelt, vor der Laubhütte und wusch Hirsekörner in einem Holzschälchen. Der schwindsüchtige Mitrofan, ein kleiner, breiter Mann mit dunklem Gesicht, der aussah wie ein Dahomey, stand in nassen Lumpen und abgeschnittenen Stiefeln, ausgetreten und hart wie alte Pferdehufe, neben dem Bäcker und schaute ihm mit hochgezogenen Schultern und glänzend geweiteten, ausdruckslosen braunen Augen bei der Arbeit zu. Akim hatte einen Eimer mit Wasser herbeigeschleppt und entfachte durch Blasen in dem kleinen Erdofen gegenüber der Laubhütte ein Feuer. Er ging in die Laubhütte, holte ein einigermaßen trockenes Strohbüschel und trat wieder an das unter dem gußeisernen Topf aromatisch qualmende Feuer, wobei er mit pfeifendem Atem fortwährend vor sich hin murmelte, die spöttischen

Bemerkungen seiner Kollegen nur mit einem rätselhaft-höhnischen, geringschätzigen Lächeln quittierte und ihnen zuweilen auch boshaft und gewitzt über den Mund fuhr. Kusma schloß die Augen und lauschte bald auf das Gespräch, bald auf die Nachtigallen, während er auf der feuchten Bank vor der Laubhütte saß und eisige Tropfen auf ihn herabspritzten, wenn unter dem düsteren, vor fahlem Wetterleuchten flackernden Himmel ein feuchter Wind durch die Allee fegte und der Donner von Zeit zu Zeit dumpf grollte. Der Magen zwickte vor Hunger und billigem Tabak. Der Hirsebrei schien nie fertig zu werden, und ihm ging der Gedanke nicht aus dem Kopf, daß er vielleicht selbst ein so tierisches Leben würde führen müssen wie diese Wächter hier ... und daß ihm nur noch Alter, Krankheit, Einsamkeit und Elend bevorstehen könnten. Sein Körper schmerzte, und ihn ärgerten die Windböen, der ununterbrochene ferne Donner, die Nachtigallen und das schwerfällige, nachlässig-bissige Schnarren von Akim, seine knarrende Stimme.

»Akimuschka, du könntest dir wenigstens mal einen Gürtel kaufen«, sagte der Bäcker mit geheuchelter Einfalt, wobei er sich feixend eine Zigarette anzündete und immer wieder zu Kusma hinübersah, damit auch der hörte, was Akim sagte.

»Warte nur«, erwiderte Akim zerstreut und hämisch, während er weiße, dickflüssige Brühe aus dem brodelnden Kochtopf in einen Napf goß. »Den Sommer über bleiben wir noch hier beim Herrn, dann kauf ich dir Stiefel, die ordentlich knarren.«

»Orrdentlich! Hab ich dich nicht drum gebeten.«

»Läufst aber in uralten Tretern rum.«

Akim probierte mit einem Löffel vorsichtig von der Brühe.

Der Bäcker geriet in Verlegenheit und seufzte.

»Wann sollen wir wohl Stiefel tragen?«

»Es reicht jetzt, hört auf«, sagte Kusma. »Sagt mal, bei euch gibt's doch bestimmt jeden Tag bloß Hirsebrei?«

»Was hättest du denn gerne – Fisch und Schinken vielleicht?« fragte Akim, ohne sich umzudrehen, und schleckte den Löffel ab. »Das wäre gar nicht schlecht, ein Achtel Wodka dazu, drei Pfündchen Welsfilet, ein Stückchen Schinken, Früchtetee …«

»Was ist denn das – Welsfilet?« lächelte Kusma. »Was ist das für ein Fisch?«

Akim drehte sich um.

»Idiot«, sagte er überzeugt. »Gibt's etwa auch schlechten Fisch? Und das ist kein Hirsebrei, sondern das nennt sich dünne Kascha. Hirsebrei gibt's zum Frühstück.«

»Und Schtschi und Suppe – kocht ihr das auch?«

»Schtschi hatten wir auch schon, Bruder, und was für welche! Wenn der Hund einen Spritzer abbekam, sind dem die Haare ausgegangen!«

»Ein bißchen Suppe vielleicht …«

»Und woher soll'n wir Kartoffeln nehmen? Beim Bauern kannst du keine kaufen, Bruder! Von dem kriegst du nicht mal Schnee, wenn's Winter ist.«

Kusma schüttelte den Kopf.

»Es kommt bestimmt von deiner Krankheit, daß du so gehässig bist. Du könntest dich mal behandeln lassen …«

Akim ging, ohne zu antworten, vor dem Feuer in die Hocke. Das Feuer war erloschen, unter dem gußeisernen Topf glomm rötlich ein kleiner Haufen Kohlestückchen; der Garten wurde immer dunkler, und bei den Windböen, die Akims Hemd aufblähten, warfen die bläulichen Blitze schon einen fahlen Widerschein auf die Gesichter. Mitrofan saß neben Kusma, auf einen Stock gestützt, der Bäcker auf einem Baumstumpf unter einer Linde. Bei Kusmas letzten Worten wurde er ernst.

»Ich glaube«, sagte er ergeben und bekümmert, »es liegt alles bei Gott. Gibt Gott keine Gesundheit, können die Ärzte dir auch nicht helfen. Akim da drüben spricht die Wahrheit: Vor dem Tod wirst du nicht sterben!«

»Die Ärzte!« Akim starrte ins Feuer und sagte es besonders giftig: Ärrzte! »Die Ärzte, Bruder, halten bloß ihre Tasche auf. Ich würde so einem gerne mal die Gedärme rausreißen!«

»Es sind nicht alle so«, sagte Kusma.

»Alle kenn ich ja nicht.«

»Wenn das so ist, dann erzähl uns nicht solchen Blödsinn«, sagte Mitrofan streng und wandte sich an den Bäcker: »Du bist mir der Rechte: Singst wie eine Kasaner Waise! Wenn du nicht wie ein Hund auf dem Boden hokken würdest, wärst du nicht so krumm.«

»Aber ich ...«, fing der Bäcker an.

Doch in dem Moment verließ Akim die spöttische Gelassenheit. Er rollte mit seinen ausdruckslosen Habichtsaugen, sprang plötzlich auf und schrie mit dem Jähzorn des Idioten:

»Was? Ich soll keinen Blödsinn erzählen? Warst du

vielleicht im Krankenhaus? Na? Aber ich! Sieben Tage war ich drin – und was glaubst du, wie viele Brötchen hat er gegeben, dein Arzt?«

»Du Dummkopf«, unterbrach Mitrofan, »es dürfen gar nicht alle Brötchen essen, das kommt ganz auf die Krankheit drauf an.«

»Ach! Tatsächlich? Verschlucken soll er sich dran, der Wanst soll ihm platzen!«

Er blickte aufgebracht um sich, schleuderte den Löffel in die »dünne Kascha« und ging in die Laubhütte.

Dort entzündete er mit pfeifendem Atem die kleine Lampe, und in der Laubhütte wurde es behaglich. Danach zog er von irgendwo unter dem Dach Löffel hervor, warf sie auf den Tisch und rief: »Was ist, bringt doch den Hirsebrei rein!« Der Bäcker stand auf und ging den Topf holen. »Bitte sehr!« sagte er, als er an Kusma vorbeiging. Aber Kusma war es unangenehm, gemeinsam mit Akim zu essen. Er bat um Brot, bestreute es dick mit Salz und ging genußvoll kauend zur Bank zurück. Es war nun vollkommen dunkel. Das blaßblaue Licht erhellte, wie vom Wind entfacht, die rauschenden Bäume immer weiter, rascher und greller, und bei jedem Blitz war das geisterhaft grüne Laub einen Moment lang sichtbar wie am Tag, um dann wieder in Grabesschwärze zu versinken. Die Nachtigallen waren verstummt – nur eine flötete noch süß und laut, direkt über der Laubhütte. In der Hütte, um die Lampe herum, war wieder eine friedlich-ironische Unterhaltung im Gange. »Sie haben nicht einmal gefragt, wer ich bin und woher ich komme!« dachte Kusma. »Das ist das Volk, zum Teufel!« Scherzhaft rief er in die Hütte:

»Akim! Du hast nicht einmal gefragt, wer ich bin und woher ich komme!«

»Was nützt mir das?« erwiderte Akim gleichmütig.

»Ich frage ihn was anderes«, ließ sich die Stimme des Bäckers vernehmen. »Wieviel Land er von der Duma erhofft? Was meinst du, Akimuschka? Na?«

»Ich kann nicht schreiben und lesen«, sagte Akim. »Du weißt das bestimmt besser, von deinem Mist.«

Der Bäcker geriet offenbar wieder in Verlegenheit: Für einen Moment trat Schweigen ein.

»Das geht gegen uns«, sagte Mitrofan. »Ich hab mal erzählt, daß in Rostow die armen Leute, also das Protaleriat, im Winter im Mist überlebt …«

»Raus aus der Stadt«, fiel Akim ein, »und rein in den Mist! Wühlen sich da rein wie die Schweine – und machen sich nichts draus.«

»Dummkopf!« versetzte Mitrofan so heftig, daß Kusma sich umwandte. »Was gibt's da zu wiehern? Du blinder Idiot, spreizbeiniger! Wenn dich die Armut erwischt, wühlst du dich auch ein!«

Akim ließ den Löffel sinken und blickte ihn träge an. Dann riß er mit der gleichen unvermittelten Heftigkeit wie zuvor seine ausdruckslosen Habichtsaugen auf und schrie wütend:

»Ach! Armut! Willst du vielleicht nach Stunden arbeiten?«

»Wieso nicht?« Mitrofan, nun gleichfalls wütend, blähte seine Dahomey-Nasenflügel und starrte Akim mit funkelnden Augen an. »Zwanzig Stunden für zwanzig Kopeken?«

»Ach! Und du hättest wohl gerne einen Rubel die Stunde? Ganz schön gierig, der Wanst soll dir platzen!«

Aber der Streit verflog so schnell, wie er entstanden war. Eine Minute später sagte Mitrofan, während er sich an dem Hirsebrei verbrühte, schon gelassen:

»Er ist gar nicht gierig! Für eine Kopeke würde er sich am Altar aufhängen, der blinde Teufel. Könnt ihr euch vorstellen, daß er für fünfzehn Kopeken seine Frau verkauft hat? Wahrhaftig, das ist mein voller Ernst! Bei uns in Lipezk, da ist der alte Pankow, der hat früher auch als Gärtner gearbeitet, na und jetzt im Alter macht er gerne solche Sachen …«

»Ist denn Akim auch aus der Gegend von Lipezk?« unterbrach Kusma.

»Aus Studjonka, vom Dorf«, sagte Akim so gleichmütig, als ob von jemand anderem die Rede wäre.

»Ganz richtig«, bestätigte Mitrofan. »Ein eingefleischter Bauer. Wohnt bei seinem Bruder, der Boden und der Hof gehören beiden zusammen, aber trotzdem ist er so was wie der Dorfnarr, und seine Frau ist ihm natürlich längst weggelaufen; und zwar genau deswegen, wegen dieser Sache nämlich: Er hat sich mit Pankow darauf geeinigt, daß er ihn für fünfzehn Kopeken des Nachts in die Kornkammer läßt, an seiner Stelle – und das hat er dann auch gemacht.«

Akim schwieg, klopfte mit dem Löffel auf den Tisch und starrte in die Lampe. Er hatte sich satt gegessen, den Mund abgewischt und überlegte jetzt etwas.

»Blödsinn erzählen, Bruder, ist was anderes als akkern«, sagte er schließlich. »Und wenn schon, ich hab ihn halt reingelassen – meinst du, davon nutzt sie sich ab?«

Er horchte, fing an zu grinsen und hob die Augenbrauen, und sein Susdaler Gesicht zeigte eine vergnügtbetrübte Miene, legte sich in große, starre Falten.

»Das Gewehr müßte man nehmen!« sagte er heftig krächzend und schnarrend. »Dann würde sie Purzelbäume schlagen!«

»Von wem redest du?« fragte Kusma.

»Na von dieser Nachtigall …«

Kusma überlegte mit zusammengekniffenen Lippen und sagte dann:

»Ein Aas bist du, Bauer. Ein Vieh.«

»Du kannst mich mal am …«, erwiderte Akim mechanisch. Er hickste und stand auf.

»Na, warrum soll das Licht umsonst brrennen?«

Mitrofan drehte sich eine Zigarette, der Bäcker räumte die Löffel weg, und er stand vom Tisch auf, mit dem Rücken zur Lampe, bekreuzigte sich hastig dreimal, verbeugte sich schwungvoll gegen die dunkle Ecke der Laubhütte, schüttelte seine strähnigen, geraden Haare zurück und flüsterte mit erhobenem Gesicht ein Gebet. Sein großer Schatten fiel auf irgendwelche Bretterkisten und brach sich dort, aber er selbst erschien Kusma noch kleiner als zuvor. Kusma mußte daran denken, als er damals bei der Einberufung gewesen war: Es waren fünfhundert Mann aufgeboten worden, insgesamt hundertzwanzig wurden benötigt, er hatte die Nummer vierhundertzweiundneunzig – und trotzdem wäre auch er noch fast an die Reihe gekommen, sich auszuziehen, so viele von diesen nackten Halbwüchsigen, die mit ihren peitschendünnen Armen und den großen, prallen Bäuchen aussahen wie nackte Spatzen, wurden ausgemustert. Akim bekreuzigte sich wieder hastig und verneigte sich wieder schwungvoll – und Kusma warf ihm nun einen haßerfüllten Blick zu. Sieh da, Akim betete – aber wehe, wenn man ihn fragen würde, ob er an Gott glaubt! Ihm würden die Habichtsaugen aus dem Kopf fallen! Er meint schließlich, niemand auf der Welt würde so glauben wie er. Er ist bis in die Tiefe seiner Seele davon überzeugt, man müsse, um Gott gefällig zu sein und von den Menschen nicht verurteilt zu werden, strengstens und bis ins kleinste all das erfüllen, was in be- zug auf Kirche, Fasten, Feiertage und gute Taten vorge- schrieben ist, man müsse zur Rettung der Seele – und nicht aus Herzensgüte, natürlich! – diese Dinge strikt befolgen – Kerzen aufstellen, während der Fasten Fisch mit einem Stückchen Butter essen, die Feiertage begehen – und den Popen mit Piroggen und Hühnerfleisch verwöhnen ... Und alle sind fest überzeugt, daß Akim ein tiefgläubiger Mensch ist, auch wenn dieser Akim sein Leben lang nie darüber nachgedacht hat, was das ist, sein Gott, ebenso wie er nie über den Himmel oder die Erde, über Geburt oder Tod nachgedacht hat ... Was sollte er auch nachden- ken? Für ihn wurde nachgedacht! Er hat für alles Antwor- ten – ruhige, vor tausend Jahren vorbereitete Antworten. Er weiß schließlich: Im Himmel ist das Paradies, die Engel, die Gerechten, in der Hölle sind die Teufel und die Sünder, auf der Erde sind die Menschen, die ackern, bauen, han- deln, Geld verdienen, heiraten und das Leben genießen. Nicht alle natürlich, bei weitem nicht alle, aber was will man machen? Immerhin müssen die Leute danach streben – und wenn es soweit ist, wird Akim sein wahres Gesicht zeigen, dachte Kusma, als er, wie immer mit Verwunderung und Entsetzen, an die Pogrome dachte. Und das Geheimnis von Geburt und Tod – das berührt ihn nicht. Bei der Geburt muß man getauft werden, und zwar auf unsere Art, auf die russische Art, und nicht einfach irgendwie, türkisch oder französisch. Wenn man stirbt, muß man das heilige Abendmahl empfangen – sonst entgeht man der Hölle nicht – und am besten noch die Letzte Ölung. Das ist alles. Es gibt noch Insekten auf der Erde, Blumen, Pflanzen, Vögel, Tiere ... Aber Akim wird sich nicht herablassen, über Blumen und Insekten nachzudenken – er wird sie einfach zerquetschen. Pflanzen nimmt er nur zur Kenntnis, wenn sie Früchte und Beeren bringen oder als Futter benötigt werden. Vögel fliegen umher und singen – und es ist höchst aufmerksam, die eßbaren als Nahrung abzuschießen und die anderen zum Spaß. Die wilden Tiere muß man sämtlich, bis zum letzten, ausrotten, und bei den anderen Tieren muß man unterscheiden: Die eigenen muß man ordentlich füttern und sich nutzbar machen, den fremden und den alten muß man die Augen ausstechen und die Beine brechen ...

»Und was interessiert es ihn«, überlegte Kusma wehmütig, »was interessiert es ihn, der nicht wirtschaftet, daß es eine Woche lang regnet, hagelt, donnert und wetterleuchtet ... daß die Blitze wohl jetzt gerade das tote bläuliche Gesichtchen in der dunklen, mit Fliegen übersäten Kate beleuchten, in der das blinde Mädchen schläft wie ein Stein ...«

Es schien ihm, als sei er schon vor einem Jahr aus der Stadt aufgebrochen, und er würde nie wieder hinkommen. Die feuchte Schirmmütze lag schwer auf dem Kopf, die in den schmutzigen Stiefeln eingezwängten Füße schmerzten. Das Gesicht war tagsüber vom Wind rauh geworden und brannte. Der Körper war zerschlagen vom Fuhrwerk, von der Unbequemlichkeit, von dem vergeblichen Drang, sich auszuruhen. Aber an Schlaf war noch nicht zu denken. Kusma erhob sich von der Bank und ging gegen den feuchten Wind zu dem Tor, das aufs Feld führte, zum Ödland eines seit langem nicht mehr benutzten Dorffriedhofs. Aus der Laubhütte fiel ein schwaches Licht in den Schlamm, doch kaum hatte Kusma sich abgewandt, blies Akim die Lampe aus, das Licht verschwand, und sofort wurde es Nacht. Das bläuliche Wetterleuchten blitzte greller und jäher, enthüllte den ganzen Himmel, die ganze Tiefe des Gartens bis hin zu den entferntesten Apfelbäumen, wo die Banja stand, und übergoß plötzlich wieder alles mit einer solchen Schwärze, daß sich der Kopf drehte. Wieder grollte irgendwo ein dumpfer, ferner Donner, und durch das Rauschen der Bäume und das tiefe Donnergrollen drang ein abgehacktes Jaulen und Bellen – das Gezänk der Hunde, die sich jenseits des Gartens an einer verendeten Kuh labten. Kusma blieb eine Weile stehen, bis er einen matten Lichtschimmer im Tor wahrnahm, trat dann hinaus auf den am Wall entlanglaufenden Weg, vorbei an rauschenden alten Linden und Ahornbäumen und ging langsam auf und ab. Auf die Schirmmütze, auf die Hände fielen wieder Regentropfen. Doch er wollte seine Gedanken zu Ende führen. Plötzlich riß die schwarze Finsternis wieder tief auf, Regentropfen glitzerten, und auf dem Ödland hob sich in dem geisterhaft blauen Licht die Gestalt eines nassen, dünnhalsigen Pferdes ab. Ein fahles, metallisch grünes Haferfeld erglomm hinter dem Ödland vor dem tintenschwarzen Hintergrund, das Pferd hob den Kopf – und Kusma schauderte. Das Pferd versank rasch in der Finsternis, aber – wem gehörte es? Warum war es nicht angekoppelt? Warum lief es unbeaufsichtigt herum? Kusma machte kehrt und ging zum Tor zurück. In dem Graben unterhalb des Walls, in den nassen Kletten und Brennesseln, knurrte oder schnarchte jemand. Stolpernd, die Arme ausgestreckt wie ein Blinder, näherte Kusma sich dem Graben.

»Wer ist da?« rief er.

Aber es war ein sinnlos betrunkenes, ein kräftiges, rasselndes Schnarchen. Ringsum lag alles in tiefem Schlaf. Das Wetterleuchten hatte allmählich nachgelassen, die schläfrigen, in der Dunkelheit nicht zu erkennenden Bäume rauschten in dem immer heftiger werdenden Regen dumpf und düster … Als Kusma sich schließlich bis zur Banja vorgetastet hatte, prasselte der Regen mit solcher Macht auf die Erde herunter, daß ihm wie in der Kindheit Schreckensgedanken an die Sintflut durch den Kopf schossen. Er riß ein Streichholz an, erblickte eine breite Pritsche neben dem kleinen Fenster, rollte seinen Tuchmantel zusammen und warf ihn auf das Kopfende. In der Dunkelheit kroch er auf die Pritsche, er streckte sich mit einem tiefen Seufzer aus, legte sich wie ein alter Mann auf den Rücken und schloß die müden Augen. Mein Gott, was für eine absurde, beschwerliche Reise!

Wie war er nur hierhergeraten? Im Herrenhaus war es jetzt ebenfalls dunkel, und das Wetterleuchten warf nur einen flüchtigen, verstohlenen Widerschein auf die Spiegel ... In der Laubhütte, bei strömendem Regen, schlief Akim. Hier in dieser Banja hatte man natürlich schon allerlei Teufel gesehen. Ob Akim wenigstens gebührend an den Teufel glaubte? Nein. Vor tausend Jahren hatte man daran geglaubt, Akim aber hatte nur mechanisch das Erbe angenommen. Doch obwohl er nicht daran glaubte, erzählte er im Brustton der Überzeugung, wie sein verstorbener Großvater – der Großvater mußte es sein, und verstorben mußte er auch sein – einmal in der Getreidedarre Spreu holen wollte und da plötzlich der Teufel auf der Göpelstange saß, die Beine übereinander, zottig wie ein Hund ... Kusma stellte ein Knie hoch, legte die Hand auf die Stirn und schlummerte bedrückt seufzend ein ...

Den Sommer verbrachte er in der Hoffnung auf eine Anstellung. In jener Nacht im Kasakowschen Garten war ihm klargeworden, daß sein Traum, einen Garten zu pachten, töricht war. Bei der Rückkehr in die Stadt überdachte er seine Lage gründlich und begann, eine Anstellung zu suchen – als Handlungsdiener oder als Kontorist; dann war er zu allem bereit, wenn er nur ein Stück Brot hatte. Aber sein Suchen, seine Bemühungen und Bitten waren vergebens. Verzweiflung überkam ihn: Wie hatte er nicht erkennen können, daß seine Lage hoffnungslos war! In der Stadt galt er seit langem als großer Sonderling. Trunksucht und Müßiggang hatten ihn zum Gespött gemacht. Sein Leben hatte die Stadt zunächst verwundert und war ihr dann verdächtig erschienen. Und wahrhaftig: Wo gab es denn so etwas, daß ein Kleinbürger in seinem Alter in einer Herberge wohnte, unverheiratet, bettelarm wie ein Leierkastenmann, und seine gesamte Habe aus einer Truhe und einem schweren alten Schirm bestand? Und Kusma warf nun manchmal einen Blick in den Spiegel: Was war das eigentlich für ein Mensch vor ihm? Er übernachtete im Gemeinschaftsraum, unter lauter Fremden und Durchreisenden und schleppte sich morgens durch die Hitze zum Markt, in die Schenken, wo er etwas von Anstellungen zu hören hoffte; nach dem Essen schlief er, danach saß er am Fenster und las Kostomarow, blickte hinaus auf die staubige weiße Straße und den vor Hitze blaßblauen Himmel ... Für wen und für was lebte dieser breitschultrige, aber hagere und vor Hunger und strengem Nachdenken schon ergraute Kleinbürger, der sich als Anarchist bezeichnete und nicht vernünftig erklären konnte, was »Anarchist« bedeutete? Er saß da und las, seufzte, ging im Zimmer hin und her, ging in die Hocke und öffnete seine Truhe, packte die zerfledderten Büchlein und handschriftlichen Notizen, die zwei, drei verschossenen Stehkragenhemden, den alten langschößigen Gehrock, die Weste und den abgegriffenen Geburtsschein aus und sorgsam wieder ein ... Und ließ die Hände sinken. Wozu das alles? Welche Armseligkeit, Einsamkeit. Und was ihm noch bevorstand – allein der Gedanke daran war furchtbar. Tichon war kinderlos und reich, aber er würde nicht mal für die Beerdigung drei Kopeken geben.

Der Sommer zog sich endlos lange hin. Man hatte die Duma aufgelöst, aber das unterbrach die Eintönigkeit der heißen, langen Tage nicht. Man wartete auf den großen Aufstand auf dem Lande, aber niemand zuckte auch nur mit der Wimper, als rein gar nichts von Bedeutung passierte. Es gab neue, unvorstellbar grausame Gemetzel an den Juden, Tag für Tag Hinrichtungen, Erschießungen, doch die Stadt interessierte sich nicht einmal mehr dafür. Im Kreis, auf den Gutshöfen fürchtete man sich, besonders seit jenem berüchtigten Tag, an dem die Bauern sich wegen einer »Verfügung« erhoben hatten. Aber was interessiert sich die Stadt für den Kreis? Man hatte eine weitere Hundertschaft Kosaken geschickt; man verfluchte sie einhellig, duldete sie aber. Die örtliche kleine Zeitung hatte man dreimal geschlossen und ihr dann endgültig den Garaus gemacht, den Verkauf der Zeitungen aus der Hauptstadt hatte man verboten. Auf den Plakaten stand wieder der Aufdruck: »Mit Erlaubnis der Obrigkeit, ausgeführt durch die hiesige Stadt«, und es gab wieder scheußliche Plakate: Ukrainer lockten mit einer Aufführung »des berühmten historischen Dramas *Taras Bulba*, der seinen eigenen Sohn ermordete«, mit »dem Auftritt der gesamten Truppe«, ukrainischen Tänzen, »prächtigen Kostümen« und »unentgeltlichen Geschenken« – eine Milchkuh und ein Teeservice »im Wert von fünfundsiebzig Rubeln«; Eilboten tauchten auf, Wahrsager, irgendwelche Gauner, die menschliche Häßlichkeit zur Schau stellten – Zwillinge, eine Frau mit Bart, ein junges Mädchen, das vierzehn Pud wog, ein »Wunder des 20. Jahrhunderts, ein lebendiges Ungeheuer aus dem Roten Meer«, das verendet in einer Blechwanne hinter einem Kattunvorhang lag … Die Soldaten erhoben ihr

Haupt und gingen auf Sauftouren, aus irgendeinem Grunde zum Bahnhof, wo sie randalierten und brüllten: »Die Offiziere sind eine Familie«, wo sie lauthals lachten, als sie die Forderungen nach Amnestie und Abschaffung der Todesstrafe lasen, und wo jeder meinte, etwas sehr Neues zu sagen, wenn er herausplatzte: »Sollen die Herren Revolutionäre doch zuerst mit dem Morden aufhören!« oder wenn er bewies, daß der Sozialismus nur töricht sei: »Gestatten Sie, was soll denn das bedeuten: Ihre Uhr ist meine Uhr, meine Frau ist Ihre Frau?«

»Verflucht sei der Tag meiner Geburt in diesem dreimal verfluchten Land«, sagte Kusma zuweilen, wenn er die Zeitung auf den Tisch schleuderte, die Augen schloß und die Zähne zusammenpreßte. »Man müßte in die ganze Welt hinausschreien: Kämpfe, wer an Gott glaubt!«

»Da kannst du aber lange schreien«, widersprach ihm jemand gelassen.

Er brachte das Gespräch auf die Ernte und die Dürre. Und Kusma verstummte: Die Ereignisse waren so grausam, daß es die menschliche Aufnahmefähigkeit überstieg.

Im Kreis gab es hin und wieder Regenschauer, aber in der Stadt herrschte von Mai bis August tagtäglich eine höllische Trockenheit. Das Eckhaus der Herberge briet in der Sonne. In der drückenden Hitze bei Nacht hämmerte ihm das Blut im Kopf, und jeder Laut vor den geöffneten Fenstern weckte ihn. Auf dem Heuboden schlafen konnte er auch nicht wegen der Flöhe, des Hahnengeschreis und des Mistgestanks vom Hof her. Zudem durfte man nicht rauchen: Der Wirt war dick, schwach und nervös wie ein altes Weib ... Den ganzen Sommer über gab er die Hoffnung nicht auf, nach Woronesch zu fahren. Ach, warum nur hatte er die Tage der Jugend nicht zu schätzen gewußt! Könnte er doch von einem Zug bis zum nächsten durch die Woronescher Straßen streifen, die vertrauten Pappeln anschauen, das himmelblaue kleine Haus außerhalb der Stadt ... Aber wozu? Zehn oder fünfzehn Rubel ausgeben, um danach auf Kerzen oder Brötchen verzichten zu müssen? Außerdem war es eine Schande für einen alten Mann, sich Liebeserinnerungen hinzugeben. Und was Klascha anging, war sie überhaupt noch seine Tochter? Vor zwei Jahren hatte er sie das letzte Mal gesehen: Sie hatte am Fenster gesessen, Spitze geklöppelt, ein liebes, bescheidenes Gesicht, das aber nur der Mutter glich ... Was würde er zu ihr sagen, falls er es überhaupt wagen würde, sie zu besuchen? Mit welchen Augen würde sie den alten Iwan Semjonytsch ansehen? ... Die Zeit verstrich unerträglich trist. Nicht einmal Zugereiste gab es. Im ganzen Juli stieg nur ein junger Diakon ab, verschroben wie ein Seminarist. Er bekam Besuch von einem Verwandten, der aber unverrichteter Dinge wieder abreiste: Der Diakon war auf dem Markt, und er hatte seinen Familiennamen, Krasnobajew, auf lateinisch Benediktow, an die Tafel geschrieben ...

Zum Herbst war Kusma überzeugt, er müsse entweder unbedingt heilige Stätten, ein Kloster etwa, aufsuchen oder aber auf alles pfeifen und wieder mit dem Trinken anfangen, wie jemandem zum Trotz. Eines Tages öffnete er seine Truhe, stieß darin auf Tolstojs *Beichte*, schlug sie auf und las eine Bemerkung mit Bleistift, die er einmal in betrunkenem Kopf gemacht hatte, als er noch bei Kassatkin arbeitete: »Man kann nicht alle vom Wodka entwöhnen.« Noch vor zwei Monaten hätte er nur die Stirn gerunzelt – eine alberne Bemerkung! –, jetzt aber schmunzelte er und dachte: »Vielleicht sollte man alles zum Teufel jagen, alle Brücken hinter sich abbrechen und sich mit einem Rasiermesser die Kehle durchschneiden?«

Der Herbst brach an. Schon duftete es auf dem Markt nach Äpfeln und Pflaumen. Die Gymnasiasten trafen ein. Die Pferderennen begannen. Die Sonne ging bereits hinter dem Schtschepnaja-Platz unter. Wenn man abends durchs Tor kam und die Kreuzung überquerte, blendete sie einen: Zur Linken war die ganze Straße, die in der Ferne in den Platz mündete, übergossen von ihrem niedrigen, eintönigen Glanz. Die Gärten hinter den Zäunen waren voller Staub und Spinnweben. Polosow kam ihm entgegen – er trug einen Kragenmantel, aber den Hut hatte bereits eine Schirmmütze mit Kokarde abgelöst. Im Stadtgarten keine Menschenseele. Die Orchestermuschel war vernagelt, vernagelt war der Kiosk, wo im Sommer Kumys und Limonade verkauft wurden, das hölzerne Stehbuffet. Und einmal, als er neben dieser Orchestermuschel saß, überkam Kusma eine solche Schwermut, daß er ernsthaft an Selbstmord dachte. Die Sonne ging unter, ihr Licht war rötlich, feines rosa Laub wirbelte durch die Allee, es blies ein kalter Wind. In der Kathedrale wurde zum Abendgottesdienst geläutet, und bei diesem gemessenen, tiefen Geläut, ländlich, samstäglich, schmerzte seine Seele unerträglich. Plötzlich war bei der

Orchestermuschel ein Husten und Ächzen zu vernehmen ... »Motka«, dachte Kusma. Und wirklich: Motja Entenkopf kam hinter der Treppe zum Vorschein. Er trug rote Soldatenstiefel, einen sehr langen Gymnasiastenrock, mit Mehl bestäubt – offenbar hatte der Markt sich amüsiert –, und einen Strohhut, der schon häufig unter die Wagenräder geraten war. Mit geschlossenen Augen, ausspuckend und im Rausch schwankend, ging er vorbei und bat nicht einmal um eine Zigarette. Kusma hielt die Tränen zurück und rief ihm zu:

»Motja! Komm her, laß uns ein bißchen plaudern und rauchen ...«

Motka kehrte um, setzte sich auf die Bank und drehte sich, mit den Augenbrauen zuckend, träge eine Zigarette, hatte aber anscheinend keine rechte Vorstellung davon, wer da neben ihm saß und über sein Schicksal klagte ...

Und am anderen Tag überbrachte eben dieser Motka Kusma eine Nachricht von Tichon. Die Schlinge, die sich beinahe schon wieder um Kusma zusammengezogen hätte, war mit einem Mal gerissen.

Ende September zog er nach Durnowka um.

III

Das Gut bei Durnowka war eigentlich ein Vorwerk. Früher hatte es auch so geheißen – das Vorwerk. Die Durnowos besaßen mehrere Güter und lebten auf ihrem wichtigsten Gut an der Suscha. Afanassi Nilytsch, derjenige, der den Zigeuner zu Tode gehetzt hatte, kam nur noch hin und wieder nach Durnowka, auf dem Weg von der Jagd. Nila Afanassjewitsch, der Adelsmarschall, hatte mit Vorwerken nichts im Sinn: Er gab sein Leben lang Essen und trank Xeres im Klub, er war berühmt für seine Fülle, seinen Appetit, sein klangvolles Flüstern – er hatte eine silberne Kehle –, seine Freigiebigkeit, seine Witze und seine Zerstreutheit. Auch sein Sohn, ein Ulan, der den Namen des Großvaters trug, war nur selten zu Besuch. Der Ulan hielt sich noch für einen großen Gutsbesitzer. Als er den Dienst quittierte, beschloß er, Millionen zu verdienen und zu zeigen, wie man Landwirtschaft betreiben muß. Doch der Ulan hielt sich nicht gerne auf den Feldern auf, und seine Leidenschaft für Einkäufe – er kaufte beinahe alles, was ihm unter die Augen kam – war ebenso sein Untergang, wie die Reisen nach Moskau und seine Leidenschaft für die Frauen ... Seinem Sohn, der das Lyzeum abgebrochen hatte, blieben nur mehr zwei Vorwerke – Lauchino und Durnowka. Und der Lyzeist ruinierte sie dermaßen, daß im letzten Jahr seines Aufenthalts in Durnowka eine alte Küchenfrau das Gut bewachte, die im Waschbärenpelz und mit einer Klapper nachts die Runde machte ... »Was soll's«, dachte Kusma, der von Tichons Vorschlag zu Tränen gerührt war und seine Freude darüber in

seinem Innersten verbarg. »Ein Vorwerk eben! Es ist doch
gut so: Wenigstens richtige Einöde, wie bei den Tataren!«

Irgendwann einmal hatte Ilja Mironow ungefähr zwei
Jahre in Durnowka gelebt. Kusma war zu der Zeit noch
ein kleines Kind, und er konnte sich nur an die dunkelgrü-
nen, duftenden Hanffelder erinnern, in denen Durnowka
versank, und an eine dunkle Sommernacht: Kein einziges
Licht brannte im Dorf, und an ihrer Kate vorbei zogen mit
im Dunkeln weiß schimmernden Hemden »neun Mädchen, neun Frauen, die zehnte eine Witfrau«, alle barfuß
und ohne Kopfbedeckung, mit Besen, Knüppeln und Heugabeln, es herrschte ein ohrenbetäubendes Geklapper von
Ofenklappen und Pfannen, übertönt von wildem Chorge-
sang: Die Witwe zog einen Hakenpflug, neben ihr ging ein
Mädchen mit einer großen Ikone, die anderen klirrten und
klapperten, und wenn die Witwe mit tiefer Stimme anhob

> Kuhtod, du,
> Laß unser Dorf in Ruh!,

sang der Chor gedehnt, wie ein Trauerlied, die zweite
Stimme:

> Wir pflügen um und um ...,

um dann schwermütig, mit schrillen Kehllauten einzufal-
len:

> Mit Weihrauch, mit dem Kreuz ...

Jetzt sahen die Felder von Durnowka ganz alltäglich aus.
Die Hanffelder waren verschwunden, und ohnedies hatte
der Herbst Felder, Gärten und Hinterhöfe entblößt.

Kusma war munter und leicht angeheitert auf dem Heimweg von Worgol: Tichon Iljitsch hatte ihm zum Mittagessen Fruchtlikör angeboten, und Nastassja Petrowna hatte nach dem Essen zum Tee zwei Sorten Konfitüre aufgetischt; Tichon Iljitsch war an diesem Tag ausgesprochen gutmütig, erinnerte sich an die Jugend, die Kindheit – wie sie kleine Topfkuchen aus Buchweizenmehl gegessen hatten, wie sie über »Hundepistole« gespottet und bei Belkin gelernt hatten –, er nannte seine Frau »Tantchen« und machte sich lustig über ihre seelenrettenden Reisen zur Nonne Polukarpija, sagte hinsichtlich Kusmas Gehalt: »Wir einigen uns schon, Brüderchen, wir einigen uns schon – ich werde dich nicht übervorteilen ...« und ließ sich noch kurz über die Revolution aus: »Vögel, die zu früh singen, holt am Abend die Katze!« Kusma ritt auf einem braunen Wallach, und ringsum erstreckte sich ein Meer trockener, brauner Äcker. Die fast sommerliche Sonne, die durchsichtige Luft, der blaßblaue, klare Himmel – das alles war erfreulich und versprach eine ruhige Zeit. Die Hakenpflüge hatten so viel von dem silbriggrauen, knorrigen Wermut herausgerissen, daß man ihn mit Leiterwagen wegbrachte. Vor dem Gut standen auf einem Acker ein kleines Pferd mit Kletten am Rist und ein hoch mit Wermut beladener Leiterwagen, daneben lag Jakow, barfuß, in staubbedeckten, kurzen Hosen und einem langen Hemd aus Hanfleinen, hielt einen großen grauen Hund am Ohr gepackt und drückte ihn mit der Seite zu Boden. Der Hund knurrte und blickte schräg von der Seite her auf.

»Beißt er?« rief Kusma.

»Und wie – kaum zu bändigen!« entgegnete Jakow hastig und hob seinen schiefen Bart. »Springt den Pferden ans Maul …«

Kusma fing vergnügt an zu lachen. Bauer bleibt Bauer, Steppe bleibt Steppe!

Der Weg führte einen Hang hinunter, der Horizont wurde enger. Weiter vorne leuchtete grün das neue Eisendach der Getreidedarre, die in dem niedrigen Dickicht des Gartens versank. Jenseits des Gartens, auf dem gegenüberliegenden Hang, stand eine lange Reihe strohgedeckter Katen, gebaut mit Ziegeln aus getretenem Lehm. Rechter Hand, jenseits des Ackerlands, erstreckte sich eine große Schlucht, die in diejenige mündete, die das Gut vom Dorf trennte. Dort, wo die beiden Schluchten zusammentrafen, glitzerte ein Teich in der Sonne, und auf der Landspitze dazwischen ragten die Flügel zweier Windmühlen auf, umgeben von mehreren Einhöfer-Katen – die Spitzbauern, wie Oska sie nannte –, und auf dem Weideplatz leuchtete die weiß gekalkte Schule.

»Und – lernen die Kinderchen?« fragte Kusma.

»Unbedingt«, sagte Oska. »Ihr Schüler ist ein ganz verwegener Kerl!«

»Wieso Schüler? Doch wohl der Lehrer?«

»Na dann eben der Lehrer, ist doch egal. Jedenfalls hat er ihnen Disziplin beigebracht. Ein Soldat eben. Prügelt, was das Zeug hält, aber dafür stehen sie auch alle stramm! Einmal kamen wir mit Tichon Iljitsch angefahren – und sofort springen alle auf wie ein Mann und brüllen: ›Gesundheit zu wünschen!‹ – da könnten sich manche Soldaten eine Scheibe abschneiden!«

Wieder fing Kusma an zu lachen.

Als sie über die Tenne und über den glattgetrampelten Weg am Kirschgarten entlangrollten und nach links abbogen, auf den langen Hof, der getrocknet war und in der Sonne golden glänzte, fing sein Herz an zu pochen: Endlich war er zu Hause. Kusma stieg die Vortreppe empor, schritt über die Schwelle, seufzte und bekreuzigte sich und verneigte sich tief vor der dunklen Ikone in der Ecke des Vorzimmers …

Und lange hatte er keine Zeit, darüber nachzudenken, ob das russische Volk eine Zukunft hatte oder nicht. Er durchstreifte das Gut, ging ins Dorf, saß stundenlang auf den Schwellen der Katen, auf den Tennen, beobachtete die Durnower eingehend, genoß es, die saubere Luft atmen und mit den neuen Nachbarn plaudern zu können.

Dem Haus gegenüber, mit dem Rücken zu Durnowka und zu der breiten Schlucht, standen die Speicher. Von der Vortreppe aus war die Hälfte des Dorfes zu sehen, hinter den Speichern der Teich und ein Teil der Landspitze: eine Windmühle und die Schule. Die Sonne ging linker Hand auf, hinter den Feldern und der Eisenbahn am Horizont. Am Morgen glänzte der Teich im hellen, kühlen Dunst, und aus dem Garten hinter dem Haus duftete es nach den roten und schwarzen Blättern, nach Apfelbäumen, Unkraut und Tau. Die Zimmer waren klein und leer. In dem mit alten Noten tapezierten Kabinett war Roggen verstreut, im »Saal« und im »Salon« standen nur einige Wiener Stühle mit zerrissener Sitzfläche und ein großer Ausziehtisch. Der Salon hatte einen Blick in den Garten, und fast den ganzen Herbst über schlief Kusma hier auf einem durchgelegenen Diwan bei geöffneten Fenstern. Der Fußboden wurde nie gekehrt. Als Köchin war eine Zeitlang die Witwe eines Einhöfers bei ihnen, die ehemalige Geliebte des jungen Durnowo, die nach ihren eigenen Kindern sehen und für sich selbst sowie für Kusma und den Knecht das Essen zubereiten mußte. Kusma selbst stellte am Morgen den Samowar an, saß dann am Fenster im Salon und trank Tee mit Äpfeln dazu. Im morgendlichen Glanz, hinter dem hellen Dunst über dem Ackerland, fuhr jeden Tag in der Frühe der Zug vorbei – und rosa Rauchschwaden liefen über ihm rückwärts davon. Kräftig dampften die Dächer des Dorfes. Der Garten duftete frisch, auf den Speichern lag silbriger Rauhreif. Am Mittag stand die Sonne über dem Dorf, auf dem Hof war es heiß, rot glühten Ahorn und Linden im Garten, ließen leise ihr Laub fallen, und die Weite und die durchsichtige, trockene Luft der Felder waren erfüllt von Ruhe und Frieden. Die Tauben wärmten sich in der Sonne und schliefen den ganzen Tag über auf der Schräge des Küchendachs, dessen frisches Stroh sich gelb schimmernd vor dem klaren blauen Himmel abhob. Der Knecht ruhte sich nach dem Mittagessen aus. Die Einhöferin ging nach Hause. Und Kusma streifte umher. Er ging zur Tenne, freute sich über die Sonne und den festen Weg, über das verdorrte Unkraut und den schon bräunlich verfärbten zurückgekrümmten Fuchsschwanz, über die hübsche späte Blüte einer blauen Zichorie und den sachte durch die Luft schwebenden Flaum der Kratzdi-

stel. Die Ackerfelder glänzten in der Sonne vor hauch-
dünnen, seidigen Netzen aus Spinnweben, die sie uner-
meßlich weit überzogen. Im Gemüsegarten saßen Stieglitze auf den trockenen Kletten.

Auf der Tenne, in der tiefen Stille, zirpten die Gras-
hüpfer hingebungsvoll in der prallen Sonne ... Von der
Tenne aus stieg Kusma über den Wall und kehrte durch
den Garten und das Tannenwäldchen zum Gutshaus zurück. Im Garten plauderte er mit den Kleinbürgern, mit
den Pächtern, mit der Jungen und der Ziege, die Fallobst
sammelten, und kletterte mit ihnen in das Dickicht der
Brennesseln, wo das reifste Obst lag. Von Zeit zu Zeit
wanderte er auch ins Dorf, in die Schule ... Er sah frischer
aus, von der Sonne gebräunt, fühlte sich beinahe glücklich.

Die Ziege erstaunte ihn mit ihrer Gesundheit, ihrem
fröhlichen Stumpfsinn, ihren verständnislos glänzenden
ägyptischen Augen. Die Junge war schön und seltsam. In
seiner Gegenwart, wie schon in Tichons Gegenwart,
schwieg sie, er bekam kein Wort aus ihr heraus, aber
kaum ging er weg, fing sie schrill an zu lachen, mit den
Kleinbürgern zu schwatzen und zu singen:

> Soll'n sie mich schlagen, soll'n sie schimpfen,
> Meine Äuglein blinzeln doch ...

Der Soldat, der als Lehrer amtete, war von Natur aus
dumm, und der Dienst hatte ihn vollends aus dem
Gleichgewicht gebracht. Dem Aussehen nach war er ein
ganz gewöhnlicher Bauer von knapp vierzig Jahren.
Doch er redete immer so ungewöhnlich und einen solchen Blödsinn, daß man nur mit den Schultern zucken

konnte. Er zeigte stets ein überaus durchtriebenes Grinsen, blickte seine Gesprächspartner mit zusammengekniffenen Augen herablassend an und beantwortete Fragen niemals sofort.

»Wie soll ich dich denn nennen?« fragte Kusma ihn, als er das erste Mal in die Schule kam.

Der Soldat blinzelte und überlegte.

»Ohne Name ist auch das Schaf ein Hammel«, sagte er schließlich bedächtig. »Aber ich werde Sie auch etwas fragen: Adam – ist das ein Vorname oder nicht?«

»Ja, das ist ein Vorname.«

»Also. Und wie viele Menschen sind zum Beispiel seither gestorben?«

»Weiß ich nicht«, sagte Kusma. »Wieso fragst du?«

»Weil wir das nämlich von klein auf nicht verstehen. Nehmen wir einen Aufwiegler. Du machst einen Aufstand? Mach nur, mein Lieber, vielleicht wirst du damit Feldmarschall! Bloß zieht man dir im besten Falle zur Exekution die Hosen aus. Du bist Bauer? Dann pflüge. Böttcher? Dann mach deine Sache. Ich zum Beispiel bin Soldat und Pferdedoktor. Kürzlich geh ich über den Jahrmarkt, und da steht ein Pferd mit Rotzkrankheit. Ich sofort zum Landkommissar: ›So und so, Euer Hochwohlgeboren.‹ ›Kannst du das Pferd mit einer Feder abstechen?‹ ›Mit großem Vergnügen!‹«

»Was für eine Feder?« fragte Kusma.

»Eine Gänsefeder. Ich hab sie genommen, angespitzt, ins Rückenmark gepiekst, ein bißchen reingeblasen, also in die Feder – und fertig. Eigentlich ganz einfach, aber da muß man erst mal drauf kommen!«

Der Soldat blinzelte durchtrieben und klopfte sich mit dem Finger an die Stirn:

»Köpfchen muß man haben.«

Kusma zuckte die Achseln und schwieg. Und erst als er bei der Einhöferin vorbeiging, erfuhr er von ihrem Senka, wie der Soldat hieß – Parmen.

»Und was habt ihr als Hausaufgabe für morgen?« erkundigte sich Kusma und betrachtete neugierig Senkas feuerroten Schopf und seine grünen Augen, das sommersprossige Gesicht, den schmächtigen kleinen Körper und die schmutzigen, rissigen Hände und Füße.

»Rechnen und ein Gedicht«, sagte Senka, der mit der rechten Hand sein Bein hielt und auf der Stelle hüpfte.

»Was müßt ihr denn rechnen?«

»Gänse zählen. Ein Schwarm Gänse fliegt ...«

»Das kenne ich«, sagte Kusma. »Und was noch?«

»Mäuse ...«

»Auch zählen?«

»Ja. Sechs Mäuse gehen spazieren, jede Maus trägt sechs Groschen«, murmelte Senka rasch und schielte auf Kusmas silberne Uhrkette. »Die eine Maus kann schlecht tragen und hat bloß zwei Groschen ... Wieviel sind das zusammen ...«

»Großartig. Und was für ein Gedicht?«

Senka ließ sein Bein wieder los.

»Das Gedicht heißt – *Wer ist er?*«

»Kannst du es auswendig?«

»Ja ...«

»Na, laß hören.«

Senka murmelte noch schneller, von einem Reiter in den Wäldern der Newa, und da gab es nur

Tannen und Kiefern und Moosflächen grau ...

»Moosflechten«, sagte Kusma, »nicht Moosflächen.«

»Von mir aus«, willigte Senka ein.

»Und wer ist dieser Reiter?«

Senka überlegte.

»Na, ein Zauberer«, sagte er.

»Ach so. Na, sag deiner Mutter, daß sie dir wenigstens die Haare an den Schläfen abschneidet. Ist doch schlimm, wenn der Lehrer dran zieht.«

»Dann zieht er an den Ohren«, sagte Senka unbekümmert, packte wieder sein Bein und sprang über den Weideplatz.

Das Dorf auf der Landspitze und Durnowka lebten, wie das immer ist, wenn Dörfer aneinandergrenzen, in ständiger Feindschaft und gegenseitiger Verachtung. Die Spitzbauern hielten die Durnower Bauern – und die Durnower ihrerseits die Spitzbauern – für Verbrecher und Bettler. Durnowka war das »herrschaftliche« Dorf, und auf der Landspitze wohnten die »Bauerntrampel«, die Einhöfer, vielmehr die übriggebliebenen Einhöfer, diejenigen, die nicht ins Gouvernement Tomsk übersiedelt waren. Nicht betroffen von der Feindschaft und dem Zwist war nur die Einhöferin. Sie war eine kleine, magere, saubere Frau, lebhaft, ausgeglichen und angenehm im Umgang, der nichts entging. Sie kannte jede Familie auf der Landspitze und in Durnowo wie ihre eigene und war immer die erste, die das Gut von jedem noch so kleinen dörflichen

Ereignis in Kenntnis setzte. Und auch über ihr Leben wußten alle bestens Bescheid. Niemals und niemandem gegenüber verheimlichte sie irgend etwas, sie erzählte schlicht und gelassen über ihren Mann, über Durnowo und darüber, wie sie zur Kupplerin wurde, als er weggegangen war.

»Was sollte ich machen?« sagte sie mit einem leichten Seufzer. »Wir waren bitterarm, hatten nicht mal Getreide für die neue Saat. Mein Mann hat mich geliebt, das muß ich sagen, aber man schickt sich drein. Drei ganze Fuhren Roggen wollte der Herr für mich geben. ›Was soll ich nur machen?‹ habe ich zu meinem Mann gesagt. ›Na, geh halt‹, hat er gesagt. Dann hat er den Roggen geholt, Maß für Maß geschleppt, und dabei liefen ihm die Tränen runter …«

Sie überlegte und schmunzelte dann:

»Na und später, als der Herr weg war und mein Mann nach Rostow gegangen ist, hab ich angefangen, die Leute zu verkuppeln, wie es sich gerade ergab … Wüstlinge seid ihr, Gott verzeih mir!«

Tagsüber arbeitete sie unermüdlich, nachts stopfte und nähte sie und stahl Schutzplatten von der Eisenbahn. Einmal, als Kusma spätabends zu Tichon Iljitsch unterwegs war und den Abhang hinauffuhr, erstarrte er vor Schreck: Über das in Finsternis versunkene Ackerland, vor dem schwach glimmenden Streifen des Sonnenuntergangs, kam schwebend und immer größer werdend etwas Schwarzes, Gewaltiges auf ihn zu …

»Wer ist da?« rief er unsicher und zog die Zügel an.

»Oh!« rief unsicher und erschrocken auch das, was da so schnell und schwebend am Himmel immer größer geworden war, und zerfiel polternd.

Kusma fing sich – und erkannte sofort die Einhöferin in der Dunkelheit. Sie war es, die auf ihren flinken, nackten Füßen auf ihn zugelaufen war, gebückt und mit zwei klaftergroßen Platten beladen, wie man sie im Winter entlang der Eisenbahn aufstellt, damit die Geleise nicht verwehten. Als sie sich wieder gefaßt hatte, flüsterte sie mit leisem Lachen:

»Sie haben mich zu Tode erschreckt. Wenn man nachts herumläuft, zittert man am ganzen Körper, aber was soll man machen? Das ganze Dorf heizt damit, unsere einzige Rettung …«

Dafür war der Knecht Koschel ein vollkommen uninteressanter Mensch. Man konnte sich mit ihm über nichts unterhalten, zudem war er kein gesprächiger Mann. Wie die meisten in Durnowo wiederholte er ein ums andere Mal nur altbekannte, simple Sprüche und bekräftigte das, was längst alle wußten. Wurde das Wetter schlecht, blickte er zum Himmel:

»Das Wetter wird schlecht. Nachts Regen, Tages Sonne füllet Scheuer, Sack und Tonne.«

Pflügte man einen Acker zweimal, bemerkte er:

»Den Acker bauen ohn' Verdruß, gewähret Brot im Überfluß. Das haben schon die Alten immer gesagt.«

Er hatte seinerzeit gedient, war im Kaukasus gewesen, doch der Militärdienst hatte keinerlei Spuren bei ihm hinterlassen. Er konnte nicht einmal das Wort »Hakenpflug« aussprechen, sagte immer »Hakenzug«. Über den Kaukasus konnte er rein gar nichts erzählen, außer daß dort ein Berg neben.dem anderen steht und furchtbar heißes, merkwürdiges Wasser aus der Erde sprudelt: »Wenn man Hammelfleisch reinlegt, ist es in einer Minute gar, aber wenn man es nicht rechtzeitig rausnimmt, ist es wieder roh.« Er war ganz und gar nicht stolz darauf, daß er die Welt gesehen hatte, zeigte sogar Geringschätzung gegenüber Menschen, die viel herumgekommen waren – »sich herumtreiben«, das machte man schließlich nur gezwungenermaßen oder aus Armut. Gerüchten schenkte er niemals Glauben – »Die lügen doch alle!« –, aber er glaubte, er schwor bei Gott, daß das Wagenrad, das kürzlich bei Bassowka durch die Dämmerung gerollt war, eine Hexe war, und ein Bauer, nicht dumm, habe das Rad gefangen, seinen Gürtel durch den Nabenring gesteckt und sie zusammengebunden.

»Ja und dann?« fragte Kusma.

»Was dann?« erwiderte Koschel. »Morgens früh wacht die Hexe auf, und da guckt ihr der Gürtel aus dem Mund und aus dem Hinterteil, und am Bauch ist er zusammengebunden …«

»Und warum hat sie ihn nicht losgebunden?«

»Ist doch klar, weil der Bauer beim Binden ein Kreuz drüber geschlagen hat.«

»Schämst du dich nicht, solchen Unsinn zu glauben?«

»Warum soll ich mich schämen? Wenn's nicht wahr ist, ist es gut erfunden.«

Kusma hörte ihn nur gerne singen. Wenn er in der Dunkelheit am offenen Fenster saß, nirgends ein Licht war und sich das Dorf jenseits der Schlucht nur als dunkler Schatten abhob, wenn es so still war, daß man hörte, wie von dem wilden Apfelbaum hinter dem Haus die Äpfel abfielen, ging Koschel langsam mit der Klapper über den Hof und sang wehmütig-friedlich im Falsett vor sich hin: »Schweig still, Kanarienvögelchen« ... Bis zum Morgen bewachte er das Gut, tagsüber schlief er – es gab fast nichts zu tun: Tichon Iljitsch hatte sich in diesem Jahr frühzeitig bemüht, die Angelegenheiten zu regeln, vom Vieh waren nur noch ein Pferd und eine Kuh übriggeblieben. Und auf dem Gut war es still, sogar ein wenig langweilig.

Die klaren Tage wurden von kalten, bläulich grauen, dumpfen Tagen abgelöst. Stieglitze und Meisen zwitscherten im kahlen Garten, Kreuzschnäbel schimpften in den Tannen, Winterdrosseln kamen und Dompfaffen, und irgendwelche bedächtigen, winzigen Vögelchen flogen auf der Tenne, durch deren Unterboden schon sattgrüne Keime sprossen, in Schwärmen von einem Platz zum anderen; manchmal saß solch ein stilles, graziles Vögelchen einsam irgendwo auf einem Grashalm im Feld ... In den Gemüsegärten zwischen den Getreidedarren hinter Durnowka wurden die letzten Kartoffeln ausgegraben. Und bisweilen stand gegen Abend einer der Bauern eine Zeitlang da und blickte gedankenverloren aufs Feld, einen Flechtkorb mit Ähren auf den Schultern. Es wurde allmählich früh dunkel, und auf dem Gut sagte man: »Wie spät der Zug jetzt immer kommt!«, obwohl sich der Fahrplan kein bißchen geändert hatte. Kusma saß am Fenster und las den ganzen Tag Zeitungen, er machte Aufzeichnungen von seiner Frühjahrsreise nach Kasakowo und den Gesprächen mit Akim und notierte in einem alten Rechnungsführungsbuch, was er im Dorf gesehen und gehört hatte ... Am meisten beschäftigte ihn der Graue.

Im Dorf war es leer. Viele waren Klee holen gefahren. Trifon war zu Himmelfahrt gestorben, erstickt an einem Stück rohen Schinken, bei der ersten Mahlzeit nach den Fasten. Komar, einer der Hauptaufwiegler, der berühmt war für seine Stärke, seinen Verstand und seine Furchtlosigkeit im Umgang mit der Herrschaft und seit Anfang September in der Branntweinbrennerei bei Jelez gearbeitet hatte, war betrunken im Trockenraum eingeschlafen und erstickt. Man wußte nicht, daß er darin war, und hatte die Tür mit dem Riegel zugesperrt. Komar hatte den Riegel verbogen, als er zu entkommen versuchte, doch offenbar war es sein Schicksal, so zu sterben. Ein anderer Aufwiegler, Wanka Krasny, arbeitete wieder in einer Kohlengrube im Donbass. Schornik arbeitete auf einem Landgut, Rodka bei der Eisenbahn. Deniska war verschwunden. Und alle gaben vor, den Grauen zu bedauern, nutzten aber jede Gelegenheit, Vater und Sohn zu verspotten. Jakows Hände zitterten, wenn er über den Grauen sprach. Wie sollte es auch anders sein. Was hatte dieser Graue mit dem Boden gemacht, von dem Jakow gerne »mit vollen Händen gefressen hätte«! Niemand in ganz Durnowo hatte auch nur ein Hundertstel dessen durchgemacht, was Jakow durchgemacht hatte, als die Gerüchte über Aufstände, Brandstiftung und Landenteignung die Runde machten. Er hatte nur geschwiegen – aus jener erbitterten Verstocktheit und Verschlossenheit heraus, die Tausende seiner Vorfahren mit der Muttermilch eingesogen hatten. Es hätte ihm auch den Atem verschlagen, wenn er angefangen hätte zu reden. Jetzt, als die Gerüchte immer hoffnungsloser wurden, hatte er sich wegen des Bodens sogar mit seinem Sohn Waska vertragen. Sein Sohn war ein pockennarbiger, derber, stämmiger Bursche, der sich mit zwanzig Jahren einen derart üppigen, lockigen, drahtigen Bart hatte wachsen lassen, daß selbst eine Kneifzange kein einziges Haar hätte herauszupfen können. Der Sohn sah mit diesem Bart, dem kahlgeschorenen Kopf und dem roten Hemd aus wie ein Sträfling, während er seine Frau als Kleinbürgerin ausstaffiert hatte. Mit seiner Habgier schlug der Sohn dem Vater nach, und er handelte schon hier und da heimlich mit Wodka, Machorka, Seife und Petroleum. Also hatte Jakow sich mit seinem Sohn versöhnt, in der Hoffnung, mit seiner Hilfe genug Boden bekommen – reich werden und pachten – zu können. Warum aber versöhnte der Graue sich mit Deniska, der ihn nicht erst einmal im Stich gelassen hatte? Was erhoffte er sich davon, da er doch selbst ein Lotterleben führte wie der letzte Landstreicher? Sein Land hatte er verpachtet, es hielt ihn nicht lange an einem Fleck. Zu Hause hungerte und fror er, dachte aber nur darüber nach, wie er Geld für Tabak auftreiben könnte: Ohne Pfeife konnte er es keinen Tag aushalten. Er kam zu allen Versammlungen, tauchte aber immer erst gegen Schluß auf. Er ließ keine einzige Hochzeit aus, keine Taufe, keine Beerdigung, obwohl er sich immer nur an der Tür herumdrückte und nicht selten, wenn er dem Gastgeber, der den Gästen zu essen reichte, die Hand entgegenstreckte, nur übel beschimpft wurde. Auf

Wein war der Graue nicht erpicht, doch die Bewirtung bei Abschluß eines Handels fand nie ohne ihn statt: Er drängte sich nicht nur bei sämtlichen Angelegenheiten der Gemeinde, sondern auch bei denen unter Nachbarn – Kauf, Verkauf, Tausch – unter die Feiernden. Und die Nachbarn waren das schon so gewöhnt, daß sie sich nicht einmal mehr wunderten, wenn der Graue auftauchte. Außerdem war es unterhaltsam, ihm zuzuhören.

»Auch Worte können Berge versetzen«, sagte man von dem Grauen. Und es stimmte: Wenn er innerlich ruhig war – und das war immer dann, wenn sein Tabaksbeutel gefüllt war –, was für ein tüchtiger, ernsthafter Bauer schien der Graue dann zu sein!

»Jetzt muß der Sohn verheiratet werden«, überlegte er bedächtig, die Pfeife zwischen den Zähnen, Tabakkügelchen auf der Handfläche zerreibend. »Heiraten – jede Kopeke wird er ins Haus schleppen, auf Arbeit erpicht sein, wie ein Käfer im Mist ums Haus herum werkeln … Aber wir scheuen die Arbeit nicht, mein Bester! Immer her damit!«

Nur hatte der Graue fast nie Ruhe und Arbeit. Sein Äußeres rechtfertigte seinen Spitznamen: grauhaarig, hager, mittelgroß, herabhängende Schultern, ein Halbpelz – kurz, zerfetzt, schmuddlig, kaputte Filzstiefel, mit Seilstücken besohlt, von der Mütze ganz zu schweigen. Wenn er, ohne je die Mütze abzusetzen oder die Pfeife aus dem Mund zu nehmen, in der Kate saß und geschäftig über etwas nachdachte, machte er immer den Eindruck, als warte er auf etwas. Doch seiner Meinung nach hatte er scheußliches Pech. Ihm bot sich einfach nichts

Gescheites, das war alles! Und er hatte keine Lust, sich mit Kleinkram abzugeben. Natürlich legte es jeder darauf an, an ihm herumzukritteln …

»Ihr habt alle ein loses Maulwerk«, sagte der Graue. »Gebt mir erst was Anständiges zu tun, dann könnt ihr lästern.«

Er besaß ziemlich viel Land – drei Desjatinen. Doch Abgaben mußte er für zehn entrichten. Der Graue wollte nun das Land loswerden: »Man verpachtet es notgedrungen, das Land: Mütterchen, man muß es in Ordnung halten, aber wie soll das gehen!« Er selbst beackerte nicht mehr als ein halbes Feld, aber auch das verkaufte er noch auf dem Halm, »tauschte das Unangenehme gegen das Angenehme«. Und wieder hatte er eine vernünftige Begründung: Warte doch ab, versuch's mal! »Warten ist gewissermaßen immer besser …«, brummte Jakow und blickte mit einem boshaften Grinsen zur Seite. Doch auch der Graue grinste – bekümmert und verächtlich.

»Ja!« fauchte er. »Du hast gut reden: Dein Mädchen ist unter der Haube, dein Junge ist auch verheiratet. Aber sieh mich an – ein ganzer Haufen Kinder, und alle sitzen noch zu Hause. Sind schließlich meine eigenen. Eine Ziege halte ich für sie, ein Ferkel füttere ich … Die wollen schließlich auch was essen und was trinken.«

»Na, die Ziege kann ja gewissermaßen nichts dafür«, widersprach Jakow gereizt. »Das ist gewissermaßen, weil wir nichts anderes als Wodka und Tabak im Kopf haben …«

Um mit seinem Nachbarn nicht sinnlos zu streiten, suchte er eilig das Weite. Der Graue aber rief ihm seelenruhig und gewitzt hinterher:

»Der Säufer kommt nach dem Rausch wieder zu
Verstand, der Narr hat überhaupt keinen!«

Nachdem sein Bruder und er sich getrennt hatten,
war der Graue lange Zeit von Wohnung zu Wohnung gezogen, hatte in der Stadt und auf Landgütern zur Miete
gewohnt. Auch bei der Klee-Ernte hatte er gearbeitet.
Und mit dem Klee hatte er ausnahmsweise einmal Glück.
Die Gruppe, der der Graue sich angeschlossen hatte,
sollte eine große Partie herrichten, zu achtzig Kopeken
das Pud, aber der Klee ergab mehr als doppelt so viel.
Beim Abschütteln bot der Graue sich an, die Maschine zu
bedienen. Er gab Samenkörner in den Kleeabfall und
kaufte ihn auf. Und wurde reich damit: Im selben Herbst
baute er sich eine Ziegelkate. Aber er hatte sich verrech-
net: Die Kate mußte geheizt werden. Fragte sich nur, womit? Es reichte ja nicht mal, um sich zu ernähren. Also
mußte das Oberteil der Kate verfeuert werden, und die
Kate stand ein Jahr lang ohne Dach und wurde ganz
schwarz. Der Schornstein war für ein Kummet draufge-
gangen. Freilich hatte er noch kein Pferd; aber schließlich
mußte er langsam mit der Anschaffung beginnen … Und
der Graue ließ es bleiben: Er beschloß, die Kate zu verkaufen und eine billigere aus getretenem Lehm zu nehmen. Er hatte sich folgendes überlegt: In der Kate waren –
im ungünstigsten Fall – zehntausend Ziegel verbaut worden, für tausend bekam man fünf, manchmal auch sechs
Rubel; das wären also mehr als fünfzig Rubel, und dafür … Aber es waren nur dreieinhalbtausend Ziegel, für
den Tragbalken mußte er sich mit zweieinhalb Silberru-
beln anstatt fünf zufriedengeben … Lange erhob sich da,

wo die prächtige Kate gestanden hatte, ein nackter Haufen Schutt, der im Regen hart und fest geworden war. Um ihn abzutragen, fehlte das Werkzeug. Jakow belehrte ihn: »Man hätte gewissermaßen sofort darauf achten müssen, billiger zu bauen.« ... Zum Teufel, was billig ist, hält auch nicht lange, dachte der Graue. Eifrig suchte er nach einer neuen Kate, ein ganzes Jahr lang erkundigte er sich aber nur bei solchen nach dem Preis, die er sich bestimmt nicht würde leisten können. Mit der jetzigen Kate hatte er sich nur in der festen Hoffnung auf seine zukünftige – robuste, geräumige und warme – Kate abgefunden.

»Offen gestanden, die hier paßt mir gar nicht!« sagte er einmal barsch.

Jakow sah ihn aufmerksam an und zog an seiner Mütze:

»So so. Wartest wohl drauf, daß hier Schiffe angefahren kommen?«

»Die kommen schon«, erwiderte der Graue geheimnisvoll.

»Ach, hör doch auf mit dem Blödsinn«, sagte Jakow. »Sieh zu, daß du irgendwo Arbeit findest, und dann beiß dich gewissermaßen da fest ...«

Doch der Gedanke an einen guten Hof, an Ordnung und eine passende, richtige Arbeit vergällte dem Grauen das ganze Leben. Bei jeder Stelle paßte ihm etwas nicht.

»Na, die Arbeit ist wohl nicht das Gelbe vom Ei?« sagten die Nachbarn.

»Wär sie schon, aber der Hof taugt nichts!«

»Ach so. Verdingst du dich immer bloß monatsweise?«

»Sicher. Ich muß doch zu Hause nach dem Rechten sehen!«

»Aber zu Hause hockst du nur herum und rauchst?«

»Was denn – jetzt darf ich nicht mal mehr rauchen?«

Der Graue wurde plötzlich lebhaft, nahm seine kalte Pfeife aus dem Mund und fing an, seine Lieblingsgeschichte zu erzählen: Wie er als Junggeselle zwei ganze Jahre redlich und honorig bei einem Popen in der Nähe von Jelez gewesen war.

»Die würden mich auch heute noch mit Kußhand wieder nehmen!« rief er. »Ich bräuchte nur ein Wort zu sagen: Hier bin ich, Väterchen, ich will wieder bei euch arbeiten – könnt ihr mich gebrauchen oder nicht?« »Ja was fragst du denn so dumm? Als würde ich dich nicht kennen! Du lieber Gott, von mir aus kannst du ewig bleiben!«

»Also, ich würde ja gewissermaßen mal dahin gehen ...«

»Mal dahin gehen! Sonst noch was? Mit meinem Haufen Kinder? Aber das ist ja bekannt: Fremdes Leid trägt sich leicht ... Und hier kommt ein Mensch unter die Räder ...«

Unter die Räder gekommen war der Graue auch in diesem Jahr. Den ganzen Winter über hatte er mit sorgenvoller Miene zu Hause gesessen, ohne Feuer, in der Kälte, hungrig; zu den großen Fasten hatte er irgendwie Arbeit bei den Russanows in der Nähe von Tula gefunden. Bei seinen früheren Stellen nahm man ihn nicht mehr. Doch es war noch kein Monat vergangen, als er die Nase voll hatte vom Gut der Russanows.

»He, Bursche!« sagte der Verwalter eines Tages. »Ich

hab dich durchschaut: Bei nächster Gelegenheit willst du hier verschwinden. Ihr Hundesöhne kassiert einen Vorschuß, und dann schlagt ihr euch in die Büsche.«

»Ein Vagabund macht so was vielleicht, aber nicht wir«, fauchte der Graue.

Doch der Verwalter verstand die Anspielung nicht. Also mußte er deutlicher werden. Einmal sollte der Graue zum Abend Getreidespreu für das Vieh heranschaffen. Er fuhr auf die Tenne und begann, eine Fuhre Stroh aufzuladen. Der Verwalter kam herbei.

»Habe ich dir nicht deutlich gesagt, du sollst Spreu laden?«

»Dafür ist nicht die richtige Zeit«, erwiderte der Graue bestimmt.

»Und warum das?«

»Richtige Bauern geben am Mittag Spreu und nicht zur Nacht.«

»Willst du hier den Schulmeister spielen?«

»Ich will bloß das Vieh nicht quälen. Weiter nichts.«

»Und deshalb lädst du Stroh?«

»Alles zu seiner Zeit.«

»Du hörst sofort auf damit!«

Der Graue erblaßte.

»Ich laß doch die Arbeit nicht im Stich. Das geht nicht.«

»Her mit der Heugabel, du Hund, oder es passiert was!«

»Ich bin kein Hund, sondern ein getaufter Mensch. Ich bring das Stroh hin, und dann geh ich. Und zwar endgültig.«

»Na, mein Bester, wohl kaum! Du gehst, aber dann kommst du ganz schnell wieder an und willst zurück.«

Der Graue sprang vom Wagen herunter und warf die Heugabel ins Stroh.

»Ich komme wieder an?«

»Ja, du!«

»He, Bursche, paß mal auf, daß du nicht ankommst! Vielleicht wissen wir ja Bescheid über dich. Außerdem, mein Lieber, wird der Herr dich nicht besonders loben ...«

Die dicken Backen des Verwalters färbten sich bläulichrot, die Augäpfel quollen hervor. Mit dem Handrücken schob er die Schirmmütze in den Nacken und stieß keuchend hervor:

»Ach! Tatsächlich! Wenn das so ist, dann sag mir doch, weshalb?«

»Hab nichts zu sagen«, brummte der Graue, der spürte, daß ihm die Beine schwer wurden vor Angst.

»Von wegen, mein Lieber, du lügst – sag schon!«

»Wo ist denn das Mehl abgeblieben?« schrie der Graue plötzlich.

»Das Mehl? Welches Mehl?«

»Das gestohlene. Von der Mühle ...«

Der Verwalter ging dem Grauen mit einem heftigen Griff an den Kragen, und für einen Augenblick standen sie beide starr.

»Na was ist – willst du mich vielleicht am Schlips packen?« fragte der Graue gelassen. »Willst du mich erwürgen?«

Plötzlich brüllte er in blindem Zorn:

»Na los, schlag zu, schlag zu, solange die Wut noch nicht verraucht ist!«

Er riß sich los und packte die Heugabel.

»Leute!« brüllte der Verwalter, obwohl niemand in der Nähe war. »Den Starosta her! Hört euch das an: Abstechen will er mich, der Hundesohn!«

»Bleib mir vom Leib, oder du verstauchst dir die Nase«, sagte der Graue, die Heugabel im Anschlag. »Die Zeiten haben sich geändert.«

Aber da holte der Verwalter zum Schlag aus – und der Graue flog kopfüber ins Stroh.

Die Schwermut, die mit dem Wetterwechsel wieder von Kusma Besitz ergriffen hatte, steigerte sich, je besser er Durnowka und den Grauen kennenlernte. Zunächst fand er ihn einfach nur kläglich und komisch: Was war er für ein törichter Mensch! Dann fand er ihn ärgerlich und ekelhaft: Abschaum war er! Den ganzen Sommer hindurch hockte er in der Tür seiner Kate, rauchte und wartete auf Wohltaten von der Duma. Den ganzen Herbst über zog er von einem Hof zum anderen, in der Hoffnung, er könnte bei jemandem unterkommen, der zur Klee-Ernte fuhr ... An einem heißen, sonnigen Tag geriet ein neuer Getreideschober am Rande des Dorfes in Brand. Der Graue war als erster beim Feuer und brüllte, bis er heiser war, er sengte sich die Wimpern an und wurde naß bis auf die Haut, während er die Wasserwagen beaufsichtigte und diejenigen, die sich mit Heugabeln auf die gewaltige rotgoldene Flamme stürzten und nach allen Seiten hin feurige Stränge herauszogen, aber auch diejenigen, die einfach nur herumrannten inmitten von Hitze und Geprassel, von triefendem Wasser und Heidenlärm, von Ikonen, Kübeln, Spinnrädern und Pferdedecken, die neben den Katen aufgetürmt waren, von heulenden Weibern und den schwarzen Blättern, die von den verkohlten Weidenbüschen herunterschwebten ... Aber was machte er Sinnvolles? Im Oktober, als nach heftigen Regengüssen und eisigem Sturm der Teich zugefroren war und der Eber des Nachbarn auf einem Eishöcker ausrutschte, das Eis durchbrach und unterging, war der Graue der erste, der Anlauf nahm und sich mit aller Wucht ins Wasser stürzte, um ihn zu retten. Aber warum? Um der Held des Tages zu sein, um das Recht zu haben, vom Teich zur Gesindekate zu rennen und Wodka, Tabak und Essen zu verlangen. Zuerst war er ganz bläulich, die Zähne schlugen aufeinander, er konnte kaum die bleichen Lippen bewegen und zog sich um, schlüpfte in Kleider von Koschel. Dann wurde er munter, trank sich einen Rausch an und begann zu prahlen – und erzählte wieder davon, wie er redlich und honorig beim Popen gearbeitet habe und wie geschickt er vor einigen Jahren seine Tochter verheiratet habe. Er saß am Tisch, kaute gierig, schlang rohe Schinkenstücke hinunter und erzählte selbstzufrieden:

»Gut. Sie hatte sich mit ihm eingelassen, die Matrjuschka ... Mit diesem Jegorka hatte sie sich eingelassen. ... Na wenn schon. Da sitze ich abends so am Fenster und sehe – Jegorka kommt an der Kate vorbei, einmal, dann nochmal ... und meine Matrjuschka stürzt jedes Mal zum Fenster hin ... Also haben sie es sich wohl überlegt, dachte ich so bei mir. Und ich sag zu meiner

Alten: Du fütterst hier das Vieh, und ich geh weg – es ist eine Versammlung einberufen. Ich hab mich hinter der Kate ins Stroh gesetzt und gewartet. Der erste Schnee war schon gefallen. Da seh ich – wieder schleicht sich Jegorka von unten ran ... Und da, da ist sie auch schon. Ab hinter den Keller, und dann – husch in die Kate nebenan, die neue, die noch leer steht. Ich hab ein Weilchen gewartet ...«

»Tolle Geschichte!« sagte Kusma mit einem gequälten Lächeln.

Der Graue faßte das indes als Lob auf, als Bewunderung für seinen Verstand und seine Schlauheit. Mit dem Gefühl, ein Held zu sein, fuhr er fort, die Stimme bald hebend, bald höhnisch senkend:

»Warte, hör zu, wie es weitergeht. Ich hab also ein Weilchen gewartet und bin dann hinterher ... Ich spring in die Tür – und hab ihn direkt auf ihr ertappt! Die waren vielleicht erschrocken! Er wälzt sich runter, wie ein Sack auf den Boden, und sie ist starr vor Schreck, liegt da wie eine Ente ... Na, sagt er, schlag mich schon. Schlagen, sag ich, brauch ich dich nicht. Ich hab sein Mäntelchen genommen, den Rock auch, und hab ihn in der Unterhose da sitzen gelassen – sozusagen splitterfasernackt ... Na, sag ich, jetzt geh, wohin du willst. Und ich bin nach Hause. Ich guck mich um, er kommt hinterher, der Schnee ist weiß, und er ist weiß, kommt schnaufend hinterher ... Weg kann er ja nicht – wo soll er denn hin? Aber meine Matrjona Mikolawna, kaum war ich raus aus der Kate – ab aufs Feld! Weg war sie – mit Ach und Krach hat eine Nachbarin sie bei Bassowo noch zu packen gekriegt und zurückgebracht. Ich laß sie erstmal ausruhen, dann frag ich sie: Sind wir arme Leute, ja oder nein? Sie sagt keinen Ton. Ist deine Mutter arm im Geiste oder klug? Sie sagt wieder keinen Ton. Wie kannst du uns so in Verlegenheit bringen? Na? Meinst du, du kannst mir einen Haufen Bastarde in die Bude setzen, und ich steh da und gucke dumm aus der Wäsche? Sieh dich mal lieber um, wie es hier aussieht, anstatt dich lustig zu machen und deine Zöpfe zu schwingen – du Luder, du! Na, und dann hab ich sie mir vorgeknöpft, eine passende Peitsche hatte ich grad zur Hand. Das Kreuz hab ich ihr durchgewalkt, und zwar ordentlich – nur noch kriechen konnte sie, die Filzstiefel geküßt hat sie mir, und er sitzt auf der Bank und jammert. Dann hab ich mir ihn vorgenommen, das Täubchen ...«

»Und hast ihn verheiratet?« fragte Kusma.

»Genau!« rief der Graue, und weil er merkte, daß der Rausch ihn zu überwältigen drohte, schabte er die Schinkenstücke vom Teller und stopfte sie in die Hosentaschen. »Und wie, das war vielleicht ein Fest! Bei den Ausgaben, mein Bester, hab ich nicht mal mit der Wimper gezuckt ...«

»Das ist eine Geschichte!« dachte Kusma noch lange nach diesem Abend ... Das Wetter wurde schlechter. Zum Schreiben hatte er keine Lust, und seine Schwermut wurde stärker. Das Elend und die Untüchtigkeit des Grauen und von Deniska bestürzten ihn: Das Dorf verfaulte! Die brutale Geschichte mit der Jungen im Garten und Rodkas Tod erschütterten ihn. Tichon Iljitschs Leben verblüffte ihn. Sollte es möglich sein, ihn zu verblüffen? Sollte er es nicht kennen, sein Land, sein Volk? Voller Bitterkeit und Zorn schüttete er Tichon Iljitsch sein Herz aus, er machte ihm Vorhaltungen, stichelte … Aber wenn Tichon Iljitsch wüßte, wie freudig Kusma jedes Mal ans Fenster stürzte, wenn er seinen Tuchmantel, seine Schirmmütze und seinen Bart auf der Vortreppe erblickte! Wie sehr er befürchtete, der Bruder könne nicht über Nacht bleiben, wie er sich bemühte, ihn noch länger aufzuhalten, ihn in Gespräche und Erinnerungen zu verwickeln … Langweilig wurde es Kusma im Spätherbst, ach, so langweilig! Es war die reine Freude, wenn jemand mit einer Bitte auftauchte. Einige Male kam Gololoby aus Bassowka, ein vollkommen kahler Bauer mit einer riesigen Mütze, und bat ihn, eine Klage gegen den Vater seines Schwiegersohnes zu schreiben, der ihm das Schlüsselbein gebrochen hatte. Die Witwe Butylotschka von der Landspitze, völlig zerlumpt, durchnäßt und durchfroren vom Regen, kam und wollte einen Brief an ihren Sohn schreiben. Kaum begann sie zu diktieren, fing sie an zu weinen.

»Die Adresse ist Serpuchow, bei der Adels-Banja, das Haus der Scheltuchins …« Schon brach sie in Tränen aus.

»Nun?« fragte Kusma, schob bedrückt die Augenbrauen nach oben und sah die Butylotschka auf Altmännerart über den Rand seines Pincenez an. »Nun, das hab ich geschrieben. Und was weiter?«

»Weiter?« flüsterte die Butylotschka und fuhr um Fassung ringend fort:

»Weiter, mein Lieber, gib dir nur Mühe, schön zu

schreiben ... Zu überreichen an Michal Nasarytsch Chlusow ... zu eigenen Händen ...«

Danach begann sie, mal stockend, dann aber auch wieder ganz flüssig:

»Ein Brief an unseren lieben und teuren Sohn Mischa, hast du uns etwa vergessen, Mischa, von euch hört man ja überhaupt nichts ... Du weißt ja selbst, wir sind hier zur Untermiete, und jetzt jagen sie uns weg, wo sollen wir denn hin ... Lieber Sohn Mischa, wir bitten dich um Gottes willen, daß ihr so schnell wie möglich nach Hause kommt ...«

Dann wieder unter Tränen, flüsternd:

»Wir könnten hier mit euch wenigstens eine Erdhütte graben, dann hätten wir eine eigene Ecke ...«

Die Stürme und die eisigen Regenschauer, die Tage, an denen es nie richtig hell wurde, der Schlamm auf dem Gutshof, übersät mit winzigen gelben Akazienblättern, die unübersehbaren Äcker und Wintersaaten rings um Durnowka und die unentwegt darüber hinziehenden Wolken schürten wieder den grimmigen Haß auf dieses verfluchte Land, in dem acht Monate lang Schneegestöber und vier Monate lang Regen herrschten, in dem man für die Notdurft auf die Koppel oder in den Kirschgarten gehen mußte. Als das trübe Wetter begann, mußte man den Salon fest vernageln und in den Saal umziehen, um dann den ganzen Winter hindurch dort zu schlafen, zu essen, zu rauchen und die langen Abende bei der trüben Küchenlampe zu verbringen, von der einen Ecke in die andere zu gehen, in Mütze und Mantel, die doch kaum schützten vor der Kälte und dem Wind, der durch die

Ritzen blies. Manchmal stellte sich heraus, daß man vergessen hatte, genügend Petroleumvorrat zu beschaffen, und dann verbrachte Kusma die Dämmerung ohne Feuer und zündete abends irgendeinen Kerzenstummel an, nur um eine Kartoffelsuppe und einen warmen Hirsebrei zu essen, den die Junge schweigend und mit strenger Miene servierte.

»Wo könnte ich nur hinfahren?« dachte er zuweilen. Nachbarn gab es in der Nähe nur drei: die alte Fürstin Schachowa, die nicht einmal den Adelsmarschall empfing, weil sie ihn für unerzogen hielt; den Gendarmen im Ruhestand, Zakrzewski, einen bösen, unter Hämorrhoiden leidenden, dünkelhaft-dummen Mann, der Kusma nicht einmal über die Schwelle lassen würde; und schließlich einen Gutsbesitzer aus dem kleinen Adel, Bassow, der in einer Kate lebte, eine liederliche Soldatenwitwe geheiratet hatte und nur über Kummete und Viehzeug redete. Vater Pjotr, der Priester aus Kolodesi, zu dessen Gemeinde Durnowka gehörte, hatte Kusma einmal besucht, aber weder dem einen noch dem anderen war daran gelegen, die Bekanntschaft fortzusetzen. Kusma setzte dem Priester nur Tee vor, und der Priester lachte schrill und unangenehm, als er den Samowar auf dem Tisch entdeckte. »Sieh an, ein Samowar? Ausgezeichnet! Sie sind anders als Ihr Bruder, das sehe ich – und wohl nicht besonders freigiebig mit Speis und Trank?« Kusma erklärte ihm unumwunden, er gehe seiner Überzeugungen wegen nie in die Kirche, und der Priester lachte noch verwunderter, noch schriller und lauter: »Aha! Neue Ideen? Ausgezeichnet! Das kommt auch billiger.« Das Lachen paßte überhaupt nicht zu ihm: als würde jemand anderes lachen anstelle dieses hochgewachsenen, hageren Mannes mit den breiten Schultern, den schwarzen, langen Haaren und den flackernden, gierigen Augen, der rastloszerstreut andauernd etwas überlegte, der leicht zu kränken und auf eine plumpe Art unverschämt war. »Aber zur Nacht, zur Nacht bekreuzigst du dich sicher trotzdem – schon aus Angst?« rief er beim Anziehen im Vorraum hastig aus, nachdem er Kusma mit seiner Fragerei zum Gut geplagt hatte und nun unvermittelt zum »du« überging. »Das mache ich«, bekannte Kusma mit einem traurigen Lächeln. »Aber die Angst ist kein Glaube, und ich bekreuzige mich nicht vor eurem Gott.«

Auch bei seinem Bruder war Kusma nicht oft. Der wiederum kam nur dann, wenn er irgendwelche Sorgen hatte. Die Einsamkeit war so hoffnungslos, daß Kusma sich zuweilen Dreyfus auf der Teufelsinsel nannte. Auch mit dem Grauen verglich er sich. Leider war auch er, ähnlich dem Grauen, elend und willensschwach, war auch er aus der Bahn geraten, wartete auch er sein Leben lang auf glücklichere Tage für die Arbeit!

In unangenehmer Erinnerung war ihm das Draufgängertum, die Erzählung, die Angeberei des betrunkenen Grauen. Für gewöhnlich aber war der Graue nicht so, wenn er betrunken war: Er war dann höchstens geschwätzig, leicht verlegen und schüchtern-fröhlich. Ohnehin schaffte er es nur vielleicht fünfmal pro Jahr, betrunken zu sein. Er war nicht erpicht auf Wein, nicht so wie auf Tabak. Für Tabak war er bereit, jede Erniedrigung hinzunehmen, er konnte stundenlang neben einem Raucher sitzen, ihm nach dem Mund reden, ihm schmeicheln, und all das nur, um einen günstigen Moment abzuwarten und dann wie zufällig zu sagen: »Gib doch mal ein bißchen Tabak ...« Außerdem hatte er eine Leidenschaft für das Kartenspiel, für lange Unterhaltungen und für Zusammenkünfte in Katen – in den Katen, wo es große Familien gab, wo es warm war und ein Feuer brannte, wo Fremde in Wellen hereinbrandeten und wandernde Schneider Halbpelze nähten. Aber noch kam nicht viel Volk in den Katen zusammen – der Graue saß zu Hause ... Und nachdem er einige Male bei dem Grauen gewesen war, merkte Kusma, daß es keinen Grund gab, über ihn zu wüten oder zu spotten. Der Graue lebte von dem, was seine Frau, ein stilles, schweigsames, wunderliches Weib, den Sommer über im Tagelohn verdiente und was er Deniska abbetteln konnte, der hin und wieder in Durnowka auftauchte – mit einem Koffer, mit Weißbrot und seiner heißgeliebten Wurst – und rücksichtslos auf den Zaren und die Herrschaft schimpfte. Beim ersten Schnee verschwand der Graue und war eine gute Woche verschollen. Als er wieder zu Hause auftauchte, war er mürrisch.

»Warst du mal wieder bei Russanow?« fragten die Nachbarn.

»Ja«, erwiderte der Graue.

»Wozu?«

»Sie haben mir zugeredet, einstellen wollten sie mich.«

»Aha. Und wolltest du nicht?«

»Dümmer als die war ich noch nie und werd ich nie sein ... Hätt ich ja gleich mit Blut unterschreiben können.«

Und der Graue, die Mütze auf dem Kopf, richtete sich wieder für lange Zeit auf der Bank ein. Und in der Dämmerung wurde es einem wehmütig ums Herz beim Anblick seiner Kate. In der Dämmerung zeichneten sich jenseits der breiten, verschneiten Schlucht Durnowka, seine Getreidedarren und die Weidenbüsche in den Hinterhöfen in eintönigem Schwarz ab. Doch wenn es dunkelte und die Lichter aufflammten, schien es in den Hütten friedlich und gemütlich. Unbehaglich schwarz hob sich nur die Kate des Grauen ab. Stockfinster und leblos war sie. Kusma wußte bereits: Wenn man in den dunklen, halboffenen Flur kommt, ist es, als betrete man die Behausung eines Tiers – es riecht nach Schnee, durch die Löcher im Dach sieht man den dämmrigen Himmel, der Wind fährt raschelnd durch Dung und Reisig, die nachlässig über das Dachgerüst verteilt sind; wenn man die schiefe Wand ertastet und die Tür öffnet, schlagen einem Kälte und Dunkelheit entgegen, flimmert im Finstern trübe ein zugefrorenes Fensterchen … Es ist niemand zu sehen, aber man errät es: Der Hausherr sitzt auf der Bank – das Kohlepünktchen seiner Pfeife glimmt rot; die Hausherrin schaukelt leise eine quietschende Wiege, in der ein bleiches, vor Hunger schläfriges, rachitisches Kind liegt. Die anderen Kinder drängen sich um den lauwarmen Ofen und tuscheln lebhaft miteinander. In dem fauligen Stroh unter der Pritsche wälzen sich raschelnd die Ziege und das Ferkel – die beiden sind gute Freunde. Man hat Angst, sich aufzurichten und sich den Kopf an der Decke anzuschlagen. Man dreht sich auch nur zaghaft um: Von der Schwelle bis zur Wand gegenüber sind es nur fünf Schritte.

»Wer ist da?« ertönt eine leise Stimme aus der Dunkelheit.

»Ich bin's.«

»Doch wohl nicht Kusma Iljitsch?«

»Höchstselbst.«

Der Graue rückt zur Seite und macht Platz auf der Bank. Kusma setzt sich, zündet eine Zigarette an. Nach und nach kommt ein Gespräch in Gang. Bedrückt von der Dunkelheit, ist der Graue schlicht, bekümmert und gibt seine Schwächen zu. Seine Stimme zittert bisweilen ...

Ein langer, schneereicher Winter brach an.

Die unter dem bläulich-dämmrigen Himmel in mattem Weiß leuchtenden Felder wurden weiter und großflächiger und noch verlassener. Katen, Schuppen, Weidenbüsche und Getreidedarren zeichneten sich in dem frischen Pulverschnee deutlich ab. Dann kamen die Schneestürme und wehten und türmten so viel Schnee auf, daß das Dorf eine wilde, nördliche Gestalt annahm, daß die Türen und die kleinen Fenster unter tief heruntergezogenen weißen Kappen und zwischen dickverschneiten Erdwällen gerade eben noch schwarz herauslugten. Nach den Schneestürmen bliesen grausame Winde über die verharschte, graue Schneekruste auf den Feldern und rissen die letzten braunen Blätter von dem wehrlosen Eichengebüsch in den Schluchten; der Einhöfer Taras Miljajew, der aussah wie ein Sibirjake und eine sibirische Leidenschaft für die Jagd hatte, versank in unpassierbaren, mit Hasenspuren übersäten Schneewehen, Wasserfässer verwandelten sich in Eisblöcke, eisige, schlüpfrige Höcker wuchsen rund um die Eislöcher, über die Schneehaufen wurden Wege gepfadet – und der winterliche Alltag trat ein. In den Dörfern grassierten Krankheiten: Pocken, Fieber, Scharlach, Krupp. Doch diese Krankheiten hatten die Dörfer seit jeher heimgesucht, und man war schon so gewöhnt daran, daß man darüber nicht mehr redete als über einen Witterungswechsel. Um die Eislöcher herum, aus denen ganz Durnowka trank, standen die Weiber, die Röcke bis über die grauen Knie hochgeschürzt, in feuchten Bastschuhen, die Köpfe dick eingewickelt, und bückten sich ganze Tage lang über das stinkende, flaschengrüne dunkle Wasser. Sie zogen ihre grauen, bis zum Gürtel mit Kaliko besetzten Hanfhemden, die Drillichhosen der Männer, die dreckigen Wickelbänder der Kinder aus den gußeisernen Töpfen mit Asche, spülten sie und schlugen sie mit dem Bleuel aus und riefen sich dabei gegenseitig zu, daß die Hände gefühllos seien, daß auf dem Hof der Makarows die Großmutter Fieber habe und im Sterben liege, daß Jakows Schwiegertochter der Hals schmerze ... Kleine Mädchen, nur mit einem Hemdchen angetan, kamen aus den Katen gesprungen, direkt vom Ofen, und liefen um die Ecke auf die verharschten Schneehügel. Kleine Jungen, in der abgetragenen Kleidung ihrer Väter, sausten auf einer Eisscholle hügelabwärts, schlugen Purzelbäume, kreischten, fingen heftig an zu husten und kamen gegen Abend fieberheiß und mit schweren, trüben Köpfen nach Hause. Sie waren so durchgefroren, daß sie kaum noch die Lippen bewegen konnten, zu trinken verlangten und danach weinend auf den Ofen kletterten. Aber nicht einmal die

Mütter achteten auf die erkälteten Kinder... Um drei Uhr setzte die Dämmerung ein, und struppige Hunde hockten auf den Dächern, die jetzt fast auf gleicher Höhe waren wie die Schneewehen. Niemand wußte, wovon sich diese Hunde ernährten. Aber sie lebten, waren sogar angriffslustig.

Auf dem Gut war man früh wach. Bei Tagesanbruch, in der bläulichen Dunkelheit, wenn in den Katen die Lichter entzündet und die Öfen angefeuert wurden, wenn unter den überhängenden Dachkanten der Katen langsam dichter milchiger Rauch hervorquoll und es im Seitengebäude mit den zugefrorenen grauen Fenstern kalt wurde wie im Vorraum, weckte Kusma das Knallen der Türen und das Geraschel des gefrorenen, mit Schnee vermischten Strohs, das Koschel aus dem Hörnerschlitten herbeischleppte. Man hörte seine gedämpfte, heisere Stimme – die Stimme eines Menschen, der als erster aufgestanden war und fror, weil er noch nichts gegessen hatte. Die Junge klapperte mit dem Rohr des Samowars und unterhielt sich in strengem Geflüster mit Koschel. Sie schlief nicht in der Gesindekate, wo die Kakerlaken einem Arme und Beine bis aufs Blut abnagten, sondern im Vorraum, und das ganze Dorf war überzeugt, das sei nicht ohne Grund so. Das Dorf wußte sehr gut, was die Junge im Herbst durchgemacht hatte – wie ihre Schande sie getroffen hatte, Rodkas Tod, die Tatsache, daß ihre Mutter die leere Kate zugesperrt hatte und betteln ging. Schweigsam, von der Schwere ihres Kummers niedergedrückt, war die Junge strenger und trauriger als eine Nonne. Aber was kümmerte sich das Dorf um fremdes Leid? Kusma hatte von der Einhöferin schon erfahren, was man im Dorf redete, und wenn er aufwachte, mußte er voller Scham und Abscheu daran denken. Er klopfte mit der Faust an die Wand und gab damit zu verstehen, daß er auf den Samowar wartete, um sich daraufhin ächzend eine Zigarette anzustecken: Das beruhigte das Herz und erleichterte die Brust. Er lag rauchend unter dem Schafspelz, konnte sich nicht entschließen, die Wärme zu verlassen, und dachte: »Schamloses Volk! Dabei habe ich eine Tochter, die fast gleichaltrig ist wie sie ...« Daß auf der anderen Seite der Wand eine junge Frau schlief, weckte bei ihm nur väterliche Zuneigung. Tagsüber war sie schweigsam und ernsthaft, wortkarg, mädchenhaft schüchtern. Aber im Schlaf hatte sie etwas Kindliches, Trauriges und Einsames. Einmal war sie nach dem Mittagessen auf ihrer Truhe im Vorraum eingeschlafen, den Kopf in ein hanfenes Umschlagtuch gehüllt, die Beine angezogen, ein nacktes Knie schaute heraus. Weiblich lagen ihre Füße in den Bastschuhen, das kalte Knie schimmerte weiß wie bei einem kleinen Mädchen. Kusma hatte sich im Vorbeigehen abgewandt und ihr etwas zugerufen, damit sie wach würde und sich zudeckte. Doch würde das Dorf dem Glauben schenken? Nicht einmal Tichon Iljitsch würde ihm glauben: Er grinste manchmal so seltsam. Er war immer argwöhnisch gewesen, mißtrauisch und grob in seinen Verdächtigungen, aber jetzt verlor er vollständig den Verstand: Was man ihm auch sagte, er hatte auf alles nur eine Antwort.

»Hast du gehört, Tichon Iljitsch? Es heißt, Zakrzewski soll sterbenskrank sein, ein Katarrh. Man hat ihn nach Orjol gebracht.«

»Dummes Zeug. Diesen Katarrh kennen wir!«

»Aber der Feldscher hat es mir gesagt.«

»Der redet viel, wenn der Tag lang ist ...«

»Ich will eine Zeitung abonnieren«, konnte Kusma sagen. »Gib mir bitte zehn Rubel Vorschuß auf den Lohn.«

»Hm! Was hat der Mensch davon, sich den Kopf mit lauter dummem Zeug vollzustopfen? Ehrlich gesagt, habe ich nur fünfzehn oder zwanzig Kopeken dabei ...«

Die Junge kommt mit gesenkten Wimpern herein:

»Es ist kaum noch Mehl da, Tichon Iljitsch ...«

»Wie das denn? Du schwindelst, Weib!«

Und er schiebt seine Augenbrauen hoch. Während er beweist, daß das Mehl noch wenigstens für drei Tage reichen müßte, huscht sein Blick bald zu Kusma, bald zu der Jungen. Einmal fragte er sogar feixend:

»Und, könnt ihr schlafen – ist es warm genug?«

Die Junge, für die seine Besuche ohnehin schwer waren, lief dunkelrot an und ging mit gesenktem Kopf hinaus, und Kusma bekam vor Scham und Wut kalte Finger.

»Schäm dich, Bruder, Tichon Iljitsch«, murmelte er und wandte sich zum Fenster. »Vor allem nach dem, was du mir selbst erzählt hast ...«

»Aber warum ist sie denn rot geworden?« fragte Tichon Iljitsch hämisch und mit einem verlegenen, linkischen Grinsen.

Am unangenehmsten war es, sich morgens zu waschen. Im Vorraum roch das Stroh nach Frost, im Waschkrug schwammen Eisstücke wie zerschlagenes Glas. Manchmal wusch Kusma nur die Hände, ehe er seinen

Tee trank, und sah nach dem Schlaf gänzlich aus wie ein alter Mann. Vor Unsauberkeit und Kälte war er über den Herbst stark abgemagert und grau geworden. Auch seine Hände waren mager geworden, die Haut war dünn und glänzend und mit kleinen lila Flecken bedeckt.

»Der Lack ist ab!«, dachte er.

Der Morgen war grau, ein grimmiger Nordwind blies. Unter dem verharschten grauen Schnee war zu den Fasten vor Weihnachten auch das Dorf grau geworden. Wie graue gefrorene Baumrinde hing die Wäsche an den Querbalken unter den Dächern der Schuppen. Vor den Katen waren gefrorene Stellen – Spülwasser wurde ausgegossen, Asche weggeschüttet. Zerlumpte kleine Jungen rannten über die Straße zwischen den Katen und Schuppen zur Schule, kletterten auf die Schneewehen und rutschten auf ihren Bastschuhen wieder hinunter; jeder hatte einen Leinenbeutel mit Schiefertafel und Brot dabei. Ihnen entgegen kam, unter einem Schulterjoch mit zwei Kübeln beinahe einknickend und in seinen klobigen, mit Schweinsleder abgesetzten steifgefrorenen Filzstiefeln unbeholfen gehend, der alte, kranke dunkelhäutige Tschugunok, von dessen Leichtigkeit nichts mehr zu erkennen war; ein mit Stroh bedecktes Wasserfaß wurde von einem Eishöcker zum anderen gezogen, wobei es schwankte und Wasser herausschwappte, hintendrein lief der Stotterer Kobyljaj mit seinen hellen Augen; Frauen gingen durchs Dorf, um sich bei anderen Salz oder Hirse oder eine Schaufel Mehl für Fladen oder Grütze zu leihen. Auf den Tennen war es leer, nur bei Jakow drang Rauch aus dem Tor der Getreidedarre: Er tat es den reichen Bauern nach und drosch im Winter. Jenseits der Tennen, jenseits der kahlen Weidenbüsche auf den Hinterhöfen erstreckte sich unter dem niedrigen, fahlweißen Himmel das graue, verschneite Feld, eine Wüste aus welligem Harschschnee, und ein scharfer Wind blies. Im Dorf war es immerhin behaglicher, aber es war verseucht: Fast auf jedem Hof gab es Pocken oder Flecktyphus.

Hin und wieder ging Kusma zum Frühstück zu Koschel in die Gesindekate – es gab glühendheiße Kartoffeln oder Schtschi vom Vortag. Er dachte an die Stadt, wo er das ganze Leben verbracht hatte, und wunderte sich: Es zog ihn überhaupt nicht mehr dorthin. Für Tichon war die Stadt sein sehnlichster Wunsch, er verachtete und haßte das Dorf aus tiefster Seele. Kusma mußte sich anstrengen, um zu hassen. Mit noch größerem Entsetzen als früher betrachtete er jetzt seine Existenz: Er war in Durnowka völlig verwildert; er tat nichts, blies Trübsal und quälte sich mit seiner Untätigkeit; häufig wusch er sich nicht, er zog den Schlafrock nicht aus und löffelte gierig aus derselben Schüssel wie Koschel. Am allerschlimmsten aber war, daß er bei allem Entsetzen über seine Existenz, die ihn nicht in Tagen, sondern in Stunden altern ließ, dennoch spürte, daß sie ihm angenehm war, daß er anscheinend in genau das Geleise zurückkehrte, das ihm vielleicht von Geburt an vorgegeben war: Offenbar floß nicht umsonst Durnower Blut in seinen Adern! Gleichzeitig aber bedrückten ihn dennoch schmerzlich der endlose Winter in Durnowo, die Katen, die Eislöcher, die kleinen Jungen, die Hunde auf den Dächern, die Kälte, der Dreck, die Krankheiten, die viehische Trägkeit der Bauern. Nahezu täglich mußte er an Menschow denken, an Akimka, an den Grauen …

Nach dem Frühstück ging er manchmal spazieren, auf dem Gut oder durch das Dorf. Er ging zu Jakow, besuchte den Grauen in seiner Kate oder Koschel, dessen Alte alleine lebte und im Ruf stand, eine Zauberin zu sein, sie war groß und furchtbar dürr, hatte Haare auf den Zähnen wie ein Teufel, sprach derb und resolut und rauchte Pfeife wie ein Mann: Wenn sie den Ofen angefeuert hatte, setzte sich sich auf die Pritsche, rauchte und schlenkerte mit ihrem dünnen Fuß in dem schweren, schwarzen Bastschuh. Zweimal in der ganzen Fastenzeit nur fuhr Kusma aus – zur Post und zu seinem Bruder. Und diese Fahrten waren angenehm, aber mühsam: Kusma war so durchgefroren, daß er Arme und Beine nicht mehr spürte. Anfang Herbst hatte er noch einen entschlossenen Blick und ein reinliches Äußeres gehabt. Doch die Entschlossenheit in seinem Blick war verschwunden, und seine Kleidung war schäbig geworden. Seine Hemdkragen waren zerschlissen, die Ellbogen des Rocks blankgerieben, die Boxcalf-Stiefel waren so abgeschabt, daß sie rötlich schimmerten, das Leder war dünn geworden und stellenweise aufgeplatzt. Der Schafpelz war schon so lange im Gebrauch, daß er überall kahle Stellen hatte. Über das Feld fegte ein grimmiger Wind. Nach dem Herumsitzen in Durnowka konnte er sich gar nicht satt atmen an der kräftigen Frische der Winterluft. Nachdem er lange nur das Dorf gesehen hatte, verblüffte ihn die schneegraue Weite, und die winterlich blau schimmernde Ferne schien ihm unübersehbar und schön wie auf einem Bild. Munter schnaubend trabte das Pferd gegen den schneidenden Wind an, gefrorene Bröckchen stoben unter den beschlagenen Hufen auf und prasselten gegen das Vorderteil des Schlittens. Koschel, mit schwarzlila gefrorenen Wangen, sprang an den ausgefahrenen, glatten Stellen munter japsend vom Vordersitz herunter und schwang sich seitwärts im Laufen wieder hinauf. Doch der Wind blies durch Mark und Bein, die auf dem mit Schnee vermischten Stroh stehenden Füße schmerzten und wurden starr, die Stirn und die Backenknochen taten weh ... In dem niedrigen Postkontor in Uljanowsk war es so eintönig, wie es nur in abgelegenen Amtsstuben sein kann. Es roch nach Schimmel und Siegellack, ein zerlumpter Postangestellter hämmerte mit dem Stempel, und der mürrische Sacharow, der aussah wie ein Gorilla, die Bauern anbrüllte und erbost war, weil Kusma nicht auf die Idee gekommen war, ihm fünf Hühner oder wenigstens ein Pud Mehl zu schicken, sagte abgehackt: »Name, Vorname?«, wühlte im Schrank herum und beschied energisch: »Nichts da.« Beim Haus von Tichon Iljitsch brachte ihn der Rauchgeruch der Lokomotiven in Aufregung, erinnerte ihn daran, daß es noch Städte, Menschen, Zeitungen und Neuigkeiten auf der Welt gab. Mit dem Bruder zu plaudern, bei ihm auszuruhen und sich aufzuwärmen war ebenfalls angenehm. Doch die Unterhaltung wollte nicht recht in Fluß kommen. Der Bruder wurde alle Augenblicke in den Laden oder geschäftlich abberufen, er sprach auch nur über das Geschäft, über die Lügen, die Gemeinheit und die Bosheit der Bauern – und über die Notwendigkeit, das Gut allerschnellstens loszuwerden. Nastassja Petrowna war erbarmungswürdig. Sie hatte offensichtlich furchtbare Angst vor ihrem Mann, redete unpassend dazwischen, sagte unpassende Lobesworte – über seinen Verstand und sein scharfes geschäftliches Auge, daß er sich mit allen, aber auch allen geschäftlichen Einzelheiten selbst auskenne.

»Er ist ja so zugänglich für alles, so zugänglich!« sagte sie, aber Tichon Iljitsch fuhr ihr barsch über den Mund, und Kusma wußte nicht, was er sagen sollte, um nicht einen Streit vom Zaun zu brechen. Die Rollen waren nun vertauscht: Es war nicht mehr er, sondern der Bruder, der drohte und belehrte, nicht er, sondern der Bruder bewies, daß man in Rußland nicht leben könne. Nach einer Stunde solcher Unterhaltung zog es Kusma nach Hause, zum Gut. »Wo soll ich denn hin?« dachte er mit Schrecken, wenn er den Bruder über den Verkauf des Gutes reden hörte. »Diese schreckliche Heirat von Deniska und der Jungen wird doch wohl nicht zustande kommen? Und warum behauptet Tichon so beharrlich, daß sie zustande kommen muß? Er ist nicht bei Trost, wahrhaftig, er ist nicht bei Trost!« murmelte Kusma auf dem Rückweg vor sich hin und dachte an das düstere, erbitterte Gesicht Tichons, an seine Verschlossenheit, sein Mißtrauen, daran, wie ermüdend es war, daß er immer wieder ein und dasselbe sagte. Er kommandierte Koschel und das Pferd herum und hatte es eilig, seine Schwermut, die alten, kalten Kleider, die Einsamkeit und die Zärtlichkeit beim Gedanken an das liebe, traurige Gesicht der Jungen, an ihre Weiblichkeit – und an ihre Schweigsamkeit – in seinem kleinen Haus zu verbergen. »Ach, wie sollte sie hier nicht untergehen!« dachte er wehmütig, als er in die Dämme-

rung und die spärlichen Lichter von Durnowka hinausblickte.

In der Weihnachtszeit kam ungebetener Besuch –
Iwanuschka aus Bassowka. Er war ein rückständiger Bauer,
der in seinem hohen Alter nicht mehr ganz richtig im
Kopf, einst aber für seine Bärenkräfte berühmt gewesen
war. Er war untersetzt, ging gebückt, ohne je den braunen,
struppigen Kopf zu heben, mit einwärts gestellten Fußspitzen, und befremdete Kusma noch mehr als Menschow,
Akim und der Graue. Bei der Cholera im Jahre zweiund-
neunzig war Iwanuschkas gesamte Familie gestorben. Nur
ein Sohn, der Soldat war, hatte überlebt und diente jetzt als
Bahnwärter bei der Eisenbahn, etwa fünf Werst von Durnowka. Iwanuschka hätte seine alten Tage auch bei ihm
verbringen können, aber er zog es vor, umherzuwandern
und zu betteln. Flink kam er über den Hof gehumpelt,
Stock und Kappe in der linken Hand, einen Sack in der
rechten, mit bloßem Kopf, auf dem weiß der Schnee leuchtete – und die Schäferhunde bellten ihn aus irgendeinem
Grunde nicht an. Schweigend betrat er das Haus, murmelte: »Frieden diesem Haus und dem Herrn im Haus«,
und hockte sich an der Wand auf den Boden. Kusma
blickte von seinem Buch hoch und betrachtete ihn über
den Rand seines Pincenez hinweg verwundert und zaghaft,
wie ein Steppentier, dessen Anwesenheit in einem Haus
befremdlich war. Schweigend, mit gesenkten Wimpern
und einem stillen, freundlichen Lächeln, in ihren Bastschuhen weich auftretend, erschien die Junge und reichte Iwanuschka eine Schüssel mit gekochten Kartoffeln und einen
ganzen Kanten Brot, grau vor Salz, und blieb am Türpfo-

sten stehen. Sie trug Bastschuhe, hatte kräftige, breite Schultern, und ihr schönes, bleiches Gesicht war so bäuerlich-schlicht und altertümlich, daß es schien, sie könnte Iwanuschka gar nicht anders nennen als Väterchen. Und mit einem nur für ihn bestimmten Lächeln sagte sie leise:

»Greif zu, greif zu, Väterchen.«

Woraufhin er, ohne den Kopf zu heben und ihre Freundlichkeit nur an der Stimme erkennend, zur Antwort leise klagend ein paar Mal murmelte: »Der Herr schütze dich, Enkeltochter«, dann breit und unbeholfen, wie mit einer Pfote, das Kreuzzeichen schlug und sich gierig über das Essen hermachte. Auf seinen braunen Haaren, die dick und drahtig wie bei einem Tier waren, taute es. Von den Bastschuhen lief das Wasser auf den Boden. Von dem schäbigen braunen Bauernrock, den er über einem schmutzigen Hanfhemd trug, roch es nach Kate ohne Rauchfang. Die von langer Arbeit verunstalteten Hände, die knorrigen, steifen Finger fischten mühsam nach den Kartoffeln.

»Dir ist bestimmt kalt in dem Bauernrock?« fragte Kusma laut.

»He?« ließ Iwanuschka sich mit einem leisen Klagelaut vernehmen und drehte ihm sein mit Haaren überwuchertes Ohr zu.

»Dir ist bestimmt kalt?«

Iwanuschka überlegte.

»Wieso soll mir kalt sein?« erwiderte er langsam und mit Pausen. »Mir ist nicht kalt … Früher, da war es noch richtig kalt.«

»Heb doch mal den Kopf ein bißchen, bring deine Haare in Ordnung!«

Iwanuschka schüttelte bedächtig den Kopf.

»Das geht jetzt nicht mehr, Bruder. Mich beugt es nach unten …«

Mit einem trüben Lächeln bemühte er sich, sein schreckliches, von Haaren überwuchertes Gesicht mit den winzigen Äuglein zu heben.

Als er sich satt gegessen hatte, bekreuzigte er sich seufzend, klaubte die Krumen von seinem Knie und aß sie auf; dann tastete er um sich herum am Boden – er suchte den Beutel, den Stock und die Mütze, und als er sie gefunden und sich beruhigt hatte, fing er gemächlich an zu erzählen. Er hätte den ganzen Tag schweigend da sitzen können, aber Kusma und die Junge fragten ihn aus – und er antwortete wie im Schlaf, von irgendwo weit her. Er erzählte in seiner schwerfälligen, altertümlichen Sprache, daß der Zar ganz aus Gold sei, daß der Zar keinen Fisch essen könne – »zu stark gesalzen«, daß der Prophet Elias einmal durch den Himmel gebrochen und auf die Erde gefallen sei – »zu korpulent«, daß Johannes der Täufer von Geburt an zottlig wie ein Eber gewesen sei und beim Taufen den Täufling mit einem eisernen Sporn auf den Kopf schlage, damit dieser »zur Besinnung kommt«, daß jedes Pferd einmal im Jahr, am Tag der Heiligen Florus und Laurus, einen Menschen töten wolle; er erzählte, daß in alter Zeit der Roggen so gestanden habe, daß man nicht einmal mehr durchkriechen konnte, daß man früher am Tag zwei Desjatinen pro Mann gemäht habe, daß er einen Wallach gehabt habe, der »angekettet« gewesen sei – so stark und wild sei er gewesen; daß man ihm, Iwanuschka, vor etwa sechzehn Jahren einmal ein Krummholz gestohlen habe, das er für zwei Silberrubel nicht hergegeben hätte … Er war fest überzeugt, seine Familie sei nicht an der Cholera gestorben, sondern weil sie nach einem Brand in eine neue Kate gezogen waren und dort übernachtet hatten, ohne daß vorher ein Hahn darin übernachtet hatte, während er und sein Sohn errettet worden seien, weil sie in der Getreidedarre geschlafen hatten. Gegen Abend stand Iwanuschka auf und ging hinaus, ohne sich um das Wetter zu kümmern oder sich durch die Aufforderungen, doch bis zum Morgen zu bleiben, überreden zu lassen … Er erkältete sich auf den Tod – und zum Dreikönigsfest verstarb er im Bahnwärterhäuschen seines Sohnes. Der Sohn redete ihm zu, das Abendmahl zu empfangen. Iwanuschka willigte nicht ein: Er sagte, wenn man das Abendmahl empfinge, würde man sterben, und er sei fest entschlossen, sich dem Tod »nicht zu ergeben«. Tagelang lag er ohne Bewußtsein; doch selbst im Fieberwahn bat er die Schwiegertochter, wenn der Tod anklopfe, solle sie sagen, er sei nicht zu Hause. Einmal kam er nachts zu sich, nahm seine Kräfte zusammen, kletterte vom Ofen herunter und kniete vor dem von einem Ikonenlämpchen beleuchteten Heiligenbild nieder. Er atmete schwer, murmelte lange vor sich hin und wiederholte immer wieder: »Lieber Gott, Väterchen, vergib mir meine Sünden …« Dann versank er in Gedanken und schwieg lange, den Kopf zum Boden geneigt. Plötzlich erhob er sich und sagte energisch: »Nein, ich ergebe mich nicht!« Doch am Morgen sah er, daß die Schwiegertochter Teig für Piroggen ausrollte und den Ofen anheizte …

»Ist wohl für meine Beerdigung?« fragte er mit zittriger Stimme.

Die Schwiegertochter gab keine Antwort. Wieder nahm er seine Kräfte zusammen, wieder kletterte er vom Ofen herunter, ging in den Flur: Ja, wahrhaftig, hochkant an der Wand stand ein riesiger lila Sarg mit weißen achteckigen Kreuzen! Da fiel ihm ein, was vor ungefähr dreißig Jahren mit seinem Nachbarn, dem alten Lukjan, geschehen war: Lukjan war krank, man kaufte einen Sarg für ihn – auch einen guten, teuren Sarg – und schaffte Mehl, Wodka und gesalzenen Zander aus der Stadt herbei; aber siehe da, Lukjan wurde wieder gesund. Wo sollte man nun mit dem Sarg hin? Wie sollte man die Ausgaben rechtfertigen? Dafür verwünschte man Lukjan noch fast fünf Jahre lang, man versuchte ihn mit Vorwürfen unter die Erde zu bringen, man ließ ihn hungern bis zur Erschöpfung, plagte ihn mit Läusen und mit Schmutz. Als Iwanuschka daran dachte, ließ er den Kopf hängen und schlich ergeben zurück in die Kate. In der Nacht lag er bewußtlos auf dem Rücken und begann, mit zittriger, klagender Stimme zu singen, er wurde immer leiser und leiser – und plötzlich zuckte er mit den Knien, er schluckte, hob mit einem Seufzer die Brust und blieb dann, Speichel auf den geöffneten Lippen, starr liegen …

Beinahe einen Monat lang lag Kusma Iwanuschkas wegen im Bett. Am Morgen des Dreikönigsfestes hieß es, die Vögel würden im Flug erfrieren, und Kusma hatte nicht einmal Filzstiefel. Dennoch fuhr er zur Totenschau. Iwanuschkas Hände, über der gewaltigen Brust auf einem sauberen Hanfhemd zusammengelegt, steif und nach achtzig Jahren primitiver, schwerer Arbeit durch schwielige Knoten verunstaltet, waren so derb und schrecklich, daß Kusma sich hastig abwandte. Und auf die Haare, auf Iwanuschkas totes, tierhaftes Gesicht, wagte er nicht einmal ein Auge zu werfen – schnell ließ er den weißen Kalikostoff wieder sinken. Darunter war plötzlich ein betäubend widerlicher, süßlicher Geruch hervorgedrungen … Um sich aufzuwärmen, trank Kusma einen Wodka und setzte sich vor den heiß glühenden Ofen. Im Bahnwärterhäuschen war es warm und festtäglich sauber, über dem Kopfteil des breiten, mit weißem Kaliko bedeckten lila Sargs flackerte das goldene Flämmchen einer Wachskerze, die vor dem dunklen Heiligenbild in der Ecke angebracht war, und ein bunter Holzschnitt leuchtete in grellen Farben – der Verkauf Josephs durch die Brüder. Die freundliche Frau des Soldaten hob mit der Ofengabel geschickt pudschwere gußeiserne Töpfe und schob sie in den Ofen, erzählte munter vom staatlichen Brennholz und bat Kusma immer wieder, er möge bleiben, bis ihr Mann aus dem Dorf zurückkäme. Aber Kusma hatte Schüttelfrost; sein Gesicht brannte, vom Wodka, der wie Gift durch seinen frierenden Körper strömte, traten ihm grundlos Tränen in die Augen … Und ohne daß er richtig warm geworden wäre, fuhr Kusma über die weißen, harten Wellen der Felder zu Tichon Iljitsch. Der mit Rauhreif bedeckte, weiß-lockige Wallach trabte schnell dahin, zitternd und schnaubend, und weißer Dampf trat aus seinen Nüstern. Der Schlitten wimmerte und kreischte schrill mit eisernen Kufen über den harten Schnee; von hinten schimmerte in frostigen Kreisen gelb die niedrige Sonne;

von vorne, von Norden her, blies ein brennender Wind, der einem den Atem nahm; die Absteckpfähle neigten sich unter dickem, lockigem Rauhreif, und große, graue Ammern flogen im Schwarm vor dem Wallach her, verteilten sich auf dem glitzernden Weg, hackten mit dem Schnabel im gefrorenen Dung, flogen wieder auf und verteilten sich wieder. Kusma blickte sie durch schwere weiße Wimpern an und fühlte, wie sein erstarrtes Gesicht mit dem krausen weißen Schnäuzer und dem Bart einer Maske zu ähneln begann, wie sie die Vermummten in der Weihnachtswoche tragen … Die Sonne versank, die schneeigen Wellen schimmerten im orangen Glanz leblos grün, ihre Kämme und Kerben warfen bläuliche Schatten … Kusma wendete abrupt sein Pferd und trieb es zurück, nach Hause. Die Sonne war untergegangen, im Haus mit den dick vereisten Fensterscheiben glomm ein trübes Licht, graublaue Dämmerung herrschte, es war verlassen und kalt. Der Gimpel in dem Käfig am Fenster zum Garten war tot – wohl von der Machorka –, er lag mit den Krallen nach oben, das Gefieder gesträubt, den kleinen roten Kropf gebläht.

»Aus und vorbei!« sagte Kusma und trug den Gimpel hinaus, um ihn wegzuwerfen.

Durnowka, verschüttet unter dem hartgefrorenen Schnee, so fern der ganzen Welt an diesem traurigen Abend mitten im Steppenwinter, schauderte ihn plötzlich. Schluß, aus! Der glühende Kopf war dumpf und schwer, er würde sich jetzt hinlegen und nie mehr aufstehen … Mit ihren Bastschuhen auf dem Schnee knirschend, kam die Junge zur Vortreppe, einen Eimer in der Hand.

»Ich bin krank, Dunjuschka!« sagte Kusma freundlich, in der Hoffnung, auch von ihr ein freundliches Wort zu hören.

Doch die Junge erwiderte gleichgültig und kalt:

»Soll ich vielleicht den Samowar anmachen?«

Sie fragte nicht einmal, was er hatte. Auch nach Iwanuschka fragte sie überhaupt nicht … Kusma ging zurück in das dunkle Zimmer und versuchte, am ganzen Leibe zitternd, zu überlegen, wie es nun sei, wohin er gehen werde, seine Notdurft zu verrichten, und legte sich auf den Diwan … Und die Abende verschmolzen mit den Nächten, die Nächte mit den Tagen, er konnte sie nicht mehr zählen.

In der ersten Nacht erwachte er gegen drei Uhr und pochte mit der Faust gegen die Wand, weil er um Wasser bitten wollte: Im Schlaf hatte ihn Durst gequält und der Gedanke, ob man den Gimpel fortgeworfen hätte. Doch auf sein Pochen meldete sich niemand: Die Junge war in der Gesindekate übernachten gegangen. Kusma erinnerte sich, fühlte, daß er todkrank war, und ihn packte eine solche Schwermut, als sei er in einer Gruft erwacht. Der Vorraum, der nach Schnee, Stroh und Kummet roch, war also leer! Er lag also krank und hilflos und vollkommen allein in diesem dunklen, eisigen, elenden Haus mit den mattgrau schimmernden Fenstern und dem leeren Vogelkäfig, in der Totenstille der endlosen Winternacht.

»Herr, rette mich, ich bitte dich, Herr, hilf wenigstens ein bißchen«, flüsterte er, während er sich aufrichtete und mit zitternden Händen seine Taschen abtastete.

Er wollte ein Streichholz anzünden. Aber er flüsterte

im Fieberwahn, in seinem glühendheißen Kopf rauschte und klirrte es, Hände und Füße waren zu Eis erstarrt … Dann kam Klascha, sie öffnete rasch die Tür, legte seinen Kopf auf ein Kissen, setzte sich auf einen Stuhl neben den Diwan … Angezogen war sie wie ein Fräulein – ein Samtpelz, eine Kappe und ein Muff aus weißem Fell, die Hände dufteten nach Parfum, die Augen glänzten, die Wangen waren gerötet vom Frost … »Ach, wie schön hat sich alles gefügt!« flüsterte jemand, doch es war nicht schön, daß Klascha kein Licht machte, daß sie nicht zu ihm, sondern zur Beerdigung von Iwanuschka gekommen war … daß sie plötzlich anfing, zur Gitarre zu singen: »Chas-Bulat, du Kühner, arm ist deine Hütte …« Dann verschwand all das mit einem Mal, er öffnete die Augen – und von dem Geheimnisvollen, Bewegenden und Unheimlichen, was ihm den Kopf verwirrt hatte, war nichts geblieben. Wieder sah er das düstere, kalte Zimmer, die grau schimmernden Fenster; er begriff, daß ringsum alles ganz einfach, allzu einfach war – und daß er krank und mutterseelenallein war …

In der tödlichen Schwermut, die zu Beginn der Krankheit seine Seele vergiftete, phantasierte er von dem Gimpel, von Klascha, von Woronesch, aber selbst im Fieberwahn ließ ihm ein Gedanke keine Ruhe – irgend jemandem zu sagen, man möge wenigstens in einem Erbarmen mit ihm zeigen und ihn nicht in Kolodesi begraben. Aber mein Gott, war es nicht Torheit, in Durnowka auf Erbarmen zu hoffen! Eines Morgens kam er zu sich, als der Ofen angefeuert wurde – und die schlichten, ruhigen Stimmen von Koschel und der Jungen schienen ihm so erbarmungslos, fremd und merkwürdig, wie einem Kranken das gewöhnliche Leben der Gesunden immer erbarmungslos, fremd und merkwürdig erscheint. Er wollte rufen, sie bitten, den Samowar aufzustellen – und blieb stumm, brach beinahe in Tränen aus: Das aufgebrachte Flüstern von Koschel war zu hören, der natürlich von ihm, dem Kranken, sprach, und die brüske Antwort der Jungen:

»Ach, laß ihn doch! Wenn er stirbt, begraben sie ihn eben ...«

Dann ließ die Schwermut allmählich nach. Die vorabendliche Sonne schien durch die kahlen Zweige der Akazien zum Fenster herein. Blau schimmernder Tabakqualm stieg auf. An seinem Bett saß der Feldscher, ein altes Männchen, das nach Arznei und frostiger Kühle roch und sich Eiszapfen aus dem Schnurrbart rupfte. Auf dem Tisch brodelte der Samowar, und Tichon Iljitsch, hochgewachsen, grauhaarig und streng, stand am Tisch und goß wohlriechenden Tee auf. Der Feldscher trank etwa acht oder zehn Gläser, erzählte von seinen Kühen, von den Preisen für Mehl und Butter, und Tichon Iljitsch erzählte, wie wunderbar und üppig man Nastassja Petrowna zu Grabe getragen habe, und wie froh er sei, daß er endlich einen Käufer für Durnowka gefunden habe. Kusma begriff, daß Tichon Iljitsch soeben erst aus der Stadt eingetroffen war, daß Nastassja Petrowna dort unerwartet gestorben war, auf dem Weg zum Bahnhof; er begriff, daß die Beerdigung Tichon Iljitsch furchtbar viel Geld gekostet hatte und daß er bereits einen Vorschuß für Durnowka erhalten habe – und es kümmerte ihn überhaupt nicht ...

Als er eines Tages sehr spät erwachte und weder Schwäche noch Zittern in den Beinen mehr verspürte, setzte er sich an den Samowar. Der Tag war trüb und warm, es war viel Schnee gefallen. Unter dem Fenster ging der Graue vorbei und hinterließ im Schnee mit lauter winzigen Kreuzchen übersäte Abdrücke von seinen Bastschuhen. Die Schäferhunde liefen um ihn herum und schnupperten an seinen zerrissenen Schößen. Er zog ein großes, schmutzig-isabellfarbenes Pferd am Zügel hinter sich her, unansehnlich vor Alter und Magerkeit, die Schultern vom Kummet aufgescheuert, der Rücken krummgeschlagen, der Schwanz dünn und schmutzig. Es hinkte auf drei Beinen und schleppte das vierte Bein, das unterhalb des Knies gebrochen war, nach. Kusma fiel wieder ein, daß Tichon Iljitsch vorgestern da gewesen war und gesagt hatte, er habe dem Grauen befohlen, den Schäferhunden einen Leckerbissen zu gönnen und ein altes Pferd zu schlachten, und daß der Graue sich auch früher schon gelegentlich mit diesem Gewerbe abgegeben und krepiertes oder untaugliches Vieh gekauft und gehäutet hatte. Dem Grauen, hatte Tichon Iljitsch erzählt, war kürzlich etwas Furchtbares passiert: Er hatte eine Stute schlachten wollen und vergessen, sie zu fesseln, hatte ihr nur das Maul gebunden und zur Seite gezogen, und als er sich bekreuzigte und mit einem dünnen Messer in die Ader am Schlüsselbein stach, wieherte die Stute auf, und während ein Schwall schwarzen Bluts auf den Boden sprudelte, stürzte sie sich wiehernd mit gelben, vor Schmerz und Wut gebleckten Zähnen auf ihren Mörder und setzte ihm lange nach, wie ein Mensch, und hätte ihn

wohl auch zu fassen bekommen, aber »zum Glück war
der Schnee tief« ... Kusma hatte dieser Vorfall so erschüttert, daß er jetzt beim Blick aus dem Fenster wieder ein
schweres Gefühl in den Beinen hatte. Dann fing sein
Herz an zu hämmern ... Er trank einen Schluck heißen
Tee – und faßte sich allmählich wieder. Er rauchte und
blieb noch eine Weile sitzen ... Schließlich stand er auf,
ging hinaus in den Vorraum und blickte durch das aufge-
taute Fenster hinaus in den kahlen, lichten Garten: Dort,
auf der schneeweißen Decke der kleinen Lichtung,
leuchtete rot der breitflankige, blutige Kadaver mit dem
langen Hals und dem malträtierten Kopf; die Hunde standen darübergebeugt, die Pfoten ins Fleisch gestemmt,
und rissen und zerrten gierig die Eingeweide heraus;
zwei alte, schwarzblaue Krähen hüpften von der Seite her
zum Kopf, flogen auf, als die Hunde sich knurrend auf sie
stürzten, und ließen sich wieder auf dem jungfräulich rei-
nen Schnee nieder. »Iwanuschka, der Graue, die Krähen ...«, dachte Kusma. »Sie erinnern sich vielleicht noch
an die Zeiten von Iwan dem Schrecklichen ... Herr, rette
mich, erbarme dich, bring mich fort von hier!«

Kusmas Schwäche hielt noch etwa einen halben
Monat lang an. Traurig und freudig berührte ihn der Gedanke an den Frühling, er wollte möglichst bald fort von
Durnowka. Er wußte, das Ende des Winters war noch
nicht abzusehen, doch das Tauwetter hatte schon begonnen. Die erste Februarwoche war dunkel und nebelver-
hangen. Der Nebel verhüllte die Felder und verschlang
den Schnee. Das Dorf hob sich schwarz ab, zwischen den
schmutzigen Schneebergen stand das Wasser; der Land-

kommissar fuhr einmal durchs Dorf, die Pferde hintereinander gespannt, ganz mit Pferdemist bespritzt. Die
Hähne krähten, durch den Ventilator drang erregende
Frühlingsfeuchte herein … Er wollte noch leben – leben,
auf den Frühling warten, den Umzug in die Stadt, leben,
sich in sein Schicksal ergeben, die Arbeit verrichten, die
sich ihm bot – und sei es auch nur für ein Stück Brot …
Natürlich beim Bruder, mochte er sein, wie er wollte. Der
Bruder hatte ihm, als er krank war, bereits vorgeschlagen,
zu ihm nach Worgol zu ziehen.

»Ich kann dich doch nicht wegjagen«, sagte er nach
einigem Überlegen. »Den Laden und den Hof übergebe
ich auch zum ersten März – laß uns in die Stadt gehen,
Brüderchen, weit weg von diesen Bestien!«

Wahrhaftig, Bestien waren das. Die Einhöferin war
da gewesen und hatte in allen Einzelheiten berichtet, was
dem Grauen kürzlich passiert war. Deniska war aus Tula
zurückgekehrt und lungerte ohne Arbeit herum, er erzählte überall herum, er wolle heiraten, er habe Geld und
werde bald erstklassig leben. Das Dorf bezeichnete sein
Gefasel anfangs als Schwindelei, dann aber, als es sich aus
Deniskas Anspielungen zusammenreimte, worum es
ging, glaubte es ihm. Auch der Graue glaubte ihm und
begann, seinem Sohn um den Bart zu gehen. Doch als er
das Pferd abgezogen und von Tichon Iljitsch dafür einen
Silberrubel bekommen und obendrein fünfzig Kopeken
mit dem Fell verdient hatte, stieg ihm das zu Kopf, und er
ging bummeln: Er trank zwei Tage lang, verlor seine
Pfeife und legte sich zum Ausruhen auf den Ofen. Der
Kopf schmerzte, rauchen konnte er nicht ohne Pfeife. Da

begann er, von der Zimmerdecke, die Deniska mit Zeitungen und allerlei Bildern beklebt hatte, Papier abzureißen, um sich Zigaretten zu drehen. Das tat er natürlich heimlich, aber einmal ertappte Deniska ihn trotzdem dabei. Er ertappte ihn und fing an zu brüllen. Der Graue in seinem Kater fing auch an zu brüllen – woraufhin Deniska ihn vom Ofen herunterzerrte und ihn grün und blau prügelte, bis die Nachbarn herbeigelaufen kamen. Zwar wurde am nächsten Abend Frieden geschlossen, mit Kringeln und Wodka, aber, so überlegte Kusma, ist nicht auch Tichon Iljitsch eine Bestie, wenn er mit der Halsstarrigkeit eines Verrückten darauf besteht, die Junge müsse eine von diesen Bestien heiraten?

Als er zum ersten Mal von dieser Hochzeit hörte, war Kusma fest entschlossen, sie nicht zuzulassen. Wie grauenhaft, wie absurd! Später, als er während seiner Krankheit einmal zu sich gekommen war, hatte er sich sogar über diese absurde Idee gefreut. Die Gleichgültigkeit der Jungen gegenüber ihm, dem Kranken, hatte ihn erstaunt und befremdet. »Ein Tier, eine Wilde!« hatte er gedacht, und als ihm die Hochzeit einfiel, gehässig hinzugefügt: »Ausgezeichnet! Sie hat es nicht anders verdient!« Jetzt, nach der Krankheit, waren die Entschlossenheit und die Gehässigkeit verschwunden. Eines Tages sprach er mit der Jungen über Tichon Iljitschs Absicht – und sie antwortete gelassen:

»Ja und, ich hab schon mit dem Herrn über diese Sache geredet. Gott schenke ihm Gesundheit, das hat er sich gut ausgedacht.«

»Gut?« wunderte sich Kusma.

Die Junge sah ihn kopfschüttelnd an:

»Wieso denn nicht? Wahrhaftig, Sie sind wunderlich, Kusma Iljitsch! Geld gibt er uns, die Hochzeit bezahlt er ... Und obendrein hat er nicht irgendeinen Witwer ausgesucht, sondern einen jungen Burschen, er hat keine Laster ... ist kein Tattergreis, kein Säufer ...«

»Aber ein Faulpelz, ein Raufbold und ein ausgemachter Dummkopf«, setzte Kusma hinzu.

Die Junge schlug die Augen nieder und schwieg eine Weile. Dann seufzte sie, drehte sich um und ging zur Tür.

»Wenn Sie meinen«, sagte sie mit einem Zittern in der Stimme. »Es ist Ihre Sache ... Reden Sie es ihm aus ... Wie Sie wollen.«

Kusma sperrte die Augen auf und rief:

»Warte, du bist wohl verrückt geworden! Ich will dir doch nichts Schlimmes!«

Die Junge drehte sich um und blieb stehen.

»Ach nein?« versetzte sie hitzig »Wo soll ich denn hin Ihrer Meinung nach? Ewig bei Fremden unterkriechen? Fremder Leute Brot essen? Herumvagabundieren und betteln? Oder mir einen Witwer suchen, einen alten Mann? Hab ich noch nicht genug Tränen hinuntergeschluckt?«

Ihr versagte die Stimme. Sie fing an zu weinen und ging hinaus. Am Abend überzeugte Kusma sie davon, daß er keineswegs im Sinn hatte, die Pläne zu durchkreuzen, und schließlich glaubte sie ihm und lächelte freundlich und verlegen.

»Na, dann danke ich Ihnen«, sagte sie in dem liebevollen Ton, den sie Iwanuschka gegenüber angeschlagen hatte.

Aber noch immer zitterten Tränen an ihren Wimpern – und Kusma breitete wieder ratlos die Arme aus.

»Was hast du denn jetzt noch?« fragte er.

Die Junge antwortete leise:

»Vielleicht ist auch Deniska keine Freude ...«

Koschel brachte von der Post eine Zeitung mit, die beinahe eineinhalb Monate alt war. Die Tage waren dunkel und neblig, und Kusma saß von morgens bis abends am Fenster und las. Als er fertig war, war er erschüttert über die unglaubliche Zahl neuer Hinrichtungen und erstarrte. Früher hatte ihn bei der Zeitungslektüre der Zorn gewürgt – nutzloser Zorn, denn die menschliche Aufnahmefähigkeit reichte nicht für das, was er las. Jetzt wurden lediglich seine Finger kalt. Ja, ja, hier war es zwecklos, sich aufzuregen. Es lief alles, wie es im Buche steht ... Jeder bekam, was er verdiente ... Er hob den Kopf: Weiße Graupeln fegten schräg vorbei, fielen auf das schwarze, bettelarme Dörfchen, auf die holprigen, schlammigen Wege, auf Pferdemist, Eis und Wasser; dämmriger Nebel verhüllte die endlosen Felder, diese ganze große Wüste mit ihren Schneemassen und Wäldern, mit Ortschaften und Städten – das Reich des Hungers und des Todes ...

»Awdotja!« rief Kusma und stand auf. »Sag Koschel, er soll das Pferd vor den leichten Schlitten spannen, ich fahre zu meinem Bruder.«

Tichon Iljitsch war zu Hause. Er saß am Samowar, nur im Kattunhemd, wettergegerbt, mit weißem Bart, die grauen Augenbrauen zusammengeschoben, groß und kräftig, und kochte Tee.

»Ah! Brüderchen!« rief er einladend, ohne die Stirn

wieder glattzuziehen. »Gehst du wieder unter Menschen? Nimm dich nur in Acht, ist es nicht noch zu früh?«

»Ich hatte schon große Sehnsucht, Bruder«, erwiderte Kusma und küßte ihn.

»Na, dann komm dich aufwärmen und plaudern ...«

Sie erkundigten sich gegenseitig, welche Neuigkeiten es gebe, tranken schweigend ihren Tee und rauchten.

»Du bist sehr mager geworden, Brüderchen!« sagte Tichon Iljitsch, reckte und streckte sich und blickte Kusma besorgt an.

»Wohl wahr«, antwortete Kusma leise. »Liest du keine Zeitungen?«

Tichon Iljitsch grinste.

»Das dumme Zeug? Nein, Gott hat Erbarmen.«

»Wenn du wüßtest, wie viele Hinrichtungen es gibt!«

»Hinrichtungen? Geschieht ihnen recht ... Hast du nicht gehört, was bei Jelez passiert ist? Auf dem Vorwerk der Bykow-Brüder? ... Du weißt doch, die, die das ›r‹ so schnarren ... Diese Bykows sitzen so wie du und ich eines Abends da und spielen Dame. Und plötzlich – was ist da los? Getrampel auf der Vortreppe, ein Schrei: ›Mach auf!‹ Und eh die Bykows noch mit der Wimper zucken können, stürmt der Knecht herein, ein Kerl wie der Graue, und hinter ihm zwei Raufbolde, irgendwelche Landstreicher ... Und alle mit Brecheisen. Sie reißen die Brecheisen hoch und brüllen: ›Hände hoch, ihr Scheißkerle!‹ Verstehst du, der Kerl ist selbst kreideweiß vor Angst, reißt die Augen auf, brüllt aber am lautesten von allen ... Die Bykows sind natürlich auch zu Tode erschrocken, sie springen auf und schreien: ›Was soll denn das?‹ Und der Kerl brüllt immer wieder sein ›Hoch, hoch!‹«

Tichon Iljitsch lächelte düster und verstummte nachdenklich.

»Erzähl doch zu Ende«, sagte Kusma.

»Es gibt nichts mehr zu erzählen … Sie haben natürlich ihre Hände erhoben und gefragt: ›Was wollt ihr denn?‹ ›Her mit dem Schinken! Wo hast du die Schlüssel?‹ ›Du Hundesohn! Als ob du das nicht wüßtest! Da sind sie doch, da am Türpfosten an dem Nagel hängen sie …‹«

»Und das alles mit erhobenen Händen?« fragte Kusma dazwischen.

»Natürlich … Nun, jetzt setzt es was dafür! Sie werden natürlich gehängt! Sie sind schon im Gefängnis, die Vögel …«

»Für einen Schinken hängt man die auf?«

»Nein, für ihren Blödsinn, verzeih, o Herr, meine Sünde«, versetzte Tichon Iljitsch halb verärgert, halb scherzhaft. »Es reicht jetzt, mein Gott, hör auf, dich zu ereifern und Balaschkin zu spielen! Höchste Zeit, daß du das seinläßt …«

Kusma zupfte an seinem grauen Bärtchen. Sein erschöpftes, mageres Gesicht, die bekümmerten Augen, die schief nach oben gezogene linke Braue wurden vom Spiegel zurückgeworfen, und beim Blick auf sich selbst stimmte er leise zu:

»Mich zu ereifern? Stimmt, es ist Zeit … es ist längst Zeit …«

Tichon Iljitsch lenkte das Gespräch auf Geschäftliches. Offenbar war ihm schon vorhin während des Erzählens etwas eingefallen, was er nicht vergessen wollte, etwas, das viel wichtiger war als die Hinrichtungen – etwas Geschäftliches.

»Ich habe Deniska schon gesagt, daß er diese Geschichte so schnell es irgend geht zu Ende bringen soll«, sagte er fest, schroff und streng, wobei er mit der hohlen Hand Tee in den Teekessel streute. »Und ich bitte dich, Bruder, unterstütze mich bei dieser Geschichte. Mir ist es unangenehm, verstehst du? Danach kannst du dann hierher übersiedeln. Das wird zünftig, Bruder! Da wir nun schon beschlossen haben, alles endgültig aufzulösen, hat es keinen Zweck, daß du unnütz da herumsitzt. Das sind bloß doppelte Ausgaben. Und wenn du umgezogen bist, können wir beide zusammenspannen. Wenn wir die Last erst einmal los sind, schaffen wir es, so Gott will, in die Stadt, und dann fangen wir einen richtigen Getreidehandel an. Hier in dieser Schlucht kann man ja nichts in Gang bringen. Ich will doch hier nicht umkommen! Mir, merk dir das«, sagte er, wobei er die Brauen zusammenschob und die Arme mit geballten Fäusten ausstreckte, »mir entkommst du noch nicht, für mich ist es noch zu früh, auf dem Ofen zu liegen! Ich brech dem Teufel noch ein Horn ab!«

Kusma hörte ihm zu und blickte fast furchtsam auf seine starren, wahnsinnigen Augen und seinen schiefen Mund, der streitlustig jede Silbe einzeln aussprach – er hörte zu und schwieg. Dann fragte er:

»Bruder, sag mir um Christi willen, was hast du für einen Vorteil von dieser Hochzeit? Ich verstehe es nicht,

Gott ist mein Zeuge, ich verstehe es nicht. Deinen Deniska kann ich einfach nicht ertragen. Dieser neue Typ wird schlimmer sein als alle alten. Laß dich nicht täuschen, weil er verschämt ist und den Narren spielt – er ist ein zynisches Tier! Über mich erzählt er, ich würde mit der Jungen leben ...«

»Du kennst aber auch überhaupt kein Maß«, unterbrach ihn Tichon Iljitsch stirnrunzelnd. »Dabei erzählst du doch in einem fort: das unglückliche Volk, das unglückliche Volk! Und jetzt – ein Tier!«

»Ja, und das werde ich auch weiterhin erzählen!« versetzte Kusma hitzig. »Aber ich weiß einfach nicht, woran ich bin! Ich verstehe rein gar nichts mehr: Ist es unglücklich oder ... Aber hör einmal: Du haßt ihn doch selbst, diesen Deniska! Ihr haßt euch gegenseitig! Er spricht von dir nur als die ›Bestie, die sich am Widerrist des Volkes festgebissen hat‹, und du beschimpfst ihn auch als Bestie. Im Dorf gibt er ganz dreist damit an, daß er jetzt was Besseres ist ...«

»Das weiß ich doch!« unterbrach Tichon Iljitsch ihn wieder.

»Und weißt du, was er über die Junge erzählt?« fuhr Kusma ungerührt fort. »Sie ist ein schönes Mädchen, weißt du, sie hat so ein zartes, weißes Gesicht, und weißt du, was er sagt, dieses dumme Tier? ›Bleich wie eine Kachel, das Luder!‹ Eines mußt du endlich begreifen: Er wird nicht im Dorf bleiben, er ist ein Herumtreiber, den kannst du auch mit dem Fangseil nicht im Dorf halten. Als ob der wirtschaften, ein Familienvater sein könnte! Gestern höre ich, wie er durchs Dorf geht und mit lüsterner Stimme singt: ›Schön wie ein himmlischer Engel, tückisch und bös wie ein Dämon ...‹«

»Ich weiß!« rief Tichon Iljitsch. »Er wird nicht im Dorf bleiben, um keinen Preis! Aber zum Teufel mit ihm! Und wenn er nicht wirtschaften kann – wir beide sind ja gerade die Rechten! Ich weiß noch, als ich mit dir übers Geschäft reden wollte – in der Schenke, weißt du noch? – und du die ganze Zeit auf die Wachtel gehorcht hast ... Und dann, was war dann?«

»Wie – was war dann? Was hat denn die Wachtel damit zu tun?« fragte Kusma.

Tichon Iljitsch trommelte mit den Fingern auf den Tisch und sagte streng und jede Silbe einzeln aussprechend:

»Merk dir: Leeres Stroh kann man lange dreschen. Mein Wort aber gilt in alle Ewigkeit. Wenn ich etwas gesagt habe, dann mache ich es auch. Für meine Sünden stelle ich keine Kerze auf, sondern ich tue Gutes. Auch wenn ich nur ein Scherflein gebe, wird der Herrgott mich dieses Scherfleins wegen nicht vergessen!«

Kusma sprang auf.

»Der Herrgott, der Herrgott!« rief er im Falsett. »Was haben wir für einen Herrgott! Was für einen Herrgott kann Deniska haben, Akimka, Menschow, der Graue, kannst du, kann ich haben?«

»Warte«, sagte Tichon Iljitsch barsch. »Was für ein Akimka?«

»Als ich da lag und fast verreckt bin«, fuhr Kusma ungerührt fort, »meinst du, da hätte ich viel an ihn gedacht? Eines hab ich gedacht: Ich weiß nichts von ihm, und denken kann ich nicht!« rief er. »Ich bin nicht gebildet!«

Mit unstetem, gequältem Blick, seine Jacke auf- und zuknöpfend, ging er quer durchs Zimmer und blieb unmittelbar vor Tichon Iljitsch stehen.

»Denk daran, Bruder«, sagte er, und seine Wangen wurden rot. »Denk daran: Unser Lied ist ausgesungen. Und keine Kerzen können uns mehr retten. Hörst du? Wir sind Durnower. Wir taugen weder als Kerze für Gott noch als Schüreisen für den Teufel.«

Vor Aufregung fand er keine Worte mehr und verstummte. Aber Tichon Iljitsch hing schon wieder seinen eigenen Gedanken nach und stimmte ihm unerwartet zu:

»Das ist richtig. Zu gar nichts taugt das Volk! Denk doch bloß ...«

Begeistert von seinem neuen Gedanken, wurde er wieder munter:

»Denk doch bloß: Sie pflügen seit einem ganzen Jahrtausend – ach, was sage ich! schon länger –, aber kein einziger von ihnen versteht zu pflügen, wie es sich gehört! Ihre einzige Arbeit verstehen sie nicht zu verrichten! Sie wissen nicht, wann man aufs Feld hinausfahren muß! Wann man säen, wann man mähen muß! ›Wir machen es wie die anderen!‹ – und damit hat es sich! Wohlgemerkt: Keines der Weiber versteht Brot zu backen – die obere Kruste bröckelt ab, und unter der Kruste ist bloß Sauerwasser!«

Kusma wurde stutzig. Er hatte den Faden verloren.

»Er ist nicht mehr recht bei Trost!« dachte er und

beobachtete seinen Bruder, der die Lampe anzündete, mit verständnislosem Blick.

Aber Tichon Iljitsch gab ihm keine Gelegenheit, sich zu fassen, und ereiferte sich richtig:

»Das Volk! Zotenreißer, Faulpelze, Lügner, und zwar so schamlose, daß keine Seele der anderen traut! Wohlgemerkt«, brüllte er, ohne zu bemerken, daß der Docht hoch aufloderte und fast bis zur Decke blakte, »nicht uns, nicht uns, sondern einander! Und sie sind alle so, alle!« rief er mit weinerlicher Stimme und stülpte mit einem Knall das Glas auf die Lampe.

Draußen dämmerte es bläulich. Auf Pfützen und Schneewehen rieselte frischer weißer Schnee herab. Kusma blickte in den Schnee und schwieg. Das Gespräch hatte eine so unerwartete, absurde Wendung genommen, daß selbst Kusmas Eifer verflogen war. Er wußte nichts zu sagen, wagte nicht in die wütenden Augen des Bruders zu blicken und fing an, sich eine Papirossa zu drehen.

»Er ist nicht recht bei Trost«, dachte er hoffnungslos. »Aber das kommt davon! Es ist egal, es ist alles egal. Schluß, aus!«

Auch Tichon Iljitsch zündete sich eine Zigarette an und beruhigte sich allmählich. Er setzte sich hin, blickte in die Lampe und murmelte leise:

»Du mit deinem ›Deniska‹ … Hast du gehört, was Makar Iwanowitsch, der Pilger, gemacht hat? Zusammen mit seinem Kumpanen hat er auf der Straße eine Frau geschnappt und in eine Wachbude in Kljutschiki geschleppt – und dann sind sie vier Tage lang hingegangen und haben sie vergewaltigt, immer der Reihe nach ... Na, und jetzt sind sie im Gefängnis ...«

»Tichon Iljitsch«, sagte Kusma freundlich, »was redest du da für einen Unsinn? Was soll das? Du bist wohl krank. Kommst vom Hölzchen aufs Stöckchen, behauptest jetzt das eine, und gleich darauf etwas anderes ... Trinkst du etwa zuviel?«

Tichon Iljitsch sagte keinen Ton. Er winkte nur ab, und in seinen auf die Lampe gerichteten Augen glitzerten Tränen.

»Trinkst du?« wiederholte Kusma leise.

»Ja«, antwortete Tichon Iljitsch leise. »Da fängt man auch an zu trinken! Meinst du, mir wäre dieser goldene Käfig hier zugefallen? Meinst du, es wäre einfach, das ganze Leben wie ein Kettenhund zu leben, noch dazu mit der Alten? Ich hatte mit niemandem Mitleid, Bruder ... Nun, auch mich hat man nicht sonderlich bemitleidet! Meinst du, ich wüßte nicht, wie sehr sie mich hassen? Meinst du, die hätten mich nicht erbarmungslos totgeprügelt, diese Bauern, wenn es richtig losgegangen wäre ... wenn ihnen diese Revolution geglückt wäre? Warte nur, warte nur – das kommt schon noch! Drangsaliert haben wir sie!«

»Aber für einen Schinken werden sie aufgehängt?« fragte Kusma.

»Ja, sieht ganz so aus«, erwiderte Tichon Iljitsch gequält. »Das habe ich doch nur so gesagt, es ergab sich so ...«

»Aber sie werden aufgehängt!«

»Das ist nicht unsere Sache. Die müssen sich vor dem Schöpfer verantworten.«

Nachdenklich schob er die Augenbrauen zusammen und schloß die Augen.

»Ach!« sagte er niedergeschlagen und seufzte tief. »Ach, mein lieber Bruder! Sehr bald schon stehen auch wir vor Gericht an seinem Thron! Ich lese abends in einem Brevier – und weine und schluchze dabei. Ich komme aus dem Staunen nicht heraus: Wie war es nur möglich, solche schönen Worte zu finden! Hier, warte ...«

Er stand schnell auf, holte hinter dem Spiegel ein dickes, kleines Buch mit kirchlichem Einband hervor, setzte mit zittrigen Händen die Brille auf und begann, unter Tränen und hastig, als fürchte er, man könne ihn unterbrechen, zu lesen:

»Ich weine und schluchze, denke ich an den Tod, sehe ich unsere nach dem Bild Gottes erschaffene Schönheit häßlich, stumm und gestaltlos im Grabe liegen ...«

»Wahrhaft ist nur die Nichtigkeit des Menschen, das Leben aber ist Schatten und Traum. Denn vergeblich irrlichtert jeder Erdgeborene, heißt es doch in der Schrift: Wenn wir den Frieden erlangen, dann gehen wir ein ins Grab, worinnen sich vereint finden Könige und Bettler ...«

»Könige und Bettler!« wiederholte Tichon Iljitsch begeistert und bekümmert zugleich und wiegte seinen Kopf. »Das Leben ist hin, Bruder! Ich hatte früher eine stumme Köchin, verstehst du, der hab ich mal ein Tuch aus dem Ausland geschenkt, aber die dumme Gans *geht hin und trägt es die ganze Zeit auf links* ... Verstehst du? Aus Dummheit und Geiz. Es war ihr zu schade, das Tuch alltags von rechts zu tragen, ich wart auf den Feiertag, sagt sie, aber als der Feiertag kam, waren nur noch Fetzen übrig ... So hab ich es auch gemacht ... *mit meinem Leben.* Wahrlich, genauso!«

Aber Kusma hörte ihm nicht zu, sondern blickte ihn erschrocken und erstaunt an und rief aus:

»Tichon Iljitsch, du bist nicht bei Sinnen! Nimm Vernunft an!«

Aber das hatte – er spürte es nun ganz deutlich – keinen Zweck ...

Bei seiner Rückkehr nach Durnowka spürte er nur noch eines – eine dumpfe Schwermut. In dumpfer Schwermut vergingen auch seine letzten Tage in Durnowka.

Es schneite an diesen Tagen, und auf Schnee hatte man auf dem Hof des Grauen nur gewartet, damit die Straße zur Hochzeit gut passierbar wäre.

Am zwölften Februar wurde gegen Abend im Halbdunkel des kalten Vorraums eine leise Unterhaltung geführt. Am Ofen stand die Junge, ein gelbes, schwarz getupftes Tuch in die Stirn gezogen, und blickte auf ihre Bastschuhe. An der Tür der kurzbeinige Deniska, ohne Mütze, in einem schweren Mantel mit herabhängenden Schultern. Er blickte ebenfalls nach unten, auf ein Paar eisenbeschlagene Halbstiefel, die er in der Hand drehte. Die Halbstiefel gehörten der Jungen. Deniska hatte sie geflickt und war gekommen, um ein Fünfkopekenstück für seine Arbeit zu kassieren.

»Ich hab's aber nicht«, sagte die Junge. »Und Kusma Iljitsch schläft, das geht jetzt nicht. Warte halt bis morgen.«

»Ich kann aber nicht warten«, erwiderte Deniska gedehnt und nachdenklich, wobei er mit seinem Fingernagel im Stiefeleisen bohrte.

»Hm, und was machen wir jetzt?«

Deniska überlegte seufzend, schüttelte sein üppiges Haar und hob plötzlich den Kopf.

»Was sollen wir darum herum reden?« sagte er laut und resolut, seine Verlegenheit bezwingend, aber ohne die Junge anzusehen. »Hat Tichon Iljitsch mit dir gesprochen?«

»Hat er«, antwortete die Junge. »Ich kann es schon nicht mehr hören.«

»Dann komme ich jetzt mit meinem Vater. Kusma Iljitsch muß doch sowieso jetzt aufstehen, Tee trinken …«

»Wenn du meinst …«

Deniska stellte die Halbstiefel auf das Fensterbrett und ging, ohne noch einmal an das Geld zu erinnern. Nach einer halben Stunde hörte man auf der Vortreppe, wie sich jemand den Schnee von den Bastschuhen stampfte. Deniska war mit dem Grauen wiedergekommen – und der Graue hatte aus irgendeinem Grund über seinem Bauernrock einen roten Gürtel um die Hüften geschlungen. Kusma ging zu ihnen hinaus. Deniska und der Graue bekreuzigten sich lange in Richtung der dunklen Ecke, dann warfen sie ihr Haar zurück und hoben den Kopf.

»Verwandt oder nicht, aber er ist ein guter Mensch!« begann der Graue bedächtig und in ungewohnt gelöstem, wohlgesetztem Ton. »Du willst deine Nenntochter verheiraten und ich meinen Sohn. Zum guten Einvernehmen, zu ihrem Glück laß uns das untereinander bereden.«

»Sie hat schließlich eine Mutter«, sagte Kusma.

»Ihre Mutter versteht nichts von der Wirtschaft, sie ist eine heimatlose Witwe, ihre Hütte ist zugenagelt, sie selbst ist wer weiß wo«, erwiderte der Graue im selben Tonfall. »Betrachte sie als Waise.«

Er verbeugte sich tief und gemessen.

Kusma unterdrückte ein schmerzliches Lächeln und ließ die Junge rufen.

»Lauf und such sie«, befahl der Graue Deniska flüsternd, wie in der Kirche.

»Ich bin hier«, sagte die Junge, trat vom Ofen hinter der Tür hervor und verbeugte sich vor dem Grauen.

Schweigen trat ein. Der Samowar, der am Boden stand und mit seinem Rost im Dunkeln rot glühte, kochte und brodelte. Die Gesichter waren nicht zu erkennen, aber man spürte, daß alle verlegen waren.

»Nun, was ist, Töchterchen, entscheide dich«, sagte Kusma.

Die Junge überlegte.

»Ich kann ihm nichts vorwerfen ...«

»Und du, Denis?«

Deniska schwieg ebenfalls eine Weile.

»Was soll's, heiraten muß man ja doch irgendwann ... Vielleicht, so Gott will – wär's gar nicht so schlecht ...«

Die Väter der Brautleute gratulierten sich gegenseitig zum erfolgreichen Auftakt der Angelegenheit. Der Samowar wurde in die Gesindekate gebracht. Die Einhöferin, die es früher als alle anderen erfahren hatte und von der Landspitze herbeigelaufen kam, zündete die

Lampe in der Gesindekate an, schickte Koschel Wodka und Sonnenblumenkerne holen, setzte die Braut und den Bräutigam unter die Heiligen, goß ihnen Tee ein, setzte sich mit dem Grauen daneben und begann, um die Verlegenheit zu überspielen, mit einem Blick auf Deniska, sein fahles Gesicht und die langen Wimpern hoch und schrill zu singen:

> In unserm Garten einst
> Durch Rebstöcke so grün,
> Spaziert ein Jüngling fein
> Gar schön und weiß anzusehn ...

Kusma aber marschierte im dunklen Saal von einer Ecke in die andere, schüttelte den Kopf und brummte stirnrunzelnd vor sich hin:

»Ach, Väterchen! Ach, so eine Schande, so ein Unsinn, so ein Elend«

Anderntags schmunzelte jeder, dem der Graue von dem Festmahl erzählte, und riet: »Du solltest den Jungen wenigstens ein bißchen behilflich sein!« Dasselbe sagte auch Koschel: »Sie stehen noch ganz am Anfang, jungen Leuten muß man helfen.« Der Graue ging schweigend nach Hause und brachte der Jungen, die im Vorraum bügelte, zwei gußeiserne Töpfe mit und eine Docke schwarzes Garn.

»Hier, Schwiegertöchterchen«, sagte er betreten, »nimm das, die Schwiegermutter schickt es. Vielleicht kannst du es gebrauchen ... Wir haben doch sonst nichts – wenn wir was hätten, würd ich mein letztes Hemd hergeben ...«

Die Junge verneigte sich und dankte ihm. Sie bügelte eine Gardine, die Tichon Iljitsch »anstatt eines Brautschleiers« geschickt hatte, und ihre Augen waren feucht und gerötet. Der Graue wollte sie trösten und sagen, daß es auch für ihn »kein Zuckerschlecken« sei, aber er seufzte nur zerknirscht, stellte die Töpfe auf das Fensterbrett und ging hinaus.

»Das Garn habe ich in den Topf gelegt«, brummte er.

»Danke, Väterchen«, sagte die Junge noch einmal in jenem freundlichen, besonderen Tonfall, in dem sie sonst nur mit Iwanuschka gesprochen hatte, und fing an zu singen: »In unserm Garten einst ...«

Kusma streckte den Kopf aus dem Saal und blickte sie über sein Pincenez hinweg streng an. Sie verstummte.

»Hör zu«, sagte Kusma. »Sollen wir die ganze Geschichte abblasen?«

»Das ist jetzt zu spät«, erwiderte die Junge leise. »Die Schande werden wir nicht los ... Als ob nicht sowieso alle wüßten, auf wessen Kosten wir feiern. Auslagen gab es auch schon ...«

Kusma zuckte die Achseln. Freilich hatte Tichon Iljitsch mit der Gardine fünfundzwanzig Rubel geschickt, einen Sack feinstes Weizenmehl, Hirse und ein mageres Schwein. Aber man konnte doch nicht zugrunde gehen, bloß weil schon das Schwein geschlachtet worden war!

»Ach«, sagte Kusma. »Ihr macht mich fertig! ›Die Schande, Auslagen‹ ... Du bist doch nicht weniger wert als ein Schwein?«

»Weniger oder nicht, Tote macht man nicht wieder lebendig«, erwiderte die Junge kurz entschlossen und faltete mit einem Seufzer sorgfältig die gebügelte, warme Gardine zusammen. »Werden Sie jetzt zu Mittag essen?«

Ihre Miene wurde gelassen. »Aus und vorbei, das ist vergebene Liebesmüh!« dachte Kusma und sagte:

»Nun, wie du meinst …«

Nach dem Mittagessen rauchte er und schaute aus dem Fenster. Es dunkelte. In der Gesindekate, das wußte er, wurde schon ein Roggenkranz gebacken, der »Brautkuchen«. Zwei Töpfe Sülze wurden vorbereitet, ein Topf Schtschi, ein Topf Kascha – alles mit frisch geschlachtetem Fleisch. Der Graue war auf einem Schneehügel zwischen Speicher und Schuppen zugange. Auf dem Hügel loderte in der bläulichen Dämmerung mit orangeroter Flamme das Stroh, das man über das getötete Schwein geworfen hatte. Um die Flamme herum saßen Schäferhunde in der Hoffnung auf Beute, die weiße Schnauze und die Brust seidig-rosa. Der Graue lief, im Schnee einsinkend, umher, richtete das Feuer und holte aus, um die Schäferhunde zu verscheuchen. Die Schöße seines Kaftans hatte er hochgehoben und in den Gürtel gestopft, die Mütze schob er mit der rechten Hand, in der ein Messer blitzte, immer wieder in den Nacken. Bald von der einen, bald von der anderen Seite flüchtig und grell beleuchtet, warf der Graue einen großen tanzenden Schatten auf den Schnee – den Schatten eines Heiden. Am Speicher vorbei über den schmalen Pfad zum Dorf, lief die Einhöferin und verschwand hinter einem Schneehügel, sie wollte die Sängerinnen für den Hochzeitszug zusammenrufen und Domaschka um den Tannenbaum bitten, der im Keller aufbewahrt wurde und von einem Polterabend zum

255

nächsten wanderte. Als Kusma, der sich gekämmt und den Rock mit den durchgescheuerten Ellbogen gegen den geerbten, langschößigen Gehrock ausgetauscht hatte, fertig angekleidet war und auf die vom rieselnden Schnee weiß schimmernde Vortreppe hinaustrat, hob sich in der weichen, grauen Dunkelheit vor den erleuchteten Fenstern der Gesindekate schon eine große schwarze Menge von Mädchen, Burschen und Buben ab, es herrschte ein Heidenlärm, Stimmengewirr, und man spielte gleichzeitig auf drei Harmonikas unterschiedliche Musik. Kusma ging gebeugt und mit den Fingern knackend hinüber zu der Menge, drängte sich hindurch und trat mit gekrümmtem Rücken in die Dunkelheit, in den Vorraum. Es war voll und eng. Kleine Jungen flitzten zwischen den Beinen umher, man packte sie am Nacken und setzte sie vor die Tür – aber sie kamen wieder herein ...

»Laßt mich doch durch, um Gottes willen!« sagte Kusma, der an der Tür eingeklemmt wurde.

Er wurde noch mehr eingeklemmt – und dann riß jemand an der Tür. In Schwaden von Dampf überschritt er die Schwelle und blieb am Türsturz stehen. Hier drängte sich das Volk noch enger – Mädchen in bunten Umschlagtüchern, frisch ausstaffierte Burschen. Es roch nach Meterware, nach Halbpelzen und Petroleum, nach Machorka und Tannennadeln. Das kleine grüne Bäumchen, geschmückt mit Schnittabfällen aus rotem Fahnenstoff, stand auf dem Tisch und breitete die Zweige über die trübe Blechlampe. Um den Tisch herum, unter den nassen, abgetauten Fensterchen, an den schwarzen, feuchten Wänden, saßen die herausgeputzten Sängerinnen, unbeholfen rot und weiß geschminkt, mit funkelnden Augen, alle in seidenen und wollenen Tüchern, mit regenbogenfarbigen, gekrümmten Erpelschwanzfedern, die sie an der Schläfe ins Haar gesteckt hatten. Gerade als Kusma eintrat, stimmte Domaschka, eine hinkende Jungfer mit einem dunklen, grimmigen und klugen Gesicht, schwarzen, scharfen Augen und schwarzen, zusammengewachsenen Brauen, mit rauher, kräftiger Stimme das uralte Lied zum Polterabend an:

> Ach, es ist ein schöner Abend,
> Der nun gleich zu Ende geht,
> Auch Awdotjas Brautzeit endet ...

Bei ihren letzten Worten fielen die Mädchen in einem vereinten, disharmonischen Chor ein – und alle wandten sich zur Braut um: Sie saß, wie es der Brauch verlangte, am Ofen, ungeschmückt, ganz mit einem großen, dunklen Umschlagtuch bedeckt, und hätte auf das Lied mit lautem Weinen und Klagen antworten müssen: »Liebes Väterchen, liebes Mütterchen, wie soll ich leben nun alle Zeit, verheiratet und voller Leid?« Doch die Braut schwieg. Die Mädchen, die ihr Lied beendet hatten, sahen sie von der Seite her unzufrieden an. Dann flüsterten sie untereinander und begannen mit düsterer Miene, langsam und gedehnt, das »Waisenlied« zu singen:

> Banja, heiz fest ein,
> Glöckchen, läute laut!

Kusmas zusammengepreßte Kiefer schlugen aufeinander, ein Frösteln lief ihm über Kopf und Unterschenkel, ein

süßer Schmerz fuhr durch die Backenknochen, Tränen
stiegen ihm in die Augen, trübten sie. Die Braut wickelte
sich in ihren Schal und wurde mit einem Mal von solchen
Schluchzern geschüttelt, daß alle besorgte Blicke wechselten.

»Genug, Mädchen!« rief jemand.

»Genug, meine Liebe, genug!« fing die Einhöferin
an und kletterte von der Bank herunter. »Das gehört sich
nicht.«

Aber die Mädchen ließen sich nicht beirren:

> Glöckchen, läute laut,
> Weck das Väterchen mir auf ...

Die Braut ließ stöhnend ihr Gesicht auf die Knie, in die
Hände sinken und schluchzte ... Sie zitterte, taumelte
und schrie wie unter schlimmen Schmerzen, als man sie
schließlich in die kalte Hälfte der Kate führte – um sie
festlich anzukleiden.

Danach gab Kusma ihr seinen Segen. Der Bräutigam
kam mit Waska, Jakows Sohn. Der Bräutigam hatte dessen Stiefel angezogen; die Haare des Bräutigams waren
geschnitten, der Hals, umrahmt vom Kragen eines hellblauen, spitzenbesetzten Hemdes, war so gründlich ra-
siert, daß er rot war. Er hatte sich mit Seife gewaschen,
sah deutlich jünger und gar nicht einmal schlecht aus
und hielt im Wissen darum seine dunklen Wimpern gemessen und bescheiden gesenkt. Waska, sein Freund, in
einem roten Hemd und einem offenen Halbpelz aus Ro-
manow-Schaffell, gekämmt, pockennarbig und kräftig,
ähnelte wie immer einem Sträfling. Er kam herein, run-

zelte die Stirn und warf den Sängerinnen einen schiefen Blick zu.

»Hört auf mit dem Geschrei!« sagte er barsch und streng. »Kommt heraus, kommt heraus.«

Die Sängerinnen antworteten im Chor:

»Ein Haus hat vier Ecken, in jeder soll etwas stekken. Leg einen Rubel in jede Ecke, einen fünften in die Mitte und eine Flasche Wodka dazu.«

Waska zog eine Flasche aus der Tasche und stellte sie auf den Tisch. Die Mädchen nahmen sie und standen auf. Es wurde noch enger. Wieder wurde die Tür geöffnet, wieder wehten Dampf und Kälte herein, und die Einhöferin bahnte sich ihren Weg durch die Leute, eine Ikone mit Blattmetall in der Hand, gefolgt von der Braut in einem hellblauen Kleid mit Volant, und alle seufzten hingerissen auf: So blaß und demütig, so still und schön war sie. Waska verpaßte einem breitschultrigen Jungen mit großem Kopf und krummen Dackelbeinen einen heftigen Schlag vor die Stirn – und warf irgend jemandes alten Halbpelz mitten in der Kate auf das Stroh. Braut und Bräutigam stellten sich darauf. Kusma nahm, ohne den Kopf zu heben, die Ikone aus der Hand der Einhöferin – und es wurde so still, daß man den pfeifenden Atem des neugierigen Jungen mit dem großen Kopf hören konnte. Braut und Bräutigam fielen gleichzeitig auf die Knie und verneigten sich tief vor Kusma. Sie erhoben sich und fielen wieder auf die Knie. Kusma blickte die Braut an, und in ihrer beider Augen, die sich für einen Moment begegneten, blitzte Entsetzen auf. Kusma erblaßte und dachte entsetzt: »Gleich werfe ich die Ikone zu Boden.« … Doch unwillkürlich zeichneten seine

Hände mit der Ikone ein Kreuz in die Luft – und die Junge, die die Ikone nur flüchtig geküßt hatte, ergriff seine Hand und zog sie zaghaft an ihre Lippen. Er drückte die Ikone jemandem in die Hand, der neben ihm stand, nahm mit väterlichem Schmerz und väterlicher Zärtlichkeit den Kopf der Jungen und brach, als er das neue, duftende Tuch küßte, in süße Tränen aus. Danach wandte er sich blind vor Tränen um, bahnte sich seinen Weg durch die Leute und ging hinaus in den Vorraum. Dort war es schon leer. Schneewind schlug ihm ins Gesicht. Die verschneite Schwelle schimmerte weiß in der Dunkelheit, das Dach heulte dumpf. Draußen wütete ein undurchdringlicher Schneesturm, und aus den kleinen Fenstern, über den dick zugeschneiten Erdwall hinweg fiel das Licht in rauchigen Säulen …

Der Schneesturm hatte sich auch am Morgen noch nicht gelegt. In der grauen, dahinstiebenden Trübnis war weder Durnowka noch die Mühle auf der Landspitze zu sehen. Bald hellte es auf, bald wurde es wieder wie dämmrig. Der Garten schimmerte bleich, sein dumpfes Heulen verschmolz mit dem Heulen des Windes, durch das man immer ein fernes Glockengeläut zu hören glaubte. Die scharfen Kämme der Schneewehen rauchten. Von der Vortreppe aus, auf der trübselig die mit Schnee bestäubten Schäferhunde hockten, die in der Kälte des Schneesturms nach dem warmen, angenehmen Geruch aus dem Schornstein der Gesindekate schnupperten, konnte Kusma nur mit Mühe die dunklen, schemenhaften Gestalten von Bauern, Pferden und Schlitten und das Gebimmel der Glöckchen erkennen. Für den Bräutigam hatte man einen Zweispänner bereitgestellt, für die Braut einen Einspänner. Über den Schlitten lagen Kasaner Filzdecken, an den Rändern schwarz gemustert. Das Hochzeitsgefolge legte bunte Gürtel um. Die Frauen zogen Wattejacken an, hüllten sich in Umschlagtücher und gingen vorsichtig, mit kleinen Schritten zu den Schlitten, wobei sie geziert sagten: »Meine Güte, man sieht ja die Hand vor Augen nicht!« Kaum jemand trug ein eigenes Gewand: Alles war bei Nachbarn, bei Nachbarinnen zusammengeborgt, und daher war besondere Vorsicht vonnöten, nicht zu fallen und die Schöße höher zu raffen. Der Braut schürzte man den Pelz und das hellblaue Kleid und wickelte sie um den Kopf – sie setzte sich in ihrem weißen Unterrock in den Schlitten. Ihr Kopf, mit einem Kranz aus Papierblumen geschmückt, war in Umschlagtücher und Schals gehüllt. Sie war von den Tränen so schwach, daß sie die dunklen Gestalten im Schneesturm und das Tosen des Sturms, das Stimmengewirr und das festliche Bimmeln der Glöckchen wie im Traum wahrnahm. Die Pferde legten die Ohren an, wandten die Mäuler von dem Schneewind ab, der Wind zerwehte Gerede, Rufe und Befehle, verklebte die Augen, färbte Bärte und Mützen weiß, und das Hochzeitsgefolge konnte sich in Nebel und Finsternis nur mit Mühe erkennen.

»Verfluchter Schneesturm!« brummte Waska, beugte den Kopf, packte die Zügel und setzte sich neben den Bräutigam.

Rauh und gleichgültig rief er gegen den Wind:

»Ihr Herren Bojaren, segnet den Bräutigam, die Braut zu holen!«

Jemand ließ sich vernehmen:

»Gott segne ihn ...«

Schellen bimmelten, Schlittenkufen knirschten schrill, Schneewehen, von Kufen zerfurcht, rauchten und wirbelten, Wirbel, Mähnen und Schweife stoben zur Seite ...

Im Dorf aber, im Wärterhäuschen der Kirche, wo man auf den Priester wartete, waren alle benommen vom Kohlendunst. Kerzen brannten nur in der Hand von Braut und Bräutigam und in der Hand des schwarzen Priesters mit den breiten Schultern, der sich über ein mit Wachs bespritztes Buch beugte und durch seine Brille rasch vorlas. Am Boden standen Pfützen – mit Stiefeln und Bastschuhen hatte man viel Schnee hereingeschleppt –, durch die geöffnete Tür blies der Wind in den Rücken. Der Priester blickte streng bald auf die Tür, bald auf Braut und Bräutigam, auf ihre geschmückten, zu allem bereiten Gestalten, auf die Gesichter, die in Ergebenheit und Demut erstarrt und von unten her durch die Kerzen golden beleuchtet waren. Aus Gewohnheit sprach er einige Worte gefühlvoll, in ergreifend flehendem Ton aus, obwohl er keinen Gedanken verschwendete an die Worte oder an diejenigen, denen sie galten.

»Heiliger Gott und Schöpfer jeglicher Kreatur ...«, sagte er hastig, die Stimme bald hebend, bald senkend, »der du deinen Knecht Abraham gesegnet und Saras Leib weit geöffnet hast ... der du Rebekka den Isaak gegeben ... Jakob und Rachel vermählt hast ... Gib diesen deinen Knechten ...«

»Namen?« unterbrach er sich selbst mit strengem Flüstern und wandte sich an den Psalmenleser. Bei der Antwort »Denis, Awdotja« fuhr er gefühlvoll fort:

»Gib diesen deinen Knechten Denis und Jewdokija ein friedliches Leben, ein langes Leben und Keuschheit ... Laß sie ihre Kindeskinder erleben ... Und gib ihnen vom himmlischen Tau ... Erfülle ihre Häuser mit Weizen, Wein und Chrisam ... Erhöhe sie wie die Zedern des Libanon ...«

Aber die Umstehenden hätten, selbst wenn sie ihn hätten hören und verstehen können, doch nur an den Schneesturm gedacht, an die fremden Pferde, an den Rückweg nach Durnowka in der Dämmerung, an das Haus des Grauen – und nicht an Abraham und Isaak, und sie hätten geschmunzelt, als er Deniska mit einer Zeder des Libanon verglich. Auch Deniska selbst, kurzbeinig, in fremden Stiefeln und einem alten Mantel, war es unangenehm, sich einzugestehen, daß er kleiner war als die Braut, war es unangenehm und furchterregend, auf dem reglosen Kopf eine Zarenkrone zu tragen – die riesige, kupferne Krone mit dem Kreuz darauf, die er tief auf die Ohren herabgezogen trug. Und die Hand der Jungen, die mit der Krone noch schöner und lebloser schien, zitterte, und Wachs von der herunterbrennenden Kerze tropfte auf den Saum ihres hellblauen Kleides ...

Der Rückweg war leichter. Der Schneesturm toste in der Dämmerung noch schrecklicher, aber ermunternd war das Bewußtsein, daß eine Last von den Schultern gefallen war: Ob schlecht oder gut, aber sie hatten die Sache zu Ende gebracht. Sie trieben die Pferde zur Eile, auf gut Glück, vertrauten nur den trüben Schemen der Absteckpfähle, und die stimmgewaltige Frau von Wanka dem Roten stand im vordersten Schlitten, tanzte, schwenkte ein Tüchlein und schrie gegen den Wind, in die tobende Trübnis, in den Schnee, der ihr auf die Lippen flog und ihre Wolfsstimme dämpfte:

> Die Taube, die blaue,
> Hat einen gold'nen Kopf ...

Moskau, Sept. 1909 – Juli 1910

SUCHODOL

I

Bei Natalja verwunderte uns immer ihre Verbundenheit mit Suchodol.

Sie war eine Milchschwester unseres Vaters, aufgewachsen im selben Haus wie er, und hatte ganze acht Jahre bei uns in Lunewo gelebt, wie eine Verwandte, und nicht wie eine ehemalige Leibeigene, eine einfache Hofmagd. Und ganze acht Jahre hatte sie sich, ihren eigenen Worten nach, von Suchodol erholt, davon, was es sie hatte erleiden lassen. Doch nicht umsonst heißt es, daß ein Wolf, soviel man ihn auch füttert, immerzu in die Steppe blickt: Nachdem sie uns aufgepäppelt und großgezogen hatte, kehrte sie wieder zurück nach Suchodol.

Ich erinnere mich an Bruchstücke unserer Kindergespräche mit ihr:

»Du bist doch Waise, Natalja?«

»Das stimmt. Ganz wie meine Herrschaft. Eure Großmutter Anna Grigorjewna hat auch sehr früh ihre weißen Händchen gefaltet! Genau wie mein Väterchen und mein Mütterchen.«

»Warum sind sie denn gestorben?«

»Der Tod kam, da sind sie gestorben.«

»Nein, warum so früh?«

»Gott hat es so gegeben. Mein Väterchen wurde von der Herrschaft wegen seiner Vergehen zu den Soldaten geschickt, und mein Mütterchen ist wegen der herr-schaftlichen Puten so früh gestorben. Ich erinnere mich natürlich nicht daran, wie sollte ich, aber beim Gesinde wurde davon geredet: Sie war Geflügelmagd, hatte so viele Puten in ihrer Obhut, daß man sie nicht zählen konnte, und eines Tages kam ein Hagelsturm und schlug sämtliche Puten auf dem Weideplatz tot ... Blitzschnell war sie da, sah das – und hat ihren Geist ausgehaucht.«

»Und warum hast du nicht geheiratet?«

»Der Bräutigam muß erst noch geboren werden.«

»Nein, ohne Scherz?«

»Es heißt, die Herrin, eure Tante, hätte es so gewollt. Dafür hat man mich Arme dann zum Fräulein erkoren.«

»Was bist denn du für ein Fräulein!«

»Genaugenommen bin ich das!« erwiderte Natalja mit einem feinen Lächeln, das ihre Lippen kräuselte, und sie fuhr mit ihrer dunklen Altfrauenhand darüber. »Schließlich bin ich die Milchschwester von Arkadi Petrowitsch, eure zweite Tante ...«

Als wir größer wurden, lauschten wir immer auf-merksamer darauf, was in unserem Hause über Suchodol erzählt wurde: Immer verständlicher wurde das zuvor Unverständliche, immer deutlicher traten die merkwür-digen Eigenheiten des Lebens in Suchodol zutage. Hat-ten wir nicht gespürt, daß Natalja, die ein halbes Jahrhun-dert mit unserem Vater verbracht und nahezu das gleiche Leben wie er gelebt hatte, uns, der altadligen Herrschaft Chruschtschow, wahrhaft verwandt war? Und mit einem Mal stellte sich heraus, daß diese Herrschaft Nataljas Va-ter zu den Soldaten geschickt und ihre Mutter in solche

Angst versetzt hatte, daß ihr beim Anblick der getöteten Puten das Herz entzweibrach!

»Aber wahrhaftig«, sagte Natalja, »wie hätte sie auch nicht tot umfallen sollen bei einem so unglückseligen Vorfall? Die Herrschaft hätte sie zum Teufel geschickt!«

Später dann erfuhren wir noch merkwürdigere Dinge über Suchodol: Wir erfuhren, daß es eine schlichtere, gütigere Herrschaft als die von Suchodol »auf der ganzen Welt nicht gab«, aber wir erfuhren auch, es habe keine »hitzigere« gegeben; wir erfuhren, daß das alte Haus in Suchodol dunkel und düster war, daß unser verrückter Großvater Pjotr Kirillytsch in diesem Hause von seinem eigenen Sohn Gerwaska – einem Freund unseres Vaters und Vetter von Natalja – erschlagen worden war; wir erfuhren, daß auch Tante Tonja, die in einer der alten Gesindekaten neben dem verfallenen Gutshaus von Suchodol lebte und auf dem dröhnenden, altersschwach scheppernden Klavier mit Begeisterung Ecossaisen spielte, wegen einer unglücklichen Liebe schon vor langer Zeit den Verstand verloren hatte; wir erfuhren, daß auch Natalja eine Zeitlang den Verstand verloren hatte, daß sie sich schon als kleines Mädchen unsterblich in den verstorbenen Onkel Pjotr Petrowitsch verliebt hatte und daß dieser sie fortschickte und auf das Vorwerk Soschki verbannte ... Unsere leidenschaftlichen Träume von Suchodol waren begreiflich. Für uns war Suchodol nur ein poetisches Denkmal der Vergangenheit. Aber für Natalja? Schließlich hatte sie selbst einmal, wie zur Antwort auf ihren eigenen Gedankengang, mit großer Bitterkeit gesagt:

»Ja, in Suchodol pflegte man sich mit einer Riemenpeitsche zu Tisch zu setzen! Allein die Erinnerung daran ist furchtbar!«

»Wie, mit einer Riemenpeitsche? Mit einer Hundepeitsche?« fragten wir.

»Das ist doch alles dasselbe«, sagte sie.

»Aber warum?«

»Falls es Streit gäbe.«

»Wurde denn in Suchodol so viel gestritten?«

»Gott sei mir gnädig! Kein Tag verging da ohne Krieg! Hitzköpfe waren sie allesamt – das reinste Schießpulver. Einmal bin ich Pjotr Petrowitsch in die Quere gekommen, und da hat er mir mit dieser Hundepeitsche ordentlich eins übergezogen.«

Wir schmolzen bei ihren Worten dahin und warfen uns begeisterte Blicke zu: Lange noch sahen wir dann den riesigen Garten vor uns, das gewaltige Gut, das Haus mit den Wänden aus Eichenbalken unter dem schweren, mit der Zeit schwarz gewordenen Strohdach – und das Mittagessen im Saal dieses Hauses: Alle sitzen am Tisch, alle sind am essen und werfen die Knochen auf den Boden, für die Jagdhunde, jeder beäugt mißtrauisch die anderen – und jeder hat eine Hundepeitsche auf den Knien; wir träumten von der goldenen Zeit, wenn wir groß wären und ebenfalls mit einer Hundepeitsche auf den Knien zu Mittag essen würden. Dabei begriffen wir sehr wohl, daß Natalja diese Hundepeitschen keine Freude bereitet hatten. Und dennoch hatte sie Lunewo verlassen und war nach Suchodol zurückgekehrt, an den Ursprung ihrer düsteren Erinnerungen. Weder einen eigenen Winkel noch nahe Verwandte besaß sie dort, und längst diente sie in Suchodol nicht mehr ihrer früheren Herrin, nicht mehr Tante Tonja, sondern der Frau des verstorbenen Pjotr Petrowitsch. Aber ohne dieses Gut konnte Natalja nicht leben.

»Was will man machen: Gewohnheit«, sagte sie bescheiden. »Der Faden will dahin, wo die Nadel ist. Wo die Wiege stand, ist unser Heimatland.«

Sie war nicht die einzige, die an dieser Verbundenheit mit Suchodol litt; und es war auch nicht nur Verbundenheit, sondern etwas viel Tieferes, viel Stärkeres. Mein Gott, mit welcher Leidenschaft hingen auch die anderen Leute unseres Gesindes ihren Erinnerungen nach, welch glühende Anhänger von Suchodol waren auch sie! Von Tante Tonja und unserem Vater ganz zu schweigen.

Armselig, in einer Kate, hauste Tante Tonja. Ihr Glück, ihren Verstand und ihr menschliches Antlitz hatte Suchodol ihr genommen. Sie aber ließ ungeachtet aller Überredungsversuche unseres Vaters niemals auch nur den Gedanken daran zu, das heimatliche Nest zu verlassen, sich in Lunewo einzurichten:

»Besser im Steinbruch arbeiten!«

Unser Vater war ein unbekümmerter Mann; für ihn, so schien es, gab es keinerlei Verbundenheit. Doch auch in seinen Erzählungen von Suchodol klang tiefe Wehmut durch. Schon vor langer Zeit war er von Suchodol nach Lunewo übergesiedelt, auf das Gut unserer Großmutter Olga Kirillowna. Doch klagte er sein Leben lang, fast bis an sein Ende:

»Einen, einen einzigen Chruschtschow gibt es noch auf der Welt. Und selbst der ist nicht in Suchodol!«

Allerdings kam es auch häufiger vor, daß er nach solchen Sätzen in Gedanken versank, aus dem Fenster blickte, aufs Feld, und plötzlich mit einem spöttischen Lächeln die Gitarre von der Wand nahm:

»So schön es ist, dieses Suchodol – zum Teufel damit!« fügte er dann mit derselben Aufrichtigkeit hinzu, mit der er einen Augenblick zuvor gesprochen hatte.

Aber auch er hatte eine Suchodoler Seele, eine bäuerliche Seele, die unter der so unendlich großen Macht der Erinnerungen stand, der Macht der Steppe, ihres trägen Lebens, jener uralten familiären Verflochtenheit, die das Dorf, das Gesinde und das Gutshaus in Suchodol in eins zusammenfügte. Freilich sind wir, die Chruschtschows, von altem Adel, im sechsten Buch eingetragen, und unter unseren legendären Vorfahren gab es zahlreiche angesehene Menschen von uraltem litauischem Blut und tatarische Fürsten, deren Art sich verschiedentlich in uns zeigte. Und doch sind wir praktisch alle Bauern. Es heißt, wir bildeten und bilden einen besonderen Stand. Aber verhält es sich nicht viel einfacher? Es gab in Rußland reiche Bauern, es gab bettelarme, die einen nannte man Herren, die anderen Knechte – das ist der ganze Unterschied. Das Blut der Chruschtschows hat sich seit Jahrhunderten mit dem des Gesindes und des Dorfes vermischt. Wer schenkte Pjotr Kirillytsch das Leben? Unterschiedlich äußern sich dazu die Überlieferungen. Wer war der Vater von Gerwaska, seinem Mörder? Seit unserer Jugend hatten wir gehört, es sei Pjotr Kirillytsch. Woher rührte die auffällige Verschiedenheit im Charakter von Vater und Onkel? Auch darüber gibt es verschiedene Meinungen, nicht selten wird mit dem Namen des Vaters der Name des Hausknechts Tkatsch in Verbindung gebracht. Die Milchschwester des Vaters aber war Natalja, und mit Gerwaska hatte er das Kreuz getauscht ... Es ist höchste Zeit für die Chruschtschows, ihre Verwandtschaft mit dem Gesinde und dem Dorf zur Kenntnis nehmen!

Hingezogen zu Suchodol, verführt durch seine alten Zeiten waren lange auch meine Schwester und ich. Das Gesinde, das Dorf und das Haus in Suchodol bildeten eine Familie. Gelenkt wurde diese Familie schon von unseren Ahnen. Aber auch in der Nachkommenschaft war das lange zu spüren. Das Leben einer Familie, eines Geschlechts, einer Sippe ist tiefgründig, verschlungen, geheimnisvoll und zuweilen schrecklich. Aber durch seine dunkle Tiefe, durch seine Überlieferungen und seine Vergangenheit ist es eben auch stark. An schriftlichen und anderen Denkmälern ist Suchodol nicht reicher als irgendein Nomadenlager in der baschkirischen Steppe. Sie werden in Rußland durch die Überlieferung ersetzt. Die Überlieferung und das Lied aber sind Gift für die slawische Seele! Unsere ehemaligen Gesindeleute, passionierte Faulenzer und Träumer – wo hätten sie ihre Sorgen abladen können, wenn nicht in unserem Haus? Pjotr Petrowitsch war früh gestorben. Klawdija Markowna galt niemandem als eine Chruschtschowa, obgleich selbst sie, eine geborene Ganeschina, immer wieder gerne sagte: »Unser Chruschtschowsches Blut ...« Als einzigen Vertreter der Suchodoler Herrschaft gab es nur noch unseren Vater. Die erste Sprache, die wir sprachen, war die von Suchodol. Die ersten Erzählungen, die ersten Lieder, die uns rührten, waren ebenfalls solche aus Suchodol, von Natalja, vom Vater. Wer anders als der Vater konnte, was er beim Gesinde gelernt hatte, mit solch unbeschwerter Traurigkeit, mit solch zärtlichem Vorwurf, mit solch schmachtender Innigkeit vom »treu-liebwerten Fräulein mein« singen? Wer konnte erzählen wie Natalja? Und wer stand uns näher als die Bauern von Suchodol?

Zank und Streit, dafür waren die Chruschtschows seit Jahrhunderten berühmt, wie jede Familie, die lange und in enger Gemeinschaft zusammenlebt. In unserer Kindheit kam es zwischen Suchodol und Lunewo zu einem solchen Streit, daß der Fuß unseres Vaters die heimische Schwelle beinahe zehn Jahre lang nicht überschritt. So bekamen wir in der Kindheit Suchodol gar nicht richtig zu Gesicht: Wir waren nur einmal dort, und auch das nur auf der Durchreise nach Sadonsk. Aber Träume sind bisweilen stärker als jede Wirklichkeit. So erinnerten wir uns vage, aber unauslöschlich an einen langen Sommertag, an gewellte Felder und eine überwucherte Landstraße, die uns bezauberte mit ihrer Weite und den ausgehöhlten Silberweiden, die hier und da noch standen; wir erinnerten uns an den Bienenkorb an einer dieser Silberweiden, die jetzt weitab von der Straße in einem Getreidefeld stand – ein Bienenkorb, verlassen in den Feldern, an der überwucherten Straße; wir erinnerten uns an die breite Wegbiegung hügelabwärts, an den riesigen, kahlen Weideplatz, auf den ärmliche, rauchfanglose Bauernkaten blickten, an das

Gelb der steinigen Schluchten hinter den Katen, an das Weiß von Kieseln und Schotter auf dem Grund der Schluchten ... Das erste Ereignis, das uns Angst einflößte, war ebenfalls eines aus Suchodol: die Ermordung des Großvaters durch Gerwaska. Wenn wir von dieser Ermordung erzählen hörten, phantasierten wir andauernd von diesen zurückweichenden gelblichen Schluchten: Uns schien immer, Gerwaska sei nach seiner abscheulichen Tat durch diese Schluchten geflohen und darin »spurlos verschwunden wie ein Schlüssel auf dem Meeresgrund«.

Die Suchodoler Bauern besuchten Lunewo nicht in derselben Absicht wie die Gesindeleute, sondern meist wegen eines Stückchens Land; aber auch sie betraten unser Haus wie ihr Elternhaus. Sie verbeugten sich tief vor dem Vater, küßten ihm die Hand, warfen das Haar zurück und küßten alsdann ihn, Natalja und uns dreimal auf den Mund. Sie brachten Honig, Eier und Handtücher als Geschenke mit. Und wir, aufgewachsen auf den Feldern, mit einem feinen Empfinden für Gerüche, auf die wir nicht weniger versessen waren als auf Lieder und Überlieferungen, behielten diesen besonderen, angenehmen Hanfgeruch, den wir wahrnahmen, wenn uns die Suchodoler küßten, für immer in Erinnerung; auch daß ihre Geschenke nach altem Steppendorf rochen, prägte sich uns ein: Der Honig roch nach blühendem Buchweizen und modrigem, eichenem Bienenstock, die Handtücher rochen nach Spreukammer, nach rauchfanglosen Bauernkaten aus Großvaters Zeiten ... Die Suchodoler Bauern erzählten nie etwas. Aber was hatten sie schon zu erzählen? Nicht einmal Überlieferungen hatten sie. Ihre Gräber sind namenlos. Und ihre Leben waren einander so ähnlich, so kärglich und so spurlos! Denn die Frucht ihrer Arbeit und ihrer Sorgen war nur das Brot, das reine Brot, das sie aßen. Sie gruben Teiche in das steinige Bett des längst versiegten Flüßchens Kamenka. Aber Teiche sind unsicher – sie trocknen aus. Sie bauten sich Behausungen. Aber ihre Behausungen sind nicht von Dauer: Beim kleinsten Funken verbrennen sie zu Schutt und Asche …

Was also war es, das uns alle – und am meisten Natalja – so anzog, das uns hinzog zu dem kahlen Weideplatz, zu den Katen und den Schluchten, zu dem verfallenen Gutshaus von Suchodol? War es nicht sie, nicht unsere uralte familiäre Verbundenheit, nicht unsere Blutsverwandtschaft mit der Ödnis der Steppe?

II

Njanjas und alte Gesindeleute nennt man beim Vatersnamen. Sie wurde immer beim Vornamen gerufen: zuerst Nataschka, später Natalja. Sie hatte keine Ähnlichkeit mit einer Njanja: Von der Wiege bis zum Grabe blieb sie eine echte Bäuerin. Und auch Suchodol hatte wenig Ähnlichkeit mit dem, was man gewöhnlich über ein Gutsbesitzernest erzählt.

Die Gelegenheit, in das Gutshaus zu gelangen, das Nataljas Seele hervorgebracht und ihr ganzes Leben beherrscht hatte, in das Gutshaus, über das wir so viel gehört hatten, bekamen wir erst, als wir schon fast erwachsen waren.

Ich erinnere mich, als sei es erst gestern gewesen. Ein Platzregen ging nieder, mit ohrenbetäubenden Donnerschlägen und grell zuckenden feurigen Blitzschlangen, als wir gegen Abend auf Suchodol zufuhren. Eine dunkelviolette Wolke senkte sich im Nordwesten schwer herab und versperrte majestätisch den halben Himmel. Vor ihrem gewaltigen Hintergrund schimmerte flach, deutlich, totenbleich und leicht grünlich die Ebene mit den Getreidefeldern, und das niedrige, nasse Gras an der Landstraße war außergewöhnlich frisch. Die nassen Pferde, die gleich schmaler geworden schienen, wateten mit blinkenden Hufeisen durch den dunkelblauen Schlamm, der Tarantas knisterte vor Feuchtigkeit ... Und mit einem Mal, direkt an der Biegung nach Suchodol, erblickten wir im hohen, feuchten Roggen eine hochgewachsene, höchst merkwürdige Figur in Kittel und Kappe, die Figur eines alten Mannes oder einer alten Frau, die mit einer Gerte auf eine gescheckte, ungehörnte Kuh eindrosch. Bei unserem Herannahen fing die Gerte noch heftiger an zu arbeiten, die Kuh schlug mit dem Schwanz um sich und rannte schwerfällig auf den Weg hinaus. Die Alte schrie irgend etwas, steuerte auf den Tarantas zu und streckte sich uns mit bleichem Gesicht entgegen. Erschrocken blickten wir in schwarze, wahnsinnige Augen, und wir spürten die Berührung einer spitzen, kalten Nase und den kräftigen Geruch nach Bauernkate, als wir die Frau küßten. Vielleicht ist es die Baba-Jaga selbst, dachten wir, vielleicht ist Iwan der Schreckliche aus dem Grab auferstanden? Aber auf dem Kopf Iwans des Schrecklichen thronte eine hohe Haube aus schmuddligen Lumpen, am bloßen Körper trug er einen zerfetzten und bis zum Gürtel durchnäßten Schlafrock, der magere Brüste freiließ. Iwan der Schreckliche schrie so laut, als seien wir taub, als wolle er eine Schimpftirade loslassen. Und an dem Geschrei erkannten wir: Das ist Tante Tonja.

Auch Klawdija Markowna – klein, dick, mit einem grauen Bärtchen und überaus lebhaften Äuglein –, die an einem offenen Fenster des Hauses mit den zwei großen Vortreppen saß, an einer Zwirnsocke strickte und mit hochgeschobener Brille auf die an den Hof grenzende Viehweide hinausblickte, fing an zu schreien, aber fröhlich und verzückt wie eine Pensionatsschülerin. Tief und mit einem stillen Lächeln verbeugte sich Natalja, die auf der rechten Vortreppe stand, klein und zart, gebräunt von der Sonne, in Bastschuhen, rotem Wollrock und einem grauen, um den dunklen, runzligen Hals herum weit ausgeschnittenen Hemd. Beim Blick auf diesen Hals, auf die mageren Schlüsselbeine und die müden, traurigen Augen dachte ich, das weiß ich noch: Sie ist mit unserem Vater aufgewachsen – vor langer, langer Zeit, aber genau hier, wo vom Eichenhaus des Großvaters, das viele Male abgebrannt war, nur noch dieses unansehnliche Haus übriggeblieben war, vom Garten nur Büsche und ein paar alte Birken und Pappeln, von den Dienst- und Gesindegebäuden nur eine Kate, ein Speicher, ein Schuppen aus Lehm und das Eishaus, überwuchert mit Wermut und zurückgekrümmtem Fuchsschwanz ... Es roch nach Samowar, Fragen prasselten auf uns nieder; aus hundertjährigen Glasschränken kamen kristallene Konfitüreschälchen zum Vorschein, goldene Löffelchen, dünn geworden wie ein Ahornblatt, Zuckerkringel, aufgespart für den Fall, daß Gäste kämen. Und während sich eine Unterhaltung entspann, bemüht freundschaftlich nach dem langen Zwist, machten wir uns auf, die dämmrigen Stuben zu durchstreifen und den Balkon zu suchen, den Ausgang in den Garten.

Alles war schwarz von der Zeit, einfach und klobig in diesen leeren, niedrigen Stuben, die noch die gleiche Anordnung hatten wie zu Großvaters Zeiten und zusammengefügt waren aus den Resten derselben, in denen er gelebt hatte. In einer Ecke der Gesindestube schimmerte dunkel eine große Ikone des heiligen Merkurij von Smolensk, desselben, dessen eiserne Sandalen und Helm auf dem erhöhten Platz vor dem Ikonostas in der alten Kathedrale von Smolensk aufbewahrt werden. Wir hatten davon gehört: Merkurij war ein angesehener Mann, der durch die Stimme der Ikone der Gottesmutter Hodegetria, der Wegweiserin, zur Rettung der Smolensker Gegend vor den Tataren gerufen wurde. Nachdem er den Tataren eine Niederlage bereitet hatte, schlief der Heilige ein und wurde von den Feinden enthauptet. Daraufhin nahm er seinen Kopf in die Hände und ging zum Stadttor, um von dem Geschehnis zu berichten ... Unheimlich war es, diese Susdaler Abbildung des Enthaupteten mit dem leblos-bläulichen Kopf im Helm in der einen und der Ikone der Wegweiserin in der anderen Hand zu betrachten, dieses Heiligenbild, das der Großvater, wie es hieß, innig geliebt hatte, das mehrere schreckliche Brände überstanden hatte und durch das Feuer geborsten war, das dick mit Silber beschlagen war und auf seiner Rückseite den Stammbaum der Chruschtschows enthielt, die Namen mit Abkürzungszeichen geschrieben. Passend dazu hingen an den beiden schweren Türflügeln oben und unten schwere Eisenriegel. Die Bodenbretter im Saal waren übermäßig breit, dunkel und glatt, die Fenster klein, mit Schieberahmen. Durch den Saal, einen kleineren Doppelgänger eben desjenigen, in dem sich die Chruschtschows mit ihren Riemenpeitschen am Tisch niedergelassen hatten, gingen wir in den Salon. Hier, gegenüber der Tür zum Balkon, hatte einst das Klavier gestanden, auf dem Tante Tonja gespielt hatte, als sie in den Offizier Wojtkewitsch, einen Kameraden von Pjotr Petrowitsch, verliebt war. Dahinter waren die Türen zum Diwanzimmer und zum Eckzimmer weit geöffnet – dorthin, wo einst die Gemächer des Großvaters waren ...

Es war ein düsterer Abend. In den Wolken jenseits des abgeholzten Gartens, hinter der offenstehenden Getreidedarre und den silbrigen Pappeln, flackerte immer wieder Wetterleuchten auf und enthüllte für einen Augenblick rosa-goldene Wolkenberge. Der Platzregen hatte den Troschiner Wald, der sich rechter Hand von uns, weit hinter dem Garten, auf dem Berghang hinter den Schluchten dunkel abhob, wohl nicht berührt. Von dort her wehte ein trockener, warmer Eichenduft, der sich mit dem Duft des Grüns mischte, mit dem feuchten, milden Wind, der über die Wipfel der Birken strich, die noch von der Allee übrig waren, über die hohen Brennesseln, das Unkraut und das Gebüsch rings um den Balkon. Die tiefe Stille des Abends, der Steppe und der Abgelegenheit der russischen Provinz lag über allem …

»Kommt zum Tee«, rief uns eine gedämpfte Stimme zu.

Das war sie, Teilnehmerin und Zeugin dieses ganzen Lebens, seine wichtigste Erzählerin, Natalja. Ihr folgte, mit aufmerksamem Blick in den wahnsinnigen Augen, leicht gebückt und geziert über den dunklen, glatten Boden gleitend, ihre Herrin. Die Haube hatte sie nicht abgenommen, aber anstelle des Schlafrocks trug sie jetzt ein altmodisches Kleid aus Barège und um die Schultern einen verblichenen, goldfarbenen Seidenschal.

»Où êtes-vous, mes enfants?« rief sie mit einem affektierten Lächeln, und ihre Stimme, scharf und schrill wie die eines Papageis, hallte seltsam durch die leeren schwarzen Stuben …

Groß war unsere Enttäuschung! Wie lange und begierig hatten wir die Erzählungen von Suchodol gehört. Alle hatten davon gesprochen, als sei es ein großfürstliches Landgut. Wir aber sahen Dürftigkeit und Ärmlichkeit, wir sahen eine halbwilde Frau, deren Bild wir romantisch verklärt hatten. Nicht wie die Gutshäuser der Larins und der Lawrezkis, nicht wie diese Oasen hatten wir uns Suchodol vorgestellt. Und dennoch verblichen alle Überlieferungen, alle poetischen Begebenheiten von Suchodol an diesem Abend, in dieser armseligen Einöde. Von der Wahrheit waren wir damals noch weit entfernt. Heute aber kennen wir sie sehr wohl! Ja, weder zu vernünftiger Liebe noch zu vernünftigem Haß, weder zu vernünftiger Anhänglichkeit noch zu gesunder familiärer Verbundenheit, weder zur Arbeit noch zum Gemeinschaftsleben war man fähig in Suchodol. Beinahe ohne Ausnahme litten sämtliche Chruschtschows von Generation zu Generation, ebenso wie ihre Nächsten, an körperlichen und geistigen Gebrechen. Die Chronik von Suchodol ist voller widersinniger, furchtbarer Begebenheiten. Wir waren die letzten in dieser Chronik, wir haben die letzten Fäden zerrissen, die uns mit dem Grund und Boden verbanden. Selbst der Name Chruschtschow wird bald für immer verschwinden. Aber wahrhaftig, ich kann mich über diesen Gedanken jetzt nur freuen. An der Vergangenheit von Suchodol erkannten wir seine Seele. Doch durch eben diese Seele wurde die Vergangenheit auch geschaffen. Deutlicher und klarer noch als in der Gegenwart traten in der Vergangenheit die wahrhaft slawischen Züge dieser von der allgemeinmenschlichen so schicksalhaft ausgeschlossenen Seele zutage.

Als Herr von Suchodol galt unser Vater. In Wirklichkeit aber war auch er ein Sklave von Suchodol. Und Suchodol hat auch ihn zugrunde gerichtet. Im Haus von Suchodol hob er sich von allen anderen ab. Selbst vom Aussehen her hatte er keine Ähnlichkeit mit den übrigen Chruschtschows. Doch die wahrhaft typische Suchodoler Untauglichkeit, ein menschliches Dasein zu führen, zeichnete auch ihn aus, den Nachfahren eines degenerierten Klans. Das letzte Hemd zog er bereitwillig für einen anderen aus; aber gab es wenigstens einen Fall, da es nicht verloren gewesen, sondern in taugliche, tüchtige Hände geraten wäre? Er war gutherzig wie ein Kind. Rasend und aufbrausend wie ein wildes Tier. Mit einer strengen Zurechtweisung konnte man ihn bisweilen einschüchtern und sanftmütig machen. Aber bisweilen konnte er mit bloßen Händen auf eine Menge mit Jagdspießen losgehen. Er verfügte von Natur aus über einen scharfen, lebhaften Verstand. Doch es kam vor, daß von zehn Worten acht unvernünftig waren. Wenn er sich und den Umstehenden gegenüber unerschütterlich erklärt hatte: »So und so muß ich es machen«, tat er im selben Moment genau das Entgegengesetzte. Genauigkeit und Folgerichtigkeit in den Ansichten ertrug er nicht. Munterkeit und feurige Träume wechselten in seiner Seele alle Augenblicke mit vollkommener Hoffnungslosigkeit. Wenn seine Angelegenheiten verwickelt wurden, sich zu einem festen Knoten verhedderten, unternahm er einige jähe, verzweifelte Anstrengungen, den Knoten zu lösen, und beendete die Sache dann unweigerlich damit, daß er den Knoten von sich warf und ihn den Händen des Schicksals, des Zufalls übergab. Bis dreißig nahm er keinen Tropfen Wein und keinen Tschibuk in den Mund. Mit dreißig begann er zu trinken und zu rauchen, daß er im Kreis nicht seinesgleichen hatte. So kleinlich-geizig und mißtrauisch Pjotr Petrowitsch war, so absurd-freigiebig und leichtgläubig war mein Vater. Und sein ganzes Leben war anscheinend nur darauf gerichtet, keine einzige Möglichkeit verstreichen zu lassen, sich selbst aufs Alter hin und uns in der Jugend an den Bettelstab zu bringen.

Wir erlebten in unserer Jugend den Beginn der großen Gutsbesitzer-Armut. Und wir staunten: Wie plötzlich sie eingetreten war! Liegt denn etwa, dachten wir, die ganze Ursache darin, daß die Fesseln der Leibeigenschaft zerrissen waren, die Herrn und Knecht zusammengebunden hatten? Unbegreiflich schien uns die Geschwindigkeit, mit der die alten Gutsherrennester vom Antlitz der Erde verschwanden. Aber wird nicht vielleicht ihr Alter, ihre Sicherheit und ihre Herrschaft übertrieben? denke ich heute. Es ist schließlich einfach, uns, die Bauern, als Feudalherren zu bezeichnen! Es war schließlich einfach, an die Grundsätze von Suchodol zu glauben, ungeachtet der Suchodoler Ursprünglichkeit! In einigen Jahren – nicht Jahrhunderten, sondern Jahren – wurde jenes Bild von Wohlstand, dessen sich die alte Zeit so rühmte, vollkommen zerstört. Worin liegt die Ursache dafür? Nicht vielleicht darin, daß es dort keine Grundsätze gab, sondern Trägheit? Nicht vielleicht darin, daß der Untergang der Seele des degenerierten Suchodolers geradezu entgegenkam, seinem Drang nach Untergang, Selbstzerstörung, Verfall und Lebensangst?

III

Wie in Natalja, in ihrer bäuerlichen Schlichtheit, in ihrer ganzen wunderschönen, bedauernswerten, von Suchodol hervorgebrachten Seele, lag auch in dem heruntergekommenen Gutshaus von Suchodol ein Zauber.

Es duftete nach Jasmin in dem alten Salon mit den schiefen Böden. Der morsche, im Laufe der Zeit graublau gewordene Balkon, von dem man hinunterspringen

mußte, weil es keine Stufen mehr gab, versank in Brenn-
nesseln, Holunder und Pfaffenhütchen. An heißen Tagen,
wenn die Sonne auf ihn herunterbrannte, wenn die abge-
sunkenen Glastüren geöffnet waren und der fröhliche
Glanz der Scheiben in dem trüben ovalen Spiegel an der
Wand gegenüber der Tür widerstrahlte, erinnerte uns alles an Tante Tonjas Klavier, das einst unter diesem Spiegel gestanden hatte. Vor Zeiten hatte sie darauf gespielt,
den Blick auf die vergilbten Noten mit den verschnörkel-
ten Titeln gerichtet, und *er* hatte hinter ihr gestanden, die
linke Hand fest in die Taille gestützt, die Lippen fest
zusammengepreßt, und eine düstere Miene gezogen.
Prächtige Schmetterlinge – in bunten Kattunkleidchen, in
japanischem Putz und in schwarz-violetten, samtenen
Schals – kamen in den Salon geflogen. Vor der Abreise
hatte er einmal gereizt mit der Handfläche nach einem
Schmetterling geschlagen, der bebend auf dem Deckel
des Klaviers verharrte. Übrig geblieben war nur silbriger
Staub. Aber als die Mädchen in ihrer Einfalt ihn nach einigen Tagen abwischten, wurde Tante Tonja hysterisch …
Wir gingen vom Salon hinaus auf den Balkon, setzten uns
auf die warmen Dielenbretter und grübelten. Der Wind
strich durch den Garten und trug das seidige Rascheln
der Birken mit ihren atlasweißen, schwarzgemusterten
Stämmen und den breitgefächerten grünen Zweigen zu
uns, der Wind fegte rauschend und raschelnd von den
Feldern her – und ein grün-goldener Pirol sauste mit
freudigem Kreischen pfeilschnell über die weißen Blumen den schwatzhaften Dohlen hinterher, die mit ihrer
zahlreichen Verwandtschaft in den zerfallenen Schorn-

steinen und den dunklen Dachböden hausten, wo es nach alten Ziegelsteinen roch und durch die Dachfenster Streifen goldenen Lichts auf die grau-violetten Aschehügel fielen; der Wind erstarb, schläfrig krabbelten die Bienen über die Blumen beim Balkon und vollbrachten ihr gemächliches Werk, und in der Stille hörte man nur das gleichmäßige, wie stetiger leichter Regen rieselnde Geplapper des silbrigen Pappellaubs ... Wir streiften durch den Garten, drangen in das Dickicht an seinem Rand vor. Dort hinten, wo dieser Rand in die Getreidefelder überging, in der altväterlichen Banja mit der eingestürzten Decke, in eben der Banja, wo Natalja den kleinen Spiegel aufbewahrte, den sie Pjotr gestohlen hatte, gab es weiße Kaninchen. Wie geschmeidig sie auf die Schwelle heraushoppelten, wie wunderlich sie, die Barthaare und die gespaltenen Lippen bewegend, mit ihren weit auseinander stehenden, aufgerissenen Augen auf die hohen Winterzwiebeln schielten, auf das Bilsenkraut und das Brennesselgestrüpp, in dem Schlehdorn und Rasling erstickten! ... Und in der offenstehenden Getreidedarre wohnte ein Uhu. Er hatte sich einen möglichst dämmrigen Platz ausgesucht und hockte, die Ohren aufrecht gestellt, die gelben, blinden Pupillen aufgerissen, auf einem Schrägbalken – er sah wild und teuflisch aus. Die Sonne ging weit hinter dem Garten in einem Meer von Getreide unter, der Abend brach an, friedlich und klar, der Kuckuck rief im Troschiner Wald, wehmütig erklang irgendwo über den Wiesen die Holunderpfeife des alten Hirten Stjopa ... Der Uhu hockte da und wartete auf die Nacht. Nachts schlief alles – die Felder, das Dorf, das Gutshaus.

Und der Uhu heulte und klagte. Lautlos flatterte er um die Getreidedarre und durch den Garten, dann flog er zu Tante Tonjas Kate, landete sachte auf dem Dach – und stieß klagende Schreie aus ... Die Tante erwachte auf der Ofenbank.

»Liebster Jesus, erbarme dich«, flüsterte sie seufzend.

Die Fliegen surrten schläfrig und ungehalten an der Decke der heißen, dunklen Kate. Nacht für Nacht weckte sie etwas. Mal rieb die Kuh ihre Flanke an der Wand der Kate; mal rannte eine Ratte über die abgehackt klimpernden Tasten des Klaviers, rutschte aus und fiel mit Getöse auf die Scherben, die die Tante in der Ecke sorgsam zusammengefegt hatte; mal tauchte der alte schwarze Kater mit den grünen Augen erst spät wieder auf und bat schläfrig um Einlaß, oder aber der Uhu kam angeflogen und verkündete Unglück mit seinem Geschrei. Und die Tante bezwang ihre Schläfrigkeit, verjagte die Fliegen, die ihr in der Dunkelheit in die Augen gekrochen waren, und stand unter Geschimpfe und geflüsterten Gebeten auf, tastete sich an den Bänken entlang, klapperte mit der Tür, trat hinaus auf die Schwelle und schleuderte aufs Geratewohl ein Nudelholz hinauf in den Sternenhimmel. Der Uhu fuhr scharrend mit den Flügeln über das Stroh, schwang sich vom Dach und stürzte tief in die Dunkelheit. Er berührte fast den Boden, segelte zur Getreidedarre, schwang sich empor und hockte sich auf den Giebel. Und wieder schallte sein Klagen herüber zum Gutshaus. Er hockte da, als würde er sich auf etwas besinnen – und mit einem Mal stieß er einen verwunderten

Klageruf aus, verstummte – bis er plötzlich wieder anfing, hysterisch zu heulen, zu lachen und zu kreischen; dann verstummte er wieder – und brach in Stöhnen, Jammern und Schluchzen aus ... Und doch waren die Nächte dunkel und warm, mit lila Wölkchen, ruhig und still. Schläfrig rann und rieselte das Geplapper der Pappeln dahin. Wetterleuchten flimmerte sachte über dem dunklen Troschiner Wald, und warm und trocken roch es nach Eiche. Beim Wald, über den Haferfeldern, leuchtete an einer Himmelslichtung zwischen den Wolken wie ein silbernes Dreieck, wie ein überdachtes Grabkreuz der Skorpion ...

Wir kehrten immer erst spät zum Gutshaus zurück. Wenn wir uns satt geatmet hatten am Tau, an der Frische der Steppe, der Feldblumen und Gräser, stiegen wir behutsam die Vortreppe hoch und betraten den dunklen Vorraum. Oft trafen wir dort auf Natalja, die vor der Ikone des Heiligen Merkurij betete. Mit bloßen Füßen, klein, die Hände zusammengelegt, stand sie vor ihm, sie flüsterte etwas, bekreuzigte sich, verneigte sich tief vor ihm, der in der Dunkelheit nicht zu sehen war – und das alles so schlicht, als unterhalte sie sich mit jemandem, der ihr nahestand und gleichfalls schlicht, gutherzig und leutselig war.

»Natalja?« riefen wir leise.

»Ja-a?« ließ sie sich vernehmen, leise und schlicht, und unterbrach ihr Gebet.

»Warum schläfst du immer noch nicht?«

»Schlafen können wir auch im Grab noch genug ...«

Wir setzten uns auf die breite Bank und öffneten das

Fenster; sie stand da mit zusammengelegten Händen. Geheimnisvoll flimmerte das Wetterleuchten und erhellte die dunklen Stuben; eine Wachtel schlug irgendwo weit draußen in der taufeuchten Steppe. Auf dem Teich schnatterte warnend eine Ente, die wach geworden war ...

»Wart ihr spazieren?«

»Ja-a ...«

»Tja, das ist was für junge Leute ... Wir waren so manches Mal die ganze Nacht hindurch unterwegs ... Das Abendrot trieb uns hinaus, das Morgenrot wieder hinein ...«

»Lebte es sich gut früher?«

»Ja-a ...«

Ein langes Schweigen trat ein.

»Warum eigentlich schreit der Uhu, Njanja?« fragte meine Schwester versonnen.

»Was weiß denn ich, der Teufel soll ihn holen. Wenn doch der junge Herr ihm mit dem Gewehr ein bißchen Angst machen würde. So graust es einen ja geradezu, andauernd überlegt man, ob es wohl ein Unglück gibt. Und er jagt dem gnädigen Fräulein immer einen Schreck ein. Sie ist doch so entsetzlich schreckhaft!«

»Wieso ist sie krank geworden?«

»Das wißt ihr doch: Immer nur Tränen, Tränen und Schwermut ... Dann hat sie angefangen zu beten ... Und mit uns, mit den Mädchen, wurde sie immer grausamer, und mit ihren Brüdern immer zorniger ...«

Wir mußten an die Hundepeitschen denken und fragten:

»Also haben sie sich nicht vertragen?«

»Ach wo, überhaupt nicht! Vor allem als sie krank wurde, als der Großvater starb, als die jungen Herren an die Macht kamen und der verstorbene Pjotr Petrowitsch geheiratet hat. Hitzköpfe waren sie allesamt – das reinste Schießpulver!«

»Haben sie die Dienstboten oft verprügelt?«

»So etwas war bei uns nicht üblich. Wie habe ich mich versündigt! Aber Pjotr Petrowitsch hat bloß befohlen, mir mit der Schafschere den Kopf zu scheren, ein blaugestreiftes Arbeitshemd anzuziehen und mich aufs Vorwerk zu schicken, weiter nichts ...«

»Womit hast du dich denn versündigt?«

Darauf folgte bei weitem nicht immer eine direkte und schnelle Antwort. Natalja erzählte gelegentlich erstaunlich geradlinig und in allen Einzelheiten; gelegentlich aber kam sie ins Stocken, überlegte etwas; dann seufzte sie leicht, und ohne daß wir im Dämmerlicht ihr Gesicht sahen, erkannten wir an ihrer Stimme, daß sie traurig lächelte:

»Ja, damit habe ich mich versündigt ... Ich habe ja schon gesagt ... Jung und dumm war ich. ›Sang zum Trotz, sang zum Unglück, im Garten eine Nachtigall.‹ Nun ja, ich war ein junges Mädchen ...«

Meine Schwester bat sie zärtlich:

»Sag schon, Njanja, wie geht das Gedicht weiter.«

Natalja genierte sich.

»Das ist kein Gedicht, das ist ein Lied ... Außerdem weiß ich nicht mehr, wie es weitergeht.«

»Das ist nicht wahr, das ist nicht wahr!«

»Na meinetwegen ...«

Hastig sang sie dann zu Ende:

»›Wie zum Trotz, wie zum Unglück‹ ... Ach nein:
›Sang zum Trotz, sang zum Unglück, im Garten eine
Nachtigall ihr schmelzend Lied in dunkler Nacht, und ich
Närrin hab gewacht.‹ ...«

»Aber das geht anders, eine Närrin kommt darin
nicht vor.«

»Kommt sie wohl.«

Meine Schwester überwand sich und fragte:

»Warst du sehr verliebt in den Onkel?«

Natalja flüsterte tonlos und knapp:

»Sehr!«

»Schließt du ihn immer in dein Gebet ein?«

»Immer.«

»Es heißt, du seist in Ohnmacht gefallen, als sie dich
nach Soschki brachten?«

»Das stimmt. Wir Hofleute waren furchtbar zartbe-
saitet ... so empfindlich ... kein Vergleich mit einem
rückständigen Einhöfer! Als Jewsej Bodulja mich wegbrachte, war ich vor Schmerz und Angst ganz taub ... In
der Stadt bekam ich fast keine Luft, weil alles so ungewohnt war. Aber kaum fuhren wir in die Steppe hinaus,
wurde mir ganz sanft und kläglich zumute! Ein Offizier
kam uns entgegengestürmt, der ihm ähnlich sah – ich
schrie auf und wurde bewußtlos! Als ich wieder zu mir
kam, lag ich so auf dem Wagen und dachte: Jetzt ist mir
wohl, es ist wie im Himmelreich!«

»War er streng?«

»Daß Gott erbarm!«

»Aber am unberechenbarsten war doch trotz allem die Tante?«

»O ja, das war sie. Ich sage euch ja: Sie wurde sogar zu einem heiligen Mann gebracht. Was haben wir mit ihr durchgemacht! Ein schönes Leben hätte sie haben können, könnte sie heute noch haben, aber sie wurde hochmütig und ist übergeschnappt ... Wie hat dieser Wojtkewitsch sie geliebt! Na, da kann man mal sehen!«

»Na, und der Großvater?«

»Was schon? Er war kein heller Kopf. Aber natürlich kam es auch bei ihm vor. Zu jener Zeit waren sie alle Hitzköpfe ... Aber dafür waren die früheren Herrschaften sich auch für unsereins nicht zu fein. Es kam vor, daß Ihr Vater Gerwaska zum Mittagessen bestrafte – dann hatte er es aber auch verdient! – und abends dann, eh man sich versah, mit dem Hofgesinde ausgelassen war und auf der Balalaika herumzupfte ...«

»Und sag – war er schön, dieser Wojtkewitsch?«

Natalja wurde nachdenklich.

»Nein, ich will nicht lügen: Er sah aus wie ein Kalmücke. Aber suriös war er, hartnäckig. Las ihr immer Gedichte vor, versetzte sie in Angst und Schrecken: Ich sterbe, sagte er, und dann komme ich dich holen ...«

»Der Großvater hat doch auch vor Liebe den Verstand verloren?«

»Das war wegen der Großmutter. Das ist eine andere Geschichte, Gnädigste. Tja, unser Haus war düster, nicht fröhlich, weiß Gott nicht. Von mir aus hört meine dummen Worte ...«

Und mit einem bedächtigen Flüstern begann sie ihre lange, lange Erzählung.

Es gab in dieser Erzählung Scherze, Unausgesprochenes und Abschweifungen; es gab Lebhaftigkeit, Nachdenklichkeit und frappierende Schlichtheit. Aber daneben gab es auch etwas anderes: etwas Geheimnisvolles, ein strenges, melodisches Geflüster. Vorherrschend aber war eine uralte Traurigkeit. Alles war durchdrungen von dem Gefühl des uralten Glaubens an Vorherbestimmung und dem nie ausgesprochenen, unklaren, aber fortwährenden Festhalten an der Überzeugung, daß jeder, jeder von uns diese oder jene Rolle annehmen muß, entsprechend dieser oder jener Bestimmung.

IV

Wenn man den Überlieferungen glaubt, war unser Urgroßvater, ein reicher Mann, erst im Alter aus der Nähe von Kursk nach Suchodol übergesiedelt: Ihm hatte unsere Gegend nicht gefallen, ihre Abgelegenheit und ihre Wälder. Ja, es ist nachgerade sprichwörtlich geworden: »In alter Zeit waren überall Wälder.« ... Die Menschen, die vor ungefähr zweihundert Jahren über unsere Straßen vordrangen, bahnten sich ihren Weg durch dichte Wälder. Im Wald verlor sich das Flüßchen Kamenka ebenso wie jene Höhen, auf denen es entsprang, ebenso wie das Dorf, das Gutshaus und die hügeligen Felder ringsum. Zu Großvaters Zeiten jedoch war es schon nicht mehr so. Zu Großvaters Zeiten bot sich ein anderes Bild: eine fast steppenartige Weite, kahle Berghänge, auf den Feldern Roggen, Hafer und Buchweizen, auf der Landstraße hier und da ausgehöhlte Silberweiden, und auf der Suchodoler Höhe nur weiße Kieselsteine. Von den Wäldern war nur der kleine Troschiner Wald übriggeblieben. Aber der Garten war natürlich prächtig: eine breite Allee mit siebzig breitzweigigen Birken, Raslinge, die in den Brennesseln versanken, dichtes Gestrüpp von Himbeeren, Akazien und Flieder und ein ganzer Hain silbriger Pappeln am Ende des Gartens, dort, wo er in die Getreidefelder überging. Das Haus duckte sich unter einem Strohdach, das aber so dick, dunkel und fest war, daß kein Eisen ihm gleichkam. Es blickte auf den Hof, zu dessen Seiten in mehreren Reihen die langen Wirtschaftsgebäude und die Gesindehäuser standen, und jenseits des Hofes erstreckten sich die endlose Viehweide und das weitläufige, zum Gut gehörende Dorf, groß, arm – und unbekümmert.

»Ganz die Herrschaft!« sagte Natalja immer. »Auch die Herrschaft war unbekümmert – nicht sparsam und nicht gierig. Semjon Kirillytsch, der Bruder des Großvaters, teilte mit uns: Für sich selbst nahm er das Größte und Beste, das Kronland, aber uns ließ er nur Soschki und Suchodol und vierhundert Seelen. Und von diesen vierhundert lief fast die Hälfte weg ...«

Der Großvater Pjotr Kirillytsch war nicht ganz richtig im Kopf. Er war früh gealtert, und dann starb er mit etwa fünfundvierzig Jahren. Der Vater sagte oft, Pjotr Kirillytsch sei verrückt geworden, als er einmal unter einem Apfelbaum im Garten auf einem Teppich eingeschlafen war und ein plötzlich aufgekommener Sturm einen ganzen Schauer riesiger Äpfel auf ihn herabprasseln ließ. Beim Gesinde aber erklärte man sich, wie Natalja sagte, die Geistesschwäche des Großvaters anders: Pjotr Kirillytsch sei vor Gram erkrankt, bald nach dem Tod unserer schönen Großmutter; ein gewaltiges Gewitter sei gegen Abend jenes Tages, an dem sie verstarb, über Suchodol niedergegangen, und der Sturm, der aus einer schwarzen Wolke über den schlafenden Pjotr Kirillytsch hereinbrach, habe ihn mit dem Gedanken an den baldigen eigenen Tod erschüttert. Und Pjotr Kirillytsch, ein gebeugter, brünetter Mann mit schwarzen, aufmerksam-freundlichen Augen, der eine gewisse Ähnlichkeit mit Tante Tonja hatte, lebte so in stillem Wahnsinn bis ans Ende seiner Tage. Mit dem Geld wußte man früher, wie Natalja sagte, nicht wohin, und so schlich er in Saffianlederstiefeln und einem bunten Kaftan besorgt im Haus umher und steckte, immer wieder um sich blickend, Goldrubel in die Spalten der Eichenbalken.

»Das ist die Mitgift für Tonjetschka«, brummte er, wenn man ihn dabei ertappte. »Es ist sicherer so, Freunde, bestimmt … Aber bitte sehr – es ist eure Sache: Wenn ihr es nicht wollt, lasse ich es bleiben …«

Aber er machte weiter damit. Dann wieder verrückte er die schweren Möbelstücke im Saal und im Salon, oder er erwartete ständig Besuch, obgleich die Nachbarn fast niemals in Suchodol zu Gast waren; oder er klagte über Hunger und köchelte sich selbst eine Fastensuppe – unbeholfen zerstieß und zerrieb er Zwiebeln in einer Holzschüssel, gab dann zerbröseltes Brot hinein, goß dickflüssigen, schäumenden Kwas aus Gerstenmehl dazu und streute so viel grobes, graues Salz darüber, daß die Suppe bitter wurde und er es nicht über sich brachte, sie zu essen. Wenn aber nach dem Essen das Leben im Gutshaus stillstand und sich jeder in seine Lieblingsecke zurückzog, um einen ausgedehnten Mittagsschlaf zu halten, wußte der einsame Pjotr Kirillytsch, der selbst in der Nacht nur wenig schlief, nichts mit sich anzufangen. Weil er das Alleinsein nicht ertrug, begann er, der Reihe nach in die Schlafräume, die Vorzimmer und die Mädchenstuben zu spähen und den Schlafenden vorsichtig zuzurufen:

»Schläfst du, Arkascha? Schläfst du, Tonjuscha?«

Wenn er dann verärgert angefahren wurde: »So lassen Sie es gut sein, um Himmels willen, Väterchen!«, beschwichtigte er hastig:

»Schon gut, schlaf nur, schlaf, mein Seelchen. Ich will dich nicht wecken ...«

Er ging weiter – nur das Lakaienzimmer ließ er aus, denn die Lakaien waren ein sehr grobes Volk –, um zehn Minuten später von neuem auf der Schwelle zu erscheinen und sich von neuem und noch vorsichtiger vernehmen zu lassen, wobei er sich ausdachte, jemand sei mit einer Kutsche und Glockengebimmel durchs Dorf gefahren – »Ob nicht Petjenka vom Regiment auf Urlaub kommt?« – oder es braue sich eine schreckliche Hagelwolke zusammen.

»Die Guten hatten wirklich große Angst vor einem Gewitter«, erzählte Natalja immer. »Ich war ja damals noch ein ganz kleines Mädchen, trug noch kein Kopftuch, aber trotzdem kann ich mich daran erinnern. Unser

Haus war irgendwie düster und trübselig, Gott hab es selig! Und ein Tag im Sommer war ein ganzes Jahr. Das Hofgesinde wußte nicht, wohin mit sich … allein Lakaien hatten wir fünf an der Zahl … Ja, gewiß, wenn die junge Herrschaft nach dem Essen Mittagsschlaf hielt, dann nahmen wir, die treuen Diener, uns ein Beispiel, taten es ihnen nach. Die Mädchen gehen in die Mädchenstube, klappern nach dem Essen zum Schein ein bißchen mit den Klöppeln und verteilen Flaumfedern in der Stube – bei uns wurden alle Federbetten aufgeschlagen –, dann legen sie sich aufs Ohr, wie es gerade kommt. Und die Lakaien machen nichts als Unfug, hocken in aller Gemütsruhe im Lakaienzimmer, Peitschen flechten, Wachtelnetze knüpfen, auf der Balalaika fiedeln, und kümmern sich um nichts. Schlagen sich den Bauch voll mit Haferbrei und Speck und legen sich schlafen. Da brauchte Pjotr Kirillytsch den Lakaien, vor allem Gerwaska, gar nicht zu nahe zu kommen. ›Lakaien! Lakaien! Schlaft ihr?‹ Dann hob Gerwaska den Kopf von der Truhe und fragte: ›Soll ich dir gleich Brennesseln in die Hose stopfen?‹ ›Mit wem sprichst du, Faulpelz, nichtsnutziger?‹ ›Mit dem Hausgeist, gnädiger Herr, ich war noch halb im Schlaf.‹ Also kam Pjotr Kirillytsch immer öfter zu uns: ›Arkascha, schläfst du? Natka, schläfst du?‹ Da springt man hoch, zittert am ganzen Körper … Und er: ›Nun schlaf, schlaf nur, mein Seelchen, ich will dich nicht wecken …‹ Dann ging er weiter, durch den Saal, durch den Salon, und blickte durchs Fenster hinaus in den Garten: Keine Wolken zu sehen? Freilich, in der alten Zeit gab es wer weiß wie oft Gewitter. Und zwar gewaltige Gewitter. Es kam vor, daß nach dem Essen der Pirol rief und hinter dem Garten Wolken aufzogen ... dann wird es dunkel im Haus, das Unkraut und die Brennesseln fangen an zu rascheln, und die Puten verkriechen sich mit ihren Küken unter dem Balkon ... Da wird einem angst und bange! Und er, das Väterchen, seufzt, bekreuzigt sich, geistert herum und zündet Wachskerzen vor den Ikonen an, hängt das geweihte Handtuch vom verstorbenen Urgroßvater auf – ich hatte eine Heidenangst vor diesem Handtuch! – oder wirft eine Schere zum Fenster hinaus. Das war immer das erste, die Schere: gut gegen Gewitter. Aber wenn man sie hinterher wiederholen und dazu in die Brennesseln und die Trespen klettern mußte, war man zerkratzt bis obenhin, so hoch, wie die bei uns wuchsen!

Es war fröhlicher im Haus von Suchodol, als die Franzosen darin lebten – zunächst ein gewisser Louis Iwanowitsch, ein Mann in sehr weiten, nach unten hin engen Hosen, mit einem langen Schnurrbart und verträumten blauen Augen, der seine Haare von einem Ohr zum anderen quer über seine Glatze drapiert hatte und die Gesindeleute erbarmungslos mit dem Tschibuk prügelte, und dann die ältere, ewig frierende Mademoiselle Sissi –, als durch alle Zimmer die Stimme von Louis Iwanowitsch schallte, der Arkascha anbrüllte: ›Geht und kommt nicht wieder!‹, als im Schulzimmer zu hören war: ›Maître Corbeau, sur un arbre perché ...‹ und Tonjetschka auf dem Klavier übte. Acht Jahre lang lebten die Franzosen in Suchodol, und sie blieben dort, damit es Pjotr Kirillytsch nicht langweilig würde, auch nachdem man die Kinder in die Gouvernementsstadt gebracht hatte; sie verließen Suchodol, unmittelbar bevor die Kinder das dritte Mal in die Ferien kamen. Als diese Ferien vorbei waren, schickte Pjotr Kirillytsch weder Arkascha noch Tonjetschka wieder fort: Er war der Meinung, es reiche durchaus, nur Petjenka zu schicken. So blieben die Kinder für immer ohne Unterricht und ohne Beaufsichtigung ...« Natalja erzählte:

»Ich war die Jüngste von allen. Gerwaska und euer Papa waren beinahe gleichaltrig, also von kleinauf Freunde und Kameraden. Freilich heißt es zu Recht, daß Wolf und Pferd nicht zusammenpassen. Sie freundeten sich an, schworen Freundschaft für ewige Zeiten, tauschten die Kreuze, wie es sich gehört, aber bald darauf hat Gerwaska etwas angestellt: Fast hätte er euren Papa im Teich ertränkt! Ein verdorbener Bengel war er, und im Aushecken von dummen Streichen war er ein Meister. ›Sag mal‹, fragte er eines Tages seinen jungen Herrn, ›wenn Sie groß sind, werden Sie mich dann prügeln?‹ ›Werde ich.‹ ›Werden Sie nicht.‹ ›Wieso nicht?‹ ›Einfach so.‹ Dann dachte er sich folgendes aus: Oberhalb der Teiche, direkt am Hang, stand ein Faß, und als er es entdeckte, stiftete er Arkadi Petrowitsch an, hineinzuklettern und hangabwärts zu rollen. ›Zuerst du, junger Herr, dann komm ich.‹ Der junge Herr gehorchte, er kroch rein, gab sich einen Schubs, und dann rumpelte er den Hang hinunter, direkt auf das Wasser zu ... Heilige Muttergottes! Die reinste Staubsäule wirbelte hoch! ... Bloß gut, daß Hirten in der Nähe waren ...«

Solange die Franzosen in Suchodol lebten, bewahrte das Haus einen wohnlichen Anschein. Zu Großmutters

Zeiten hatte es im Haus noch Besitzer und Herren gegeben, Macht und Unterordnung, Galaräume und Familienzimmer, Werktage und Feiertage. Der Anschein all dessen wurde aufrechterhalten, während die Franzosen dort lebten. Doch die Franzosen reisten ab, und das Haus blieb ohne Herren zurück. Als die Kinder noch klein waren, nahm gewissermaßen Pjotr Kirillytsch den ersten Platz ein. Aber was vermochte er? Wer beherrschte wen – er das Gesinde, oder das Gesinde ihn? Das Klavier war geschlossen, das Tischtuch auf dem Eichentisch verschwunden – gegessen wurde ohne Tischtuch und wie es gerade kam, in der Diele war vor lauter Windhunden kein Durchkommen mehr. Es war niemand mehr da, der für Sauberkeit sorgte, und die dunklen Balkenwände, die dunklen Böden und Decken, die dunklen schweren Türen und Türleibungen, die alten Ikonen, die mit ihren Susdaler Antlitzen eine ganze Ecke im Saal bedeckten, wurden bald ganz schwarz. In der Nacht, vor allem bei Gewitter, wenn der Garten unter dem Regen toste, wenn alle Augenblicke die Antlitze der Ikonen im Saal aufleuchteten und über dem Garten ein flackernder, rosa-goldener Himmel sich auftat und ausbreitete, wenn sich dann im Dunkeln Donnerschläge knallend entluden – in der Nacht war es schaurig im Haus. Und am Tag war es verschlafen, leer und langweilig. Mit den Jahren wurde Pjotr Kirillytsch immer schwächer, immer unscheinbarer, und im Haus schaltete und waltete jetzt die gebrechliche Darja Ustinowna, die Amme des Großvaters. Aber ihre Macht kam der seinen beinahe gleich, und der Starosta Demjan mischte sich nicht in die Verwaltung des Hauses ein: Er kannte sich nur

mit der Feldwirtschaft aus und sagte gelegentlich mit einem trägen, spöttischen Lächeln: »Ja von wegen, ich werde doch meiner Herrschaft nicht zu nahe treten.« ...
Tonjetschka wuchs heran, sie war schon größer als Darja Ustinowna, aber die Mädchen nahmen sie noch nicht für voll. Der Vater, ein Jüngling, hatte mit Suchodol nichts im Sinn: Die Jagd machte ihn verrückt, die Balalaika und die Liebe zu Gerwaska, der zwar zu den Lakaien gehörte, aber dennoch ganze Tage mit ihm im Meschtschjorsker Moor verschwand oder in der Remise die Feinheiten der Balalaika und der Holunderpfeife erlernte.

»Wir wußten schon«, sagte Natalja, »daß er nur zum Schlafen zu Hause war. Und wenn er nicht schlief, war er entweder im Dorf oder in der Remise oder bei der Jagd: im Winter Hasen, im Herbst Füchse, im Sommer Wachteln und Enten. Er stieg in die Renndroschke, das Gewehr über die Schulter geworfen, rief Dianka und dann mit Gott: heute zur Serednjaja-Mühle, morgen zum Meschtschjorsker Moor, übermorgen in die Steppe. Und immer zusammen mit Gerwaska. Der war der Anführer bei allem, tat aber so, als würde der junge Herr ihn mitschleppen. Arkadi Petrowitsch liebte ihn, seinen Feind, wahrhaftig wie einen Bruder, der aber verspottete ihn je länger, desto boshafter. Einmal sagt er zu ihm: ›Komm, Gerwassi, nimm die Balalaika! Bring mir doch *Die rote Sonne ist hinter dem Wald versunken* bei, ich bitte dich ...‹ Aber Gerwaska sieht ihn an, pustet Qualm durch die Nasenlöcher und grinst spöttisch: ›Eine Taube macht noch keinen Sommer. Küssen Sie mir zuerst die Hand.‹ Arkadi Petrowitsch wird ganz blaß, springt auf und versetzt ihm mit aller Kraft eine Backpfeife, aber er schüttelt nur den Kopf, seine Miene verdüstert sich, er blickt finster drein wie ein Räuber. ›Aufstehen, du Schuft!‹ Er steht auf, streckt sich wie ein Windhund, die plissierten Pluderhosen hängen herunter … und schweigt. ›Entschuldige dich!‹ ›Verzeihung, Herr.‹ … Dem jungen Herrn bleibt das Wort im Halse stecken, er weiß nicht, was er weiter sagen soll. ›Ganz genau – Herr!‹ ruft er. ›Ich versuche, dich Schuft wie einen Gleichgestellten zu behandeln, mitunter denke ich: Meine Seele wäre mir für ihn nicht zu schade … Und was machst du? Willst du mich absichtlich in Rage bringen? Sag?‹ …«

»Eine wunderliche Sache!« sagte Natalja. »Den jungen Herrn und den Großvater hat Gerwaska verspottet, und mich hat das gnädige Fräulein verspottet. Der junge Herr – und ehrlich gesagt auch der Großvater selbst – hatte einen Narren an Gerwaska gefressen, und ich an ihr … als ich aus Soschki zurückkehrte und nach meiner Versündigung allmählich wieder zur Vernunft kam …«

V

Mit dieser Versündigung hatte auch ihre Liebe begonnen. Und ihre ganze Suchodoler Seele kam in dieser Liebe zum Ausdruck.

Erst nach dem Tod des Großvaters setzte man sich mit der Hundepeitsche zu Tisch, nach der Flucht von Gerwaska und der Heirat von Pjotr Petrowitsch, nachdem Tante Tonja durchgedreht war und sich dem Süßen

Jesus als Braut geweiht hatte, und nachdem Natalja aus dem besagten Soschki zurückgekehrt war. Wegen der Liebe war Tante Tonja durchgedreht und Natalja in der Verbannung gewesen.

Die langweiligen, eintönigen Zeiten des Großvaters wurden abgelöst durch die Zeit der jungen Herrschaft. Pjotr Petrowitsch kehrte nach Suchodol zurück, nachdem er, für alle überraschend, seinen Abschied vom Dienst genommen hatte. Seine Ankunft erwies sich als verhängnisvoll, für Natalja ebenso wie für Tante Tonja.

Beide verliebten sich in ihn. Sie bemerkten nicht, wie sie sich verliebten.

Zunächst schien ihnen, das Leben sei einfach heiterer geworden. Sie fühlten sich zum ersten Mal als Mädchen und gaben sich dem Zauber dieser Empfindung hin.

Schon in der ersten Zeit gab Pjotr Petrowitsch dem Leben in Suchodol eine neue Wendung – feierlich und herrschaftlich. Er kam mit einem Kameraden, Wojtkewitsch, und brachte einen Koch mit, einen glattrasierten Alkoholiker mit wäßrig glänzenden Augen, der die grün angelaufenen, geriffelten Geleeformen und die klobigen Messer und Gabeln mit einem verächtlichen Seitenblick bedachte. Pjotr Petrowitsch wollte sich vor dem Kameraden gastfreundlich, großzügig und reich zeigen – und er tat das unbeholfen, auf eine jungenhafte Art und Weise. Ja, er war auch fast noch ein Junge, sehr zart und schön von Ansehen, aber seiner Natur nach heftig und grausam, ein mutiger und selbstbewußter Junge, der aber leicht und fast zu Tränen verlegen werden konnte und dann lange einen verborgenen Zorn auf den hegte, der ihn in Verlegenheit gebracht hatte.

»Ich erinnere mich, Bruder Arkadi«, sagte er an seinem ersten Tag in Suchodol bei Tisch, »ich erinnere mich, daß wir einen gar nicht so üblen Madeira im Keller haben?«

Der Großvater lief rot an und wollte etwas sagen, aber er traute sich nicht und nestelte nur auf der Brust an seinem Kaftan herum. Arkadi Petrowitsch wunderte sich:

»Was für einen Madeira?«

Nur Gerwaska blickte dreist zu Pjotr Petrowitsch und grinste.

»Sie geruhten wohl zu vergessen, Herr«, sagte er an Arkadi Petrowitsch gewandt und ohne auch nur zu versuchen, sein spöttisches Grinsen zu verbergen. »Wir wußten wirklich nicht mehr, wohin mit diesem Madeira. Also haben wir Knechte ihn beiseite geschafft. Wein von der Herrschaft, aber wir haben ihn einfach so getrunken, wie Kwas.«

»Was soll denn das bedeuten?« rief Pjotr Petrowitsch und lief dunkelrot an. »Schweig!«

Der Großvater stimmte begeistert zu:

»Ganz recht, Petjenka! Weiter so!« rief er freudig mit dünner Stimme und fing beinahe an zu weinen. »Du kannst dir nicht vorstellen, wie er mich ruiniert! Schon mehr als einmal habe ich mir überlegt, ich schleiche mich an und schlage ihm mit einem Kupferstößel den Schädel ein … Bei Gott, das habe ich mir überlegt! Ich ramme ihm einen Dolch in die Seite, bis zum Griff!«

Aber Gerwaska war auch jetzt nicht um eine Antwort verlegen.

»Ich habe gehört, Herr, daß man dafür empfindlich bestraft wird«, versetzte er stirnrunzelnd. »Und dann kommt mir immer der Gedanke: Für den Herrn wäre es an der Zeit für das Himmelreich!«

Pjotr Petrowitsch erklärte, er habe sich nach dieser unerwartet dreisten Antwort nur wegen des Fremden zurückgehalten. Er sagte lediglich zu Gerwaska: »Verschwinde auf der Stelle!« Später schämte er sich sogar seiner Hitzigkeit – er entschuldigte sich eilig bei Wojtkewitsch und schlug mit einem Lächeln seine bezaubernden Augen zu ihm auf, die niemand, der Pjotr Petrowitsch kannte, so schnell vergaß.

Auch Natalja konnte diese Augen allzulange nicht vergessen.

Ihr Glück war ungemein kurz – und wer hätte gedacht, daß es mit der Reise nach Soschki, dem bemerkenswertesten Ereignis ihres ganzen Lebens, besiegelt werden würde?

Das Vorwerk Soschki ist bis heute unversehrt, obwohl es schon längst an einen Kaufmann aus Tambow gegangen ist. Da gibt es eine längliche Bauernkate inmitten einer leeren Ebene, einen Speicher, den Schwingbaum eines Brunnens und eine Tenne, darum herum Melonenfelder. So sah das Vorwerk natürlich schon zu Großvaters Zeiten aus; und auch die Stadt, die auf dem Weg von Suchodol zum Vorwerk hin liegt, hat sich wenig verändert.

Nataschka hatte sich dadurch versündigt, daß sie, auch für sich selbst völlig überraschend, Pjotr Petrowitsch einen kleinen silbergefaßten Klappspiegel entwendete.

Sie erblickte diesen kleinen Spiegel und war von seiner Schönheit – wie übrigens von allem, was Pjotr Petrowitsch gehörte – so gebannt, daß sie nicht widerstehen konnte. Einige Tage, während derer der Spiegel noch nicht vermißt wurde, war sie verblüfft von ihrem Verbrechen und bezaubert von ihrem schrecklichen Geheimnis, von ihrem Schatz, wie im Märchen von der purpurroten Blume. Wenn sie sich schlafen legte, bat sie Gott, die Nacht möge schneller vorbeigehen, damit der Morgen schneller käme: Festtäglich war es im Haus, das lebhafter und von etwas Neuem, Wunderbarem erfüllt war seit der Ankunft des schönen jungen Herrn, fesch und pomadisiert, mit einem hohen, roten Uniformkragen, mit einem gebräunten Gesicht, das zugleich zart war wie das einer jungen Dame; festtäglich war es sogar im Vorraum, wo Nataschka schlief und wo sie, wenn sie im Morgengrauen von der Truhe aufsprang, sich sogleich erinnerte, daß es in der Welt eine Freude gab, weil an der Schwelle Stiefel standen und darauf warteten, geputzt zu werden, Stiefel, so leicht, daß ein Zarensohn sie tragen könnte; am schrecklichsten und festtäglichsten aber war es hinter dem Garten, in der verlassenen Banja, wo der Klappspiegel mit der schweren Silberfassung aufbewahrt wurde – hinter dem Garten, dort, wohin Nataschka heimlich, wenn alle noch schliefen, durch das taubedeckte Buschwerk lief, um sich am Besitz ihres Schatzes zu erfreuen, ihn auf die Schwelle hinauszutragen, in der heißen Morgensonne aufzuklappen und sich darin ausgiebig zu betrachten, bis ihr schwindlig wurde, und ihn dann wieder zu verstecken, zu verbergen und davonzulaufen, um den ganzen Morgen denjenigen zu bedienen, zu dem sie nicht einmal die Augen aufzuschlagen wagte, für den sie sich, in der törichten Hoffnung zu gefallen, in dem kleinen Spiegel bewunderte.

Doch das Märchen von der purpurroten Blume endete bald, sehr bald. Es endete mit einer, wie Nataschka meinte, namenlosen Schmach und Schande, denn nun kannten alle das tiefste Geheimnis ihrer Seele. Es endete damit, daß Pjotr Petrowitsch höchstpersönlich befahl, ihr die Haare abzuschneiden, sie zu verunstalten, sie, die sich herausgeputzt, die Augenbrauen vor dem kleinen Spiegel schwarz gefärbt und ein süßes Geheimnis, eine unerhörte Nähe zwischen ihm und sich geschaffen hatte. Er selbst hatte ihr Verbrechen entdeckt und als einfachen Diebstahl hingestellt, als dummen Streich einer Magd, die man im Arbeitshemd und mit vom Weinen verquollenen Gesicht vor den Augen des gesamten Hofgesindes auf einen Mistkarren setzte und entehrt und allem Vertrauten abrupt entrissen auf ein unbekanntes, furchtbares Vorwerk in den Weiten der Steppe brachte. Sie wußte bereits: Dort, auf dem Vorwerk, würde sie Küken und Puten bewachen müssen und Melonenfelder; dort würde sie in der Sonne brüten, von aller Welt vergessen; dort würden die Steppentage so lang wie ein Jahr sein, die Horizonte im flirrenden Dunst versinken, und es würde so still, so schwül sein, daß man den ganzen Tag schlafen würde wie ein Murmeltier, müßte man nicht auf das sachte Knacken der trockenen Erbsschoten, auf das anheimelnde Scharren der Bruthennen in der heißen Erde und das friedlich-klagende Rufen der Puten lauschen, nicht auf den von oben herabstürzenden, unheimlichen Schatten des Habichts achten, nicht aufspringen und mit dünner, gedehnter Stimme »Ksch-sch!« rufen. ... Dort, auf dem Vorwerk, wo eine alte Ukrainerin nun Macht über ihr Leben und ihren Tod hatte und bestimmt schon ungeduldig auf ihr Opfer wartete. Einen einzigen Vorteil hatte Nataschka gegenüber denen, die man zur Hinrichtung brachte: die Möglichkeit, sich einen Strick zu nehmen. Das allein gab ihr Halt auf ihrem Weg in die – wie sie natürlich annahm, ewige – Verbannung.

Auf dem Weg vom einen zum anderen Ende des Kreises bekam sie allerhand zu sehen! Doch ihr war nicht danach zumute. Sie dachte oder vielmehr empfand nur eines: Das Leben ist zu Ende, das Verbrechen und die Schande sind zu groß, um auf eine Rückkehr zu hoffen! Vorläufig war noch ein Vertrauter in der Nähe, Jewsej Bodulja. Aber was wird, wenn er sie in die Hände der Ukrainerin gibt, über Nacht bleibt und dann wegfährt, sie für immer verläßt in dieser fremden Gegend? Als sie sich ausgeweint hatte, war sie hungrig. Jewsej nahm die Sache zu ihrem Erstaunen ganz leicht, und während er etwas aß, unterhielt er sich mit ihr, als sei nichts geschehen. Darauf schlief sie ein und erwachte erst in der Stadt wieder. Die Stadt mit ihrer Eintönigkeit, mit der Trockenheit, der drückenden Hitze verwirrte sie nur, und dazu kam etwas unbestimmt Schreckliches, Trauriges, ähnlich einem Traum, den man nicht erzählen kann. In Erinnerung blieb ihr von diesem Tag nur, daß es im Sommer in der Steppe sehr heiß ist und daß es auf der Welt nichts Endloseres als einen Sommertag und nichts Längeres als eine Landstraße gibt. In Erinnerung blieb ihr, daß es auf den Straßen in der Stadt Stellen gab, die mit Steinen belegt waren, auf denen der Leiterwagen so merkwürdig dröhnte, und daß die Stadt von Ferne nach Eisendächern roch und auf dem Platz, wo sie neben den am Abend leeren Eßständen Rast machten und das Pferd fütterten, nach Staub, Teer und dem fauligen Heu, das, mit Pferdedung vermischt, büschelweise an den Stellplätzen der Bauern liegengeblieben war. Jewsej spannte aus und stellte das Pferd zum Leiterwagen hin, zum Futter; er schob die heiße Kappe in den Nacken, wischte sich mit dem Ärmel den Schweiß ab und verschwand, ganz schwarz von der Gluthitze, in einem Wirtshaus. Er hatte Nataschka strengstens befohlen, »alles im Auge zu behalten« und im Falle eines Falles den ganzen Platz zusammenzuschreien. So saß Nataschka, ohne sich zu rühren, bedrückt von dumpfen Gedanken, und wandte kein Auge von der Kuppel der damals gerade fertiggestellten Kathedrale, die wie ein gewaltiger silberner Stern weit hinter den Häusern funkelte, bis Jewsej kauend und ein wenig angeheitert zurückkam und begann, einen Kranz Brot unter den Arm geklemmt, das Pferd wieder an der Deichsel einzuspannen.

»Wir sind ein bißchen spät dran, Prinzeßchen!« brummte er munter, entweder an das Pferd oder an Nataschka gewandt. »Na, sie werden uns hoffentlich nicht gleich aufhängen! Es brennt ja wohl nicht ... Auch zurück werde ich mich nicht hetzen – mir ist das Pferd der

Herrschaft teurer als dein Maul«, sagte er und meinte jetzt Demjan. »Der reißt das Maul auf: ›Paß mir bloß auf! Wenn was ist, ich krieg schon raus, was du da in deiner Pluderhose hast.‹ ... Ach-ach! denke ich ... Das kommt mir jetzt aber ganz quer! Ich mußte bis jetzt nicht mal vor der Herrschaft die Hosen runterlassen ... Da kannst du nicht mithalten, du Großmaul. – ›Paß auf!‹ – Was gibt's da aufzupassen? Ich bin auch nicht dümmer als du. Wenn's mir nicht paßt, hau ich ab. Ich bring das Mädchen weg, mach ein Kreuz, und dann ab durch die Mitte ... Über das Mädchen wundere ich mich auch: Was grämt die sich so, die dumme Pute? Ist doch noch nicht aller Tage Abend! Plötzlich kommen reisende Händler beim Vorwerk vorbei oder Pilger – da genügt ein Wort: Im Handumdrehen bist du weit hinter Rostow ... Wo dich keiner mehr kennt!«

Und an die Stelle des Gedankens »ich erhänge mich« trat in Nataschkas kahlgeschorenem Kopf der Gedanke an Flucht. Der Leiterwagen fing an zu knarren und zu schwanken. Jewsej verstummte und führte das Pferd zum Brunnen in der Mitte des Platzes. Dort, woher sie gekommen waren, versank die Sonne hinter dem großen Klostergarten, und die Fenster in dem gelben Gefängnis, das gegenüber dem Kloster stand, auf der anderen Straßenseite, funkelten golden. Der Anblick des Gefängnisses ließ einen Moment lang noch heftiger den Gedanken an Flucht aufkommen. Pah, auch auf der Flucht konnte man leben! Allerdings erzählte man sich, die Pilger würden geraubten Mädchen und Kindern die Augen mit kochender Milch ausbrennen und sie als Krüppel ausgeben, während die reisenden Händler sie zum Meer brächten und an die Nogaier verkauften ... Es kam auch vor, daß die Herrschaft ihre entflohenen Knechte wieder einfing, ihnen Ketten anlegte und sie ins Gefängnis setzte ... Aber auch im Gefängnis waren ja wohl keine Ochsen, sondern Kerle, wie Gerwaska zu sagen pflegte!

Aber die Fenster im Gefängnis erloschen, die Gedanken gingen durcheinander – nein, zu fliehen war noch schrecklicher, als sich zu erhängen! Auch Jewsej war verstummt und wieder nüchtern.

»Wir sind spät dran, Mädchen«, sagte er, mittlerweile besorgt, und schwang sich seitwärts auf die Querstange des Wagens.

Nachdem er schwerfällig wieder auf die Landstraße eingeschwenkt war, begann der Leiterwagen, zu ruckeln und zu holpern, und ratterte dann zügig über die Steine ... Ach, am besten würde man den Wagen wenden – halb dachte, halb fühlte Nataschka das –, wenden, im Galopp zurück nach Suchodol und vor der Herrschaft auf die Füße fallen! Aber Jewsej trieb das Pferd an. Der Stern hinter den Häusern war verschwunden. Vor ihnen lag die weiße, kahle Straße, das weiße Pflaster, die weißen Häuser – und all das wurde abgeschlossen durch die gewaltige weiße Kathedrale unter ihrer neuen Weißblechkuppel, und der Himmel darüber wurde allmählich blaßblau und trocken ... Dort aber, zu Hause, fiel um diese Zeit schon der Tau, der Garten verströmte kühle Frische, und aus der großen Küche, wo bereits das Feuer brannte, duftete es; weit hinter den Ebenen der Getreidefelder, hinter den silbrigen Pappeln am Ende des Gartens, hinter der geliebten Banja, erlosch das Abendrot, im Salon waren die Türen zum Balkon geöffnet, purpurrotes Licht mischte sich mit dem Dämmer in den Ecken, und das gelbbräunliche, schwarzäugige gnädige Fräulein, das dem Großvater und Pjotr Petrowitsch glich, strich alle Augenblicke die Ärmel ihres leichten, weiten Kleides aus organgeroter Seide glatt, blickte, mit dem Rücken zum Abendrot sitzend, angelegentlich auf die Noten, schlug auf die gelben Tasten und erfüllte den Salon mit den feierlich klingenden, süß verzweifelten Klängen von Oginskis Polonaise, allem Anschein nach ohne den hinter ihr stehenden Offizier zu beachten, einen untersetzten, dunklen Herrn, der seine linke Hand in die Taille gestemmt hatte und düster und aufmerksam ihre flinken Hände beobachtete …

»Sie hat ihren, und ich habe meinen« – halb dachte, halb fühlte Nataschka das an diesen Abenden, wenn ihr das Herz stockte und sie in den kalten, tauigen Garten lief, sich in dem Dickicht aus Brennesseln und würzig riechenden, feuchten Kletten verkroch, dastand und auf etwas wartete, was nicht eintreten würde – daß der junge Herr vom Balkon herabsteigen, die Allee entlanggehen, sie erblicken, sich plötzlich umdrehen und mit raschen Schritten auf sie zukommen würde, während sie vor Schreck und vor Glück keinen Ton herausbringen würde …

Aber der Leiterwagen ratterte weiter. Ringsum war die Stadt, heiß und stinkend, eben jene Stadt, die ihr früher so märchenhaft erschienen war. Nataschka blickte mit schmerzlicher Verwunderung auf das herausgeputzte Volk, das auf dem Pflaster vor den Häusern, den Toren und den Kaufläden mit ihren offenen Türen hin und her ging ... Warum fährt Jewsej ausgerechnet hier entlang, dachte sie, wie kann er sich trauen, mit dem Wagen hier entlangzurattern?

Aber sie fuhren an der Kathedrale vorbei und über holprige, staubige Hänge hinunter zu dem seichten Fluß, vorbei an schwarzen Schmieden, vorbei an morschen, armseligen Kleinbürgerkaten ... Es begann wieder vertraut zu riechen, nach warmem Flußwasser, nach Schlamm und nach der abendlichen Kühle der Felder. Ein erstes Licht blinkte in der Ferne, auf dem gegenüberliegenden Berg, in einem einsamen Häuschen nahe dem Schlagbaum ... Und jetzt waren sie endgültig in Freiheit, sie überquerten die Brücke, fuhren zum Schlagbaum hinauf – und die steinerne, verlassene Straße blickte ihnen entgegen, die schemenhaft weiß schimmerte und sich in der unendlichen Ferne, im Dunkelblau der kühlen Steppennacht verlor. Das Pferd fiel, als sie den Schlagbaum hinter sich gelassen hatten, vom leichten Trab vollends in den Schritt. Wieder konnte man hören, daß es auf der Erde wie am Himmel nachts ganz still ist – nur irgendwo weit weg klagte ein Glöckchen. Immer deutlicher und melodischer klagte es – und verschmolz dann mit dem einmütigen Getrappel einer Trojka, mit dem gleichmäßigen Rattern von Rädern, die auf der Landstraße näher kamen ... Ein junger Fuhrmann lenkte die Trojka, und in dem offenen Wagen saß ein Offizier, das Kinn in einen Uniformmantel mit Kapuze gedrückt. Als die Trojka auf gleicher Höhe mit dem Leiterwagen war, hob er für einen Augenblick den

Kopf – und plötzlich erblickte Nataschka einen roten Kragen, einen schwarzen Schnurrbart und junge Augen, die unter einem Helm, der aussah wie ein kleiner Eimer, hervorblitzten. Sie schrie auf, erstarrte und verlor das Bewußtsein ...

Der irrwitzige Gedanke war ihr durch den Kopf geschossen, das sei Pjotr Petrowitsch, und an dem Schmerz und der Zärtlichkeit, die ihr nervöses Gesindeherz wie ein Blitz durchzuckten, hatte sie plötzlich erkannt, was sie verloren hatte: die Nähe zu ihm ... Jewsej beeilte sich, Wasser aus dem Reisekrug über ihren geschorenen, auf die Schulter gesunkenen Kopf zu gießen.

Ein Anfall von Übelkeit ließ sie wieder zu sich kommen, und hastig streckte sie den Kopf über die Wagenkante. Jewsej schob hastig seine Hand unter ihre kalte Stirn ...

Nachher lag sie erleichtert, fröstelnd und mit feuchtem Kragen auf dem Rücken und blickte in die Sterne. Jewsej, der sich gehörig erschrocken hatte, schwieg in der Meinung, sie sei eingeschlafen, er wiegte nur seinen Kopf und trieb in einem fort das Pferd an. Der Leiterwagen rüttelte und preschte voran. Dem Mädchen schien, sie habe keinen Körper, sie habe jetzt nur noch eine Seele. Und dieser Seele war es »so wohl, geradezu wie im Himmelreich« ...

Wie die purpurrote Blume, die in den Märchengärten blühte, war ihre Liebe. Doch sie trug ihre Liebe in die Steppe, in eine Einöde, die noch unberührter war als die Einöde von Suchodol, um dort in Stille und Einsamkeit ihre ersten süßen, brennenden Qualen zu überwinden und sie dann für lange, für immer, bis zum Grab in der Tiefe ihrer Suchodoler Seele zu bewahren.

VI

Die Liebe in Suchodol war ungewöhnlich. Ungewöhnlich war auch der Haß.

Der Großvater, der auf ebenso unsinnige Weise umkam wie sein Mörder und wie alle, die in Suchodol umkamen, wurde im selben Jahr getötet. Zu Mariä Schutz und Fürbitte, dem Patronatsfeiertag in Suchodol, hatte Pjotr Petrowitsch Gäste eingeladen – und er war sehr aufgeregt: Ob auch der Adelsmarschall kommen würde, der sein Wort gegeben hatte dabeizusein? Der Großvater war aus irgendeinem Grund ebenfalls freudig erregt. Der Adelsmarschall kam, und das Essen geriet aufs beste. Es ging lebhaft und fröhlich zu, der Großvater war am fröhlichsten von allen. Früh am Morgen des zweiten Oktober fand man ihn im Salon tot am Boden liegen.

Als er seinen Abschied genommen hatte, verhehlte Pjotr Petrowitsch nicht, daß er sich aufopfere zur Rettung der Chruschtschowschen Ehre, des Familiennests und des Familienguts. Er verhehlte nicht, daß er den Hof »notgedrungen« übernehmen müsse. Auch gelte es, Bekanntschaften anzuknüpfen, um mit den kultiviertesten und nützlichsten Adligen im Kreis zu verkehren und die Beziehungen zu den übrigen nicht abreißen zu lassen. Zu Anfang hielt er all das aufs genaueste ein, er besuchte auch alle kleinen Gutsbesitzer und sogar das Vorwerk der

Tante Olga Kirillowna, einer ungeheuer dicken Alten, die an der Schlafkrankheit litt und ihre Zähne mit Schnupftabak putzte. Zum Herbst hin erstaunte es niemanden mehr, daß Pjotr Petrowitsch die unumschränkte Herrschaft über das Gut ausübte. Er sah auch nicht mehr aus wie ein fescher Offizier auf Urlaub, sondern wie der Hausherr, wie ein junger Gutsbesitzer. Wenn er in Verlegenheit geriet, lief er nicht mehr so dunkelrot an wie früher. Er pflegte sich, war fülliger geworden und trug teure Kaftane, seine kleinen Füße verwöhnte er mit roten tatarischen Pantoffeln, seine kleinen Hände schmückte er mit türkisbesetzten Ringen. Seine schönen Augen waren zu aller Verwunderung nicht schwarz, sondern braun, wie es sich für jemanden mit dunkler Haut gehört. Arkadi Petrowitsch scheute sich aus irgendeinem Grunde, in diese Augen zu blicken, er wußte nicht, worüber er reden sollte, überließ Pjotr Petrowitsch in der ersten Zeit in allem den Vorrang und verzog sich auf die Jagd.

Zu Mariä Schutz und Fürbitte wollte Pjotr Petrowitsch alle und jeden durch seine Gastfreundschaft betören und außerdem zeigen, daß er und niemand sonst die erste Person im Hause war. Dabei war ihm jedoch der Großvater furchtbar lästig. Der Großvater war selig vor Glück, aber taktlos und schwatzhaft und mitleiderregend in seiner antiquierten Samtkappe und seinem neuen, viel zu weiten blauen Kasack, den ihm der Schneider zu Hause angefertigt hatte. Er hielt sich ebenfalls für den gastfreien Hausherrn, lief vom frühen Morgen an geschäftig umher und machte den Empfang der Gäste zu einer albernen Zeremonie. Der eine Flügel der Durchgangstür vom Vorzimmer in den Saal war sonst immer geschlossen. Er selbst schob nun oben und unten die eisernen Sperriegel zur Seite, rückte einen Stuhl heran und kletterte schwankend hinauf; nachdem er die Tür weit aufgerissen hatte, stellte er sich auf die Schwelle und wich, das Schweigen von Pjotr Petrowitsch ausnutzend, der vor Scham und Wut erstarrte, aber entschlossen war, alles zu ertragen, nicht von der Stelle, bis der letzte Gast eingetroffen war. Er wandte den Blick nicht von der Vortreppe – auch die Tür zur Vortreppe hin mußte geöffnet werden, auch das verlangte angeblich eine uralte Sitte – und trat vor Aufregung von einem Fuß auf den anderen, aber sobald er sah, daß jemand hereinkam, stürzte er ihm tänzelnd entgegen, sprang hoch, warf das eine Bein hinter das andere, machte einen tiefen Diener und rief mit sich überschlagender Stimme allen, selbst denen, die er gar nicht kannte, zu:

»Nein, wie ich mich freue! Wie ich mich freue! So lange haben Sie mir nicht mehr die Ehre erwiesen. Seien Sie willkommen, seien Sie willkommen!«

Es erboste Pjotr Petrowitsch zudem, daß der Großvater allen und jedem von Tonjetschkas Abreise zu Olga Kirillowna nach Lunewo berichtete. »Tonjetschka leidet an Schwermut, sie ist für den ganzen Herbst zu ihrer Tante gefahren« – was mochten die Gäste von derlei unerbetenen Erklärungen halten? Schließlich war die Geschichte mit Wojtkewitsch natürlich längst allen bekannt. Gut möglich, daß Wojtkewitsch tatsächlich ernsthafte Absichten gehabt hatte, wenn er rätselhaft seufzte, sobald er in Tonjetschkas Nähe war, wenn er mit ihr vierhändig Klavier spielte, ihr mit gedämpfter Stimme *Ljud-*

mila vorlas oder düster-gedankenverloren sagte: »Du bist einem Toten anverlobt durch das heilige Wort ...« Tonjetschka aber wurde glühendrot bei jedem, selbst dem unschuldigsten seiner Versuche, seinen Gefühlen Ausdruck zu verleihen – etwa wenn er ihr Blumen schenkte –, und Wojtkewitsch reiste unverhofft ab. Nachdem er fort war, konnte Tonjetschka nachts nicht mehr schlafen, sie saß in der Dunkelheit am offenen Fenster, als harre sie einer bestimmten Stunde, um dann unversehens in lautes Schluchzen auszubrechen – und Pjotr Petrowitsch zu wecken. Er lag lange da und lauschte mit zusammengepreßten Lippen auf das Schluchzen und das zarte, schläfrige Geplapper der Pappeln draußen im dunklen Garten, das sich anhörte wie stetiger, feiner Regen. Später ging er zu ihr, um sie zu beruhigen. Auch die verschlafenen Mädchen kamen, um sie zu beruhigen, und manchmal kam der Großvater besorgt herbeigelaufen. Dann begann Tonjetschka, mit den Füßen aufzustampfen und zu schreien: »Laßt mich in Ruhe, verschworene Feinde!«, und die Sache endete stets mit scheußlichem Geschimpfe, beinahe mit einem Handgemenge.

»So begreif doch!« fauchte Pjotr Petrowitsch erbost, wenn er die Mädchen und den Großvater davongejagt und die Tür zugeknallt hatte und sich am Türklopfer festklammerte. »Begreif doch, du Schlange, was die Leute denken könnten!«

»Ach je!« kreischte Tonjetschka dann. »Papa, er behauptet, daß ich in Umständen bin!«

Daraufhin faßte Pjotr Petrowitsch sich an den Kopf und stürmte aus dem Zimmer.

Er hätte sich auch an Mariä Schutz und Fürbitte mehr als einmal gerne an den Kopf gefaßt. Zudem machte Gerwaska ihm Sorgen: Wenn er nur nicht bei einem unbedachten Wort grob werden würde!

Gerwaska war furchtbar gewachsen. Er war riesig und ungestalt, aber auch der stattlichste und klügste der Diener und gleichfalls ausstaffiert mit einem blauen Kasack, mit ebensolchen Pumphosen und weichen Ziegenlederstiefeln ohne Absatz. Ein lilafarbenes Wolltuch war um seinen dünnen, dunklen Hals gewickelt. Die schwarzen, trockenen, dicken Haare hatte er schräg über den Kopf frisiert und von unten her kreisrund abgeschnitten, damit sie an den Schläfen und im Nacken nicht zu lang wären. Zu rasieren gab es nichts, lediglich zwei, drei spärliche, drahtige Lockenkringel schimmerten dunkel an seinem Kinn und in den Winkeln seines großen Mundes, von dem es hieß: »Ein Mund wie ein Scheunentor«. Groß und hager, in der flachen, knochigen Brust sehr breit, mit kleinem Kopf und tiefen Augenhöhlen, mit schmalen, fahlblauen Lippen und großen, bläulichen Zähnen, hatte man ihm, diesem alten Arier, diesem Parsen aus Suchodol, den Spitznamen Borsoi verliehen. Wenn sie seine gebleckten Zähne sahen und seinen Husten hörten, dachten viele: »Du kratzt bald ab, Borsoi!« Nach außen hin aber titulierten sie diesen Grünschnabel, im Gegensatz zu den anderen, als Gerwassi Afanassjewitsch.

Auch die Herrschaft fürchtete ihn. Die Herrschaft war vom Charakter her wie die Knechte: entweder herrschen oder kuschen. Die dreiste Antwort, die Gerwaska dem Großvater am Tag der Ankunft von Pjotr Petrowitsch gegeben hatte, hatte zum Erstaunen des Gesindes keinerlei Konsequenzen. Arkadi Petrowitsch sagte nur lakonisch: »Du bist wahrhaftig ein Vieh, mein Lieber!«, worauf er eine ebenso lakonische Antwort bekam: »Ich kann ihn nicht ausstehen, Herr!« Aber dann ging Gerwaska von allein zu Pjotr Petrowitsch: Er blieb an der Türschwelle stehen, ließ sich in seiner nachlässigen Art auf die im Vergleich zum Rumpf unverhältnismäßig langen Beine in den weiten Pluderhosen nieder, das linke Knie angewinkelt und vorwärtsgestellt, und bat, man solle ihn verprügeln.

»Ich bin ein schlimmer Grobian und ein Hitzkopf, Herr«, sagte er ungerührt und rollte mit seinen schwarzen Augen.

Pjotr Petrowitsch, der das Wort »Hitzkopf« als Anspielung empfand, bekam es mit der Angst.

»Das kommt schon noch, mein Lieber! Das kommt noch!« rief er mit vorgetäuschter Strenge. »Verschwinde! Ich kann dich Flegel nicht mehr sehen!«

Gerwaska blieb eine Weile stehen und schwieg. Dann sagte er:

»Wie Sie wollen.«

Er blieb noch eine Weile stehen, zwirbelte ein drahtiges Haar auf der Oberlippe, fletschte wie ein Hund sein bläuliches Gebiß, ohne die leiseste Gefühlsregung in seiner Miene zu zeigen, und ging hinaus. Seither war er vom Nutzen dieser Manier – keine Miene zu verziehen und so knapp wie möglich zu antworten – fest überzeugt. Pjotr Petrowitsch aber vermied künftig nicht nur jede Unterhaltung mit ihm, sondern auch, ihm in die Augen zu blicken.

Ebenso rätselhaft ungerührt verhielt Gerwaska sich auch an Mariä Schutz und Fürbitte. Alle liefen sich die Füße wund, um den Feiertag vorzubereiten, alle gaben und empfingen Anordnungen, schimpften, stritten, wischten die Böden, putzten mit bläulicher Kreide das dunkle, schwere Silber der Ikonen, versetzten den Hunden, die in den Flur drängten, Fußtritte, befürchteten, das Gelee könnte nicht fest werden, es gäbe nicht genügend Gabeln, die Pfannkuchen und das Krausgebäck könnten anbrennen; allein Gerwaska grinste ungerührt und erklärte Kasimir, dem trinkfesten Koch, der völlig aufgelöst war: »Immer mit der Ruhe, Vater Diakon, sonst platzt die Kutte!«

»Betrink dich bloß nicht«, bemerkte Pjotr Petrowitsch, der wegen des Adelsmarschalls ganz aufgeregt war, zerstreut zu Gerwaska.

»Hab ich im Leben noch nicht gemacht«, versetzte Gerwaska obenhin, als spräche er zu einem Gleichgestellten. »Das interessiert mich nicht.«

Später dann, als die Gäste da waren, rief Pjotr Petrowitsch in schmeichelndem Ton durch das ganze Haus:

»Gerwassi Afanassytsch! Wo steckst du denn nur? Ohne dich kommen wir nicht zurecht.«

Gerwaska ließ sich darauf höflichst und würdevoll vernehmen:

»Belieben Sie sich keine Sorgen zu machen, Herr. Ich unterstehe mich, nicht wegzugehen.«

Er war zu Diensten wie nie zuvor. Er rechtfertigte in jeder Hinsicht Pjotr Petrowitschs Worte, der den Gästen laut verkündete:

»Wie dreist dieser lange Lulatsch ist, können Sie sich nicht vorstellen! Aber wahrhaftig ein gescheiter Kerl! Er hat goldene Hände!«

Hätte er etwa annehmen können, daß er gerade jenen Tropfen in das Faß goß, der es zum Überlaufen brachte? Der Großvater vernahm seine Worte. Er nestelte auf der Brust an seinem Kaftan herum und schrie unvermittelt über den ganzen Tisch hinweg dem Adelsmarschall zu:

»Exzellenz! Reichen Sie mir Ihre helfende Hand! Wie an einen Vater wende ich mich an Sie mit einer Beschwerde über meinen Diener! Über diesen, diesen – na, über Gerwassi Afanassjew Kulikow! Er ist mein Untergang! Er ...«

Man fiel ihm ins Wort, beschwichtigte und beruhigte ihn. Der Großvater brach vor Aufregung beinahe in Tränen aus, aber man beruhigte ihn derart freundlich und mit derartiger – natürlich spöttischer – Ehrerbietung, daß er einlenkte und wieder kindlich-glücklich war. Gerwaska stand an der Wand, ernst, den Blick gesenkt, den Kopf leicht zur Seite gewandt. Der Großvater sah, daß dieser Riese einen unverhältnismäßig kleinen Kopf hatte, daß der Kopf noch kleiner wäre, wenn er geschoren wäre, daß der Hinterkopf spitz war und daß ausgerechnet am Hinterkopf besonders viele Haare waren – dicke schwarze, unbeholfen von unten her abgeschnittene Haare, die über dem dünnen Hals abstanden. Gerwaskas Gesicht, bei der Jagd durch Sonne und Wind dunkel geworden, schälte sich stellenweise und war mit blaßlila Flecken übersät. Der Großvater warf Gerwaska furchtsame, besorgte Blicke zu, aber dennoch erklärte er den Gästen freudig:

»Gut, ich verzeihe ihm! Aber dafür lasse ich Sie, werte Gäste, drei ganze Tage lang nicht gehen. Um nichts in der Welt lasse ich Sie gehen! Insbesondere bitte ich darum, nicht zum Abend hin aufzubrechen. Wenn es auf den Abend zugeht, bin ich nicht mehr ich selbst: diese Schwermut, diese Angst! Die Wolken kommen, im Troschiner Wald, heißt es, hat man wieder zwei von Bonapartes Franzosen gefangen ... Ich werde ganz bestimmt an einem Abend sterben, glauben Sie mir! Martyn Sadeka hat es mir vorhergesagt ...«

Doch er starb frühmorgens.

Er hatte darauf bestanden: »Um seinetwillen« waren viele Gäste über Nacht geblieben; den ganzen Abend wurde Tee getrunken, es gab furchtbar viel und verschiedenerlei Eingewecktes, man konnte immer wieder hingehen und probieren, hingehen und probieren; dann wurden Tische aufgestellt und so viele Walrat-Kerzen entzündet, daß ihr Licht von allen Spiegeln zurückgeworfen wurde, und über den Zimmern, die erfüllt waren vom Rauch des wohlriechenden Schukow-Tabaks, von Lärm und Gemurmel, lag ein goldener Glanz wie in einer Kirche. Die Hauptsache aber war, es blieben viele über Nacht. Und dies bedeutete, ihnen stand nicht nur ein neuer fröhlicher Tag bevor, sondern auch viele Scherereien und Sorgen: Wäre nämlich er, Pjotr Kirillytsch, nicht gewesen, wäre der Feiertag niemals so ausgezeichnet verlaufen, hätte es niemals ein so lebhaftes, reichhaltiges Mittagessen gegeben!

»Ja, ja«, überlegte der Großvater in der Nacht besorgt, als er den Kaftan abgelegt hatte und im Schlafzimmer vor seinem Betpult mit den brennenden Wachskerzen stand und die Ikone des Merkurij betrachtete. »Ja, ja, dem Sünder droht ein grimmiger Tod ... Lasset die Sonne nicht über eurem Zorn untergehen!«

Doch da fiel ihm ein, daß er etwas anderes hatte überlegen wollen; gebückt und den fünfzigsten Psalm flüsternd, ging er im Zimmer auf und ab, er rückte die schwach glimmende Räucherkerze auf dem Nachttisch zurecht, nahm den Psalter zur Hand, schlug ihn auf und hob mit einem tiefem glücklichen Seufzer den Blick wieder zu dem enthaupteten Heiligen. Plötzlich fiel ihm ein, was er hatte überlegen wollen, und er lächelte strahlend:

»Ja, ja: Ist der Alte da, möchte man ihn umbringen, ist der Alte nicht da, möchte man ihn kaufen!«

In¹ der Angst, er würde verschlafen und es versäumen, irgendeine Anordnung zu geben, schlief er beinahe gar nicht. Früh am Morgen, als in den noch nicht aufgeräumten, nach Tabak riechenden Zimmern jene besondere Stille herrschte, wie es sie nur nach einem Feiertag gibt, ging er vorsichtig auf bloßen Füßen in den Salon, hob sorgsam einige Kreidestücke auf, die neben den aufgeklappten grünen Tischen lagen, und seufzte leise auf vor Entzücken, als er durch die Glastür hinaus in den Garten blickte: auf den leuchtenden Glanz des kalten Azurblaus, auf das Silber des Morgenfrosts, der den Balkon, das Geländer und das braune Laub an den kahlen Zweigen unterhalb des Balkons ebenso überzogen hatte wie das Dach der Banja weit hinten am Ende des Gartens, inmitten der Pappeln, die ihr Laub noch nicht verloren hatten. Er öffnete die Tür und sog die Luft ein: Aus den Sträuchern roch es noch bitter und nach Gärung von der Herbstfäulnis, doch dieser Geruch verlor sich in der winterlichen Kühle. Alles lag starr und reglos, beinahe feierlich. Die Sonne, die sich dahinter, jenseits des Dorfes, eben erst zeigte, beschien die Wipfel der Bilderbuchallee, der fast kahlen und mit dünnem, feinem Gold bestreuten weißstämmigen Birken, und ein wunderbarer, festlicher Anflug von Lila lag in diesen weißgoldenen, vor dem Azurblau schimmernden Wipfeln. Ein Hund lief durch den kalten Schatten unter dem Balkon, knirschte über das vom Frost versengte und wie mit Salz bestreute Gras. Dieses Knirschen ließ an den Winter denken – und der Großvater zuckte vergnügt die Achseln und kehrte in den Salon zurück, wo er mit angehaltenem Atem die schweren, über den Boden scharrenden Möbel umzustellen begann und dabei hin und wieder in den Spiegel blickte, der den blauen Himmel reflektierte. Plötzlich kam Gerwaska lautlos und rasch herein, ohne Kasack, verschlafen, »mißgelaunt wie ein Teufel«, wie er später selbst erzählte.

Er kam herein und zischte streng:

»Gib endlich Ruhe! Was kümmerst du dich um Sachen, die dich nichts angehen?«

Der Großvater hob sein erhitztes Gesicht und erwiderte flüsternd und mit derselben Sanftmut, die ihn den ganzen gestrigen Tag und die ganze Nacht hindurch nicht verlassen hatte:

»Da sieh nur, was du für einer bist, Gerwaska! Ich

habe dir gestern vergeben, aber du, anstatt dem Herrn dankbar zu sein ...«

»Ich hab dich satt, du Memme, mehr noch als den Herbst!« unterbrach Gerwaska ihn. »Laß mich durch.« Der Großvater warf einen ängstlichen Blick auf seinen Hinterkopf, der jetzt noch stärker über dem dünnen, aus dem weißen Hemdkragen ragenden Hals abstand, doch mit einem Mal brauste er auf und baute sich vor einem Lombertisch auf, den er in eine Ecke hatte schleppen wollen.

»Laß du mich durch!« rief er nach einem Moment des Überlegens gedämpft. »Du mußt deinem Herrn Platz machen. Du bringst mich noch soweit, daß ich dir einen Dolch in die Seite stoße!«

»Pah!« stieß Gerwaska mit gebleckten Zähnen verärgert hervor und schlug ihm mit aller Wucht vor die Brust.

Die Tischplatte war zusammengelegt, der Tisch stand zur Hälfte offen. Der Großvater rutschte auf dem glatten Eichenboden aus, schlug mit den Armen um sich – und prallte ausgerechnet mit der Schläfe gegen die spitze Ecke.

Als er das Blut sah, die absurd verdrehten Augen und den aufgesperrten Mund, riß Gerwaska dem Großvater, ohne selbst zu wissen, warum er das tat, das goldene Heiligenbildchen und das Amulett an dem abgetragenen Band vom noch warmen Hals ... Er blickte sich um und riß auch Großmutters Ehering vom kleinen Finger ... Dann verließ er lautlos und rasch den Salon – und war wie vom Erdboden verschluckt.

Der einzige Mensch aus ganz Suchodol, der ihn danach noch gesehen hat, war Natalja.

VII

Während sie in Soschki lebte, trugen sich in Suchodol zwei weitere große Ereignisse zu: Pjotr Petrowitsch heiratete, und die Brüder zogen als Freiwillige in den Krimkrieg.

Sie kehrte nach fast zwei Jahren zurück: Man hatte sie vergessen. Und als sie wieder da war, erkannte sie Suchodol nicht wieder, so wie Suchodol sie nicht wiedererkannte.

An jenem Sommerabend, als der Wagen, den man vom Herrenhof geschickt hatte, knarrend an der Kate des Vorwerks vorfuhr und Nataschka auf die Schwelle herausgesprungen kam, rief Jewsej Bodulja verwundert aus:

»Bist das wirklich du, Nataschka?«

»Wer denn sonst?« erwiderte Nataschka mit kaum merklichem Lächeln.

Jewsej wiegte den Kopf:

»Nun ja, hübscher bist du nicht geworden!«

Sie sah nur nicht mehr so aus wie früher: Aus dem kahlgeschorenen, rundgesichtigen kleinen Mädchen mit den klaren Augen war eine junge Frau geworden, nicht groß, aber gut gebaut, schmächtig, aber nicht krankhaft dünn, zurückhaltend in ihren Fragen und Antworten. Sie war barfüßig, trug einen alten ukrainischen Rock und ein besticktes Hemd, auf dem Kopf aber nach unserer Sitte ein dunkles Tuch; sie war von der Sonne leicht gebräunt

und über und über mit winzigen hirsefarbenen Sommersprossen gesprenkelt. Jewsej als echter Suchodoler fand
natürlich das dunkle Tuch ebenso unschön wie die Sonnenbräune und die Sommersprossen. Auch sie selbst fand
das unschön. Und doch konnte jedermann erkennen – an
dem feinen Lächeln, mit dem sie gesagt hatte: »Wer denn
sonst?« –, daß sie auch stolz war auf diese Veränderungen,
die mit ihr vorgegangen waren, und sogar gleichsam zu-
frieden damit, nicht hübsch zu sein.

Auf dem Weg nach Suchodol sagte Jewsej:

»Nun, Mädel, du bist jetzt im heiratsfähigen Alter.
Willst du dich verheiraten?«

Sie schüttelte nur den Kopf:

»Nein, Onkel Jewsej, ich werde nie heiraten.«

»Und warum bitte schön nicht?« erkundigte sich
Jewsej und nahm sogar die Pfeife aus dem Mund.

Bedächtig, halb im Scherz, halb im Ernst, erklärte
sie, nicht alle müssten heiraten; man würde sie vermutlich dem gnädigen Fräulein geben, und das gnädige Fräulein habe sich Gott geweiht und werde sie also nicht heiraten lassen; außerdem habe sie schon mehrfach sehr
deutliche Träume gehabt …

»Was hast du denn da geträumt?« fragte Jewsej.

»Ach, nichts Besonderes«, sagte sie. »Gerwaska hat
mich damals zu Tode erschreckt, er hat mir die Neuigkeiten erzählt, da habe ich viel nachgedacht … Na, und da
habe ich eben geträumt.«

»Ist es wirklich wahr, Gerwaska war damals zum
Frühstück bei euch?«

Nataschka überlegte.

»Ja, das stimmt. Er kam und sagte: Ich komme von der Herrschaft wegen einer großen Sache, aber gebt mir erst etwas zu essen. Wir haben ihm aufgetischt, wie einem Reisenden. Er hat sich satt gegessen, ist dann rausgegangen und hat mir zugezwinkert. Ich bin hinausgelaufen, und er hat mir hinter dem Haus alles haarklein erzählt und ist dann gegangen ...«

»Aber warum hast du denn nicht die Leute vom Vorwerk gerufen?«

»Wie denn? Er hat gedroht, mich umzubringen. Bis zum Nachmittag durfte ich nichts sagen. Und zu ihnen hat er gesagt, ich gehe zum Speicher, mich schlafen legen ...«

In Suchodol wurde sie vom ganzen Gesinde voller Neugier gemustert und von den Freundinnen und Altersgenossinnen aus der Mädchenstube ausgefragt. Aber auch ihren Freundinnen antwortete sie ebenso kurz angebunden und als ob sie ihre Freude hätte an einer Rolle, die sie übernommen hatte.

»Es war gut«, sagte sie immer wieder.

Einmal sagte sie im Tonfall einer Pilgerin:

»Gott hat reichlich von allem. Es war gut.«

Bescheiden und ohne zu zögern nahm sie das alltägliche Leben und die Arbeit wieder auf und schien sich überhaupt nicht darüber zu wundern, daß der Großvater nicht da war, daß die jungen Herren als Freiwillige und aus eigenem Antrieb in den Krieg gezogen waren, daß das gnädige Fräulein übergeschnappt war und es nun dem Großvater nachtat und durch die Zimmer wanderte, daß in Suchodol eine neue, fremde gnädige Frau das Zepter führte – eine kleine, füllige, sehr lebhafte, schwangere

327

Moskauer Institutsabsolventin, die ehemalige Gouvernante der Herrschaften Tscherkisow, die Pjotr Petrowitsch nun Petruscha nannte.

Die gnädige Frau rief beim Mittagessen:

»Holt mal diese ... wie heißt sie gleich? ... Nataschka.«

Und Nataschka kam flink und geräuschlos herein, bekreuzigte sich, verneigte sich zur Ecke hin, vor den Ikonen, dann zum Herrn und zum gnädigen Fräulein hin – und blieb stehen, in Erwartung von Fragen und Anordnungen. Fragen stellte natürlich nur die gnädige Frau – das gnädige Fräulein, sehr groß geworden, abgemagert, spitznasig, die starr und stumpf aus ihren unwahrscheinlich schwarzen Augen blickte, sagte kein einziges Wort. Die gnädige Frau war es auch, die bestimmte, sie werde dem gnädigen Fräulein zugeteilt. Sie verneigte sich und sagte einfach:

»Sehr wohl.«

Das gnädige Fräulein starrte weiterhin angestrengt-teilnahmslos vor sich hin, stürzte sich aber am Abend unversehens auf Nataschka und zerzauste ihr wild schielend, grausam und mit Inbrunst die Haare – weil sie ihr einen Strumpf ungeschickt vom Bein gestreift hatte. Nataschka fing an zu weinen wie ein Kind, sagte aber keinen Ton; als sie in die Mädchenstube ging, sich auf die Ofenbank setzte und die ausgerissenen Haarsträhnen auskämmte, lächelte sie sogar durch die Tränen an den Wimpern.

»Ist die böse!« sagte sie. »Da werde ich es schwer haben.«

Als das gnädige Fräulein am nächsten Morgen erwacht war, lag sie lange im Bett, während Nataschka an der Schwelle stand und mit gesenktem Kopf von der Seite auf ihr blasses Gesicht blickte.

»Was hast du geträumt?« fragte das gnädige Fräulein so teilnahmslos, als spräche jemand anderes an ihrer Stelle.

Sie antwortete:

»Ach, nichts, glaube ich.«

Daraufhin sprang das gnädige Fräulein ebenso unvermittelt wie am Abend zuvor vom Bett auf, warf wutentbrannt eine Tasse mit Tee nach ihr, ließ sich wieder aufs Bett fallen, stieß einen Schrei aus und begann bitter zu schluchzen. Nataschka wich der Tasse aus – schon bald entwickelte sie darin ein außergewöhnliches Geschick. Die törichten Mädchen, die auf die Frage, was sie geträumt hätten, zur Antwort gaben: »Nichts hab ich geträumt«, pflegte das gnädige Fräulein hin und wieder anzuschreien: »Dann lüg mir etwas vor!« Und da Nataschka keine Meisterin im Lügen war, mußte sie eben eine andere Fähigkeit entwickeln: das Ausweichen.

Schließlich holte man einen Arzt für das gnädige Fräulein. Der Arzt konstatierte eine »Hepatisation der Lungen« und verschrieb viele Pillen und viele schwarze Tropfen. Aus Angst, man würde sie vergiften, zwang das gnädige Fräulein Nataschka, alle diese Pillen und Tropfen zu probieren – und die probierte ohne Widerrede alle nacheinander. Bald nach ihrer Ankunft erfuhr sie, das gnädige Fräulein habe auf sie gewartet »wie auf den Jüngsten Tag«: Das gnädige Fräulein war es auch, die an sie gedacht hatte – sie habe sich die Augen aus dem Kopf geschaut, ob nicht jemand aus Soschki käme, habe hitzig allen versichert, sie würde sofort gesund und von aller Krankheit und Schwermut befreit, sobald Nataschka zurückkehre. Nataschka kam zurück – und wurde vollkommen gleichgültig empfangen. Aber waren nicht die Tränen des gnädigen Fräuleins Tränen bitterer Enttäuschung? War nicht der grausame Einfall, sie die Medikamente probieren zu lassen, der heftige Drang nach Genesung? Nataschkas Herz krampfte sich zusammen, als sie sich das alles überlegte. Sie ging hinaus in den Korridor, setzte sich auf eine Truhe und begann wieder zu weinen. Sie weinte leise, schwelgte in ihren Tränen und starrte lange Zeit unverwandt auf einen bestimmten Punkt – ahmte die Bäuerinnen nach, sie erinnerte sich an den kleinen Spiegel, an ihre Abreise nach Soschki, an alles, was sie dort erlebt hatte, verzog wieder kindlich das Gesicht und begann kaum hörbar zu wimmern.

»Und, geht es dir besser?« fragte das gnädige Fräulein, als sie mit geschwollenen Augen zu ihr hineinging.

»Ja«, flüsterte Nataschka, obwohl ihr von den Medikamenten das Herz stockte und ihr schwindlig war, und küßte im Nähertreten dem gnädigen Fräulein innig die Hand.

Noch lange ging sie danach mit niedergeschlagenen Augen, zu ängstlich, den Blick zum Fräulein zu erheben, ergriffen von Mitgefühl für das Fräulein und für ihre eigene Einsamkeit.

»Du hinterlistige Ukrainerin!« rief einmal eine ihrer Freundinnen aus der Mädchenstube, Soloschka, die am häufigsten versucht hatte, in alle ihre Geheimnisse und Gefühle eingeweiht zu werden, aber immer nur knappe, einfache Antworten erhalten hatte, denen jeglicher Reiz einer Mädchenfreundschaft abging.

Nataschka lächelte traurig.

»Ja und«, sagte sie gedankenverloren. »Es stimmt auch. Sag mir, mit wem du umgehst, und ich sage dir, wer du bist. So manches Mal fehlen mir Vater und Mutter weniger als meine Ukrainer ...«

Aber sie sagte nicht die Wahrheit. Zwar konnte sie Soschki nicht vergessen und hätte viel und mit Begeisterung davon erzählt, hätte sie nicht diese Rolle auf sich genommen. Aber nie hatte sie die Ukrainer als Vater und Mutter angesehen.

In Soschki hatte sie all dem Neuen, das sie umgab, zunächst gar keine Beachtung geschenkt. Sie waren gegen Morgen angekommen – und seltsam erschien ihr damals nur, daß die Hütte sehr lang und weiß war und daß man sie in den weiten Ebenen ringsum von Ferne sehen konnte, daß die Ukrainerin, die den Ofen feuerte, freundlich grüßte und daß der Ukrainer gar nicht zuhörte, was Jewsej redete. Jewsej schwatzte in einem fort – über die Herrschaft, über Demjan, über die Hitze unterwegs und darüber, was er in der Stadt gegessen hatte, über Pjotr Petrowitsch und natürlich über den kleinen Spiegel –, während der Ukrainer, Schary, oder, wie man ihn in Suchodol nannte, Barsuk, nur den Kopf schüttelte und Jewsej, als dieser verstummte, plötzlich einen zerstreuten Blick zuwarf und höchst vergnügt in seinen Bart brummte: »Dreh dich im Kreis beim Reigen ...« Dann kam sie allmählich zu sich – und voller Verwunderung über Soschki entdeckte sie immer mehr Reizvolles, immer mehr, was anders war als in Suchodol. Allein die ukrainische Hütte war sehenswert – ihre Weiße, ihr solides, ebenmäßiges Schilfdach! Wie reich erschien in dieser Hütte die Inneneinrichtung im Vergleich zu den unordentlichen, armseligen Katen von Suchodol! Was für wertvolle Ikonen mit Blattmetall in der Ecke hingen, was für wunderschöne Papierblumen darum herumdrapiert waren, wie schön bunt die Handtücher leuchteten, die darüberhingen! Und die gemusterte Decke auf dem Tisch! Und die Reihen graublauer Töpfe und irdener Krüge auf den Gestellen beim Ofen! ... Aber am erstaunlichsten waren ihre Wirtsleute.

Warum sie so erstaunlich waren, verstand sie nicht recht, doch sie spürte es ständig. Nie zuvor hatte sie einen so reinlichen, ruhigen und tüchtigen Bauern wie Schary gesehen. Er war nicht groß, hatte einen keilförmigen Kopf, kurzgeschoren, mit dichtem, kräftigem Silber, der Schnurrbart – er trug nur einen Schnurrbart – war ebenfalls silbern, schmal, nach Tatarenart, Gesicht und Hals waren dunkel von der Sonne, von tiefen Falten durchzogen, die aber ebenfalls schön, deutlich ausgeprägt und notwendig waren. Er hatte einen schwerfälligen Gang – seine Stiefel waren klobig, in die Stiefel hatte er die Hosen aus grobem, gebleichtem Leinen gesteckt und in die Hosen ein ebensolches Hemd, weit geschnitten unter dem Arm, mit einem Umlegekragen. Er hatte einen leicht gebeugten Gang. Aber weder diese Eigenheit noch die Falten oder das graue Haar machten ihn alt: Sein Gesicht zeigte weder Müdigkeit wie bei uns noch Schlaffheit; die kleinen Augen blickten scharf und mit feinem Spott. Er erinnerte Nataschka an den alten Serben, der eines Tages mit einem kleinen Jungen in Suchodol aufgetaucht war und auf der Geige gespielt hatte.

Der Ukrainerin Marina hatten die Suchodoler den Spitznamen Kopjo gegeben. Schlank war diese hochgewachsene fünfzigjährige Frau. Gelbliche Sonnenbräune überzog gleichmäßig die glatte, nicht zu Suchodol passende Haut ihres breitknochigen Gesichts, das ein wenig derb, aber fast schön war durch seine Offenheit und die strengen, lebhaften Augen – die bald achatfarben und bald bernsteingelb-grau waren und die Farbe änderten wie bei einer Katze.

Wie ein hoher Turban lag ein großes, schwarzgoldenes Tuch mit roten Tupfen auf ihrem Kopf; ein kurzer, schwarzer ukrainischer Rock, gegen den das weiße Hemd grell abstach, umschloß eng ihre langgestreckte, fast mädchenhafte Figur. An den nackten Füßen trug sie eisenbeschlagene Schuhe, die bloßen Schienbeine waren schlank, aber gerundet und von der Sonne poliert wie gelbbraunes Holz. Wenn sie zuweilen bei der Arbeit die Augenbrauen zusammenschob und mit kräftiger Bruststimme das Lied von der Belagerung Potschajews durch die Ungläubigen sang, davon,

> Als das Abendrot hereinbrach
> Und über Potschajew stand,

als die Gottesmutter selbst das heilige Kloster gerettet habe, dann lag in ihrer Stimme soviel Trostlosigkeit, Wehklagen und Andacht, aber zugleich auch soviel Erhabenheit, Kraft und Bedrohliches, daß Nataschka in schaurigem Entzücken kein Auge von ihr ließ.

Kinder hatten die Ukrainer keine; Nataschka war Waise. Hätte sie bei Suchodolern gelebt, hätte man sie Ziehtochter, aber manches Mal auch Diebin genannt, sie bald bedauert, ihr bald die Augen ausgehackt. Die Ukrainer jedoch waren beinahe kühl, aber immer gleich im Umgang, überhaupt nicht neugierig und nicht redselig. Im Herbst wurden Weiber und Mädchen aus Kaluga zur Mahd und zum Dreschen herbeigeholt, die wegen ihrer bunten Sarafane »Flügelhemdchen« genannt wurden. Dann war es laut auf dem Vorwerk, es herrschte ein ständiges Geschwätz. Aber den Flügelhemdchen ging Nataschka aus dem Weg: Sie galten als liederlich und mit schlimmen Krankheiten behaftet, sie waren strammbusig, unverschämt und dreist, fluchten unflätig und mit Wonne, erzählten einen Witz nach dem anderen, saßen wie Männer rittlings zu Pferde und galoppierten dahin wie besessen. In ihrer gewohnten Umgebung, wenn sie sich hätte aussprechen können, mit Tränen und Liedern hätte sich Nataschkas Schmerz verflüchtigt. Ihre Lieder aber paßten nicht zu denen der anderen. Die Flügelhemdchen sangen mit rauher Stimme, fielen allzu einhellig und schallend laut ein, klatschten und pfiffen. Schary sang nur spöttische Tanzliedchen. Und Marina war spröde, stolz und nachdenklich-düster in ihren Liedern, selbst in den Liebesliedern.

Am Ende des Damms rauschen die Weiden,
Die ich einst pflanzte …,

erzählte sie wehmütig gedehnt, um dann mit gedämpfter Stimme, hart und hoffnungslos, hinzuzusetzen:

> Der, den ich liebte,
> Ist nicht mehr da ...

Und was kannte Nataschka? Was war in Suchodol geblieben von den slawischen Liedern, die dort degeneriert und verflacht waren? Nur Klagen über das Schicksal, über Vater und Mutter, daß man »gegen seinen Willen verheiratet wird mit jemandem, den man nicht liebt, zu einem grausamen Schwiegervater, einer grausamen Schwiegermutter, grausamen Schwägerinnen kommt«, oder zaghafte Vorwürfe an jemanden, der einem das Blaue vom Himmel versprochen hat:

> Hat er mich nicht gestern erst
> Vor allen Leuten sein genannt?

In der Einsamkeit, in der Einöde kostete Nataschka langsam das erste bittersüße Gift der unerwiderten Liebe, durchlitt sie ihre Scham, ihre Eifersucht, die schrecklichen und schönen Träume in der Nacht und die unerfüllbaren Wunschträume und Erwartungen, die sie an den schweigsamen Steppentagen lange peinigten. Häufig wurde die brennende Kränkung in ihrem Herzen abgelöst durch Zärtlichkeit, Leidenschaft und Verzweiflung durch Ergebenheit und den Wunsch nach einer wenn auch noch so bescheidenen, unauffälligen Existenz in *seiner* Nähe, nach einer Liebe, die auf immer vor allen verborgen bleiben müßte und nichts erwarten, nichts verlangen würde. Die Nachrichten und Neuigkeiten, die sie aus

Suchodol erreichten, ernüchterten sie. Gab es aber lange keine Nachrichten, keine Eindrücke vom Alltag in Suchodol, dann schien Suchodol so wunderschön, so heiß ersehnt, daß sie keine Kraft mehr hatte, die Einsamkeit und den Kummer zu ertragen ... Plötzlich war dann Gerwaska aufgetaucht. Hastig und in dürren Worten verkündete er alle Neuigkeiten aus Suchodol, erzählte in einer halben Stunde das, wofür ein anderer mehr als einen Tag gebraucht hätte, und endete damit, wie er dem Großvater den tödlichen »Stoß versetzt« hatte, woraufhin er entschlossen sagte:

»Und jetzt leb wohl, für immer!«

Sie war völlig entgeistert, während er sie mit seinen großen Augen durchbohrte und ihr beim Hinausgehen auf die Straße zurief:

»Zeit, daß du dir die Dummheiten aus dem Kopf schlägst! Bald heiratet er, dich kann er nicht mal als Geliebte gebrauchen ... Nimm doch Vernunft an!«

Und sie nahm Vernunft an. Sie kam hinweg über die furchtbaren Neuigkeiten, besann sich – und nahm Vernunft an.

Die Tage zogen danach gleichmäßig und eintönig dahin, wie die Pilgerinnen, die in einem fort die Chaussee entlang am Vorwerk vorbeikamen und, wenn sie Rast machten, lange Gespräche mit ihr führten, sie Geduld und Hoffnung auf Gott den Herrn, dessen Name stumpf und klagend ausgesprochen wurde, und vor allem aber eine Regel lehrten: nicht nachzudenken.

»Ob du denkst oder es läßt – so wie man es gerne hätte, kommt es ja doch nicht«, sagten die Pilgerinnen, wenn sie ihre Bastschuhe banden, die verhärmten Gesichter in Falten legten und erschöpft in die Weite der Steppe hinausblickten. »Gott hat reichlich von allem ... Reiß uns doch unauffällig eine Zwiebel heraus, Mädchen ...«

Andere machten ihr, wie das so ist, auch Angst – mit ihren Sünden, mit dem Jenseits, sie prophezeiten ihr wer weiß was für Unheil und Schrecken. Eines Tages hatte sie beinahe unmittelbar hintereinander zwei entsetzliche Träume. Sie dachte immerzu an Suchodol – anfangs war es schwer, nicht daran zu denken! –, dachte an das gnädige Fräulein, an den Großvater, an ihre Zukunft, sie mutmaßte, ob sie wohl heiraten würde und wenn ja, wann und wen ...

Die Gedanken gingen einmal so unmerklich in einen Traum über, daß sie ganz deutlich den Spätnachmittag eines drückend heißen, staubigen, unruhig-stürmischen Tages sah und sich selbst, wie sie mit den Eimern zum Teich lief – und plötzlich auf einem lehmig-trockenen Hang einen häßlichen Zwerg mit riesigem Kopf vor sich hatte, einen Bauern in kaputten Stiefeln, barhäuptig, die roten Haare vom Wind struppig und zerzaust, in einem feuerroten, flatternden Hemd ohne Gürtel. »Großvater!« rief sie beunruhigt und verängstigt. »Brennt es etwa?« »Bald ist alles dem Erdboden gleich!« rief der Zwerg, übertönt von dem heißen Wind. »Es kommt eine ungeheure Wolke! Ans Heiraten brauchst du erst gar nicht zu denken!« Der andere Traum war noch schrecklicher: Sie stand um die Mittagszeit in einer heißen, leeren Kate, die jemand von außen versperrt hatte, starr vor Angst, wartete auf etwas – und plötzlich kam hinter dem Ofen ein riesiger grauer Ziegenbock hervorgesprungen, stellte sich auf die Hinterbeine und kam direkt auf sie zu, unanständig erregt, mit wie Kohle glühenden, freudig flackernden, flehenden Augen. »Ich bin dein Bräutigam!« rief er mit menschlicher Stimme, während er schnell und ungeschickt auf sie zulief, mit seinen Hinterhufen leicht aufstampfte und sich ihr mit den Vorderbeinen voller Wucht gegen die Brust warf ...

Wenn sie nach solchen Träumen in ihrem Bett im Flur auffuhr, starb sie beinahe vor Herzklopfen, vor Angst vor der Dunkelheit und dem Gedanken, daß sie niemanden hatte, bei dem sie Schutz suchen könnte.

»Herr Jesus«, flüsterte sie dann hastig. »Mütterchen, Himmelskönigin! Ihr Heiligen Gottes!«

Aber da sie sich alle Heiligen braun und ohne Kopf vorstellte, wie Merkurij, wurde es noch schlimmer.

Wenn sie über ihre Träume gründlich nachdachte, kam ihr immer in den Sinn, daß ihre Mädchenjahre vorbei seien, daß ihr Schicksal schon bestimmt sei – nicht umsonst war ihr etwas Ungewöhnliches zuteil geworden, die Liebe zum gnädigen Herrn! –, daß noch andere Prüfungen auf sie warteten, daß sie sich die Ukrainer in Bezug auf ihre Zurückhaltung und die Pilgerinnen in Bezug auf ihre Schlichtheit und Demut als Beispiel nehmen müsse. Und da die Suchodoler gerne eine Rolle spielen, sich gerne die Unbestreitbarkeit dessen einreden, was angeblich notwendig ist, obgleich sie sich selbst dieses Notwendige ausdenken, nahm auch Nataschka ihre Rolle auf sich.

VIII

Sie hatte vor Freude ganz steife Beine, als sie am Vorabend
von Peter und Paul auf die Türschwelle hinaussprang und
begriff, daß Bodulja sie holen kam, als sie den staubbedeckten, ramponierten Leiterwagen von Suchodol erkannte
und die zerschlissene Kappe auf Boduljas zottigem Kopf
erblickte, seinen von der Sonne ausgebleichten, wirren
Bart, sein Gesicht, müde und aufgeregt, vorzeitig gealtert
und unschön, ja irgendwie merkwürdig mit den einfäl-
tigen, unproportionierten Zügen, als sie den Rüden erkannte, der ebenfalls zottig war und eine gewisse Ähnlichkeit nicht nur mit Bodulja, sondern mit ganz Suchodol auf-
wies – mattgrau am Rücken, und von vorne, auf der Brust
und an seinem dichtbepelzten Hals wie geräuchert vom
dunklen Qualm einer rauchfanglosen Bauernkate. Aber
Bodulja war überrascht – und sie riß sich zusammen, empfand Stolz und nahm ihre Rolle ein. Bodulja plapperte
drauflos, was ihm gerade in den Sinn kam, vom Krieg, der
ihm bald Freude zu machen, bald Kummer zu bereiten
schien, und Nataschka sagte bedachtsam:

»Nun ja, es scheint, man muß sie aufhalten, diese
Franzosen.«

Der ganze lange Tag auf dem Weg nach Suchodol
verlief in dem beklemmenden Gefühl, mit neuen Augen
auf das Alte, das Vertraute zu blicken, das frühere Selbst
noch einmal zu erleben, während man sich dem heimat-
lichen Winkel näherte, Veränderungen zu bemerken und
Menschen zu erkennen, die einem entgegenkamen. Bei

der Abzweigung von der Landstraße nach Suchodol lief auf einem mit Zackenschote überwucherten Brachfeld ein dreijähriges Hengstfohlen umher; ein kleiner Junge, der mit einem bloßen Fuß auf dem Seilhalfter stand, klammerte sich an den Hals des Fohlens und versuchte angestrengt, das andere Bein über den Rücken zu schieben, aber das Fohlen fügte sich nicht, rannte herum und versuchte ihn abzuschütteln. Nataschka war freudig bewegt, als sie in dem Jungen Fomka Pantjuchin erkannte. Ihnen entgegengefahren kam der hundertjährige Nasaruschka, der schon auf Weiberart, mit gerade ausgestreckten Beinen, in seinem leeren Leiterwagen saß, die Schultern angespannt, kraftlos hochgezogen, mit farblosen, kläglich-traurigen Augen, derart abgemagert, daß »es nichts mehr in den Sarg zu legen gab«, ohne Kappe und angetan mit einem langen, schäbigen Hemd, das von der Asche, von dem ständigen Liegen auf dem Ofen grau war. Und wieder krampfte sich ihr Herz zusammen – ihr fiel ein, wie der gutherzige, unbekümmerte Arkadi Petrowitsch vor etwa drei Jahren diesen Nasaruschka verprügeln wollte, weil er im Gemüsegarten mit einem Rettich ertappt worden war, und er nun weinend und halbtot vor Angst inmitten des Hofgesindes stand, das ihn umringte und unter lautem Gelächter schrie:

»Nein, Großvater, sträub dich nicht: Die Windeln mußt du schon ausziehen! Da kommst du nicht dran vorbei!«

Wie fing ihr Herz an zu klopfen, als sie den Weideplatz erblickte, die Reihe der Katen – und das Gutshaus: den Garten, das hohe Dach, die Rückwände der Gesinde-

quartiere, Speicher und Pferdeställe. Das gelbe, mit Kornblumen übersäte Roggenfeld reichte unmittelbar an diese
Mauern heran, an das Steppengras und die Winterheck-
zwiebeln; ein weißes, braungeflecktes Kälbchen stand im
Haferfeld versunken und fraß Haferbüschel. Alles ringsum
war friedlich, einfach und gewohnt – immer ungewohnter,
immer aufgeregter wurde es nur in ihrem Geist, der sich
vollends verwirrte, als der Leiterwagen rasch über den
breiten Hof rollte, auf dem schlafende Windhunde weiß
schimmerten wie Steine auf dem Kirchhof, als sie, zum ersten Mal nach zwei Jahren in einer Hütte, das kühle Haus
betrat, das so vertraut nach Wachskerzen roch, nach Lin-
denblüten, nach der Anrichte, nach dem auf einer Bank im
Vorzimmer liegenden Kosakensattel von Arkadi Petrowitsch, nach den leeren Wachtelkäfigen über dem Fenster –
und zaghaft warf sie einen Blick auf Merkurij, den man aus
den Räumen des Großvaters in einen Winkel des Vorzimmers gebracht hatte …

Wie früher wurde der dämmrige Saal fröhlich erhellt
von der Sonne, die vom Garten her durch die kleinen
Fenster schien. Ein Küken, das sich ins Haus verirrt hatte,
lief durch den Salon und piepste verwaist. Auf den heißen, hell leuchtenden Fensterbrettern lagen Lindenblü-
ten zum Trocknen und dufteten … Es schien, als sei all
das Alte, das sie umgab, jünger geworden, wie es immer
ist, wenn in einem Haus jemand verstorben ist. In allem,
in allem – und besonders in dem Duft der Blüten – spürte
sie einen Teil ihrer eigenen Seele, ihrer Kindheit, ihrer Jugend, ihrer ersten Liebe. Und sie hatte Mitleid mit denen,
die herangewachsen, verstorben waren, sich verändert

hatten – mit sich selbst, mit dem gnädigen Fräulein. Ihre Altersgenossen und Altersgenossinnen waren herangewachsen. Viele alte Männer und Frauen, die vor Hinfälligkeit mit dem Kopf gewackelt und zuweilen von den Schwellen der Gesindehäuser her stumpf in Gottes Welt hinausgeblickt hatten, waren für immer verschwunden von dieser Welt. Darja Ustinowa war verschwunden. Der Großvater war verschwunden, der so eine kindliche Angst vor dem Tod gehabt und gedacht hatte, der Tod würde sich seiner langsam bemächtigen und ihn auf die schreckliche Stunde vorbereiten, und der dann so unerwartet und blitzartig von seiner Sense niedergemäht worden war. Sie mochte nicht glauben, daß er nicht mehr da war, daß es wirklich er war, der unter dem Grabhügel neben der Kirche im Weiler Tscherkisowo verweste. Sie mochte nicht glauben, daß diese schwarze, magere, spitznasige Frau, die bald teilnahmslos, bald rasend vor Wut, bald aufgeregt-geschwätzig und ihr gegenüber freimütig wie zu einer Gleichgestellten war und sie dann wieder an den Haaren zerrte, das gnädige Fräulein Tonjetschka war. Es war unbegreiflich, wieso eine gewisse Klawdija Markowna das Regiment im Haus führte, eine kleine Person mit kreischender Stimme und schwarzem Schnurrbärtchen … Einmal warf Nataschka zaghaft einen Blick in ihr Schlafzimmer und sah dort den verhängnisvollen kleinen Spiegel in der Silberfassung – und süß stiegen all ihre früheren Ängste und Freuden in ihr auf, die zärtlichen Gefühle, die Erwartung von Scham und Glück, der Duft von taubedeckten Kletten im Abendrot … Doch alle Gefühle, alle geheimen Gedanken verbarg sie in sich – und sie beschwichtigte, beruhigte sich mit den Worten der Pilgerinnen, die ihr als Gipfel der Weisheit schienen: »Gott hat reichlich von allem.« ... In ihr floß uraltes Suchodoler Blut! Allzu ungesäuertes Brot aß sie von jenem Lehmboden, der Suchodol umgab. Allzu schales Wasser trank sie aus den Teichen, die ihre Großväter im Bett eines vertrockneten kleinen Flusses gegraben hatten. Weder Peitsche noch Folterbank fürchtete sie, sie fürchtete nur, ausgelacht zu werden. Der beschwerliche Alltag schreckte sie nicht – das Ungewohnte schreckte sie. Selbst der Tod machte ihr keine Angst; doch Träume ließen sie zittern, die Dunkelheit der Nacht, Sturm, Donner – und Feuer. Wie ein Kind unter dem Herzen trug sie die diffuse Erwartung von unausweichlichem Unheil in sich. Das Unheil kam, es kam nur allzubald, brach in den Alltag ein – und trat für immer an seine Stelle.

Diese Erwartung machte sie älter. Unentwegt sagte sie sich, die Jugend sei vorbei, in allem suchte sie einen Beweis dafür. Es war noch kein Jahr vergangen seit ihrer Ankunft in Suchodol, bis keine Spur mehr geblieben war von jenem jungen Gefühl, mit dem sie die Schwelle des Suchodoler Hauses überschritten hatte.

Klawdija Markowna brachte ein Kind zur Welt. Die Geflügelmagd Fedossja wurde zur Njanja befördert – und Fedossja, eine noch junge Frau, zog ein dunkles Altfrauenkleid an und wurde demütig und gottesfürchtig. Der neue Chruschtschow konnte noch kaum seine unverständigen, milchigen Äuglein aufsperren, er stieß Speichelbläschen aus, kippte von der Schwere des eigenen Kopfes überwältigt hilflos vornüber und brüllte wütend. Aber man nannte ihn schon den jungen Herrn, und aus dem Kinderzimmer vernahm man schon die uralten Klagelieder:

»Da kommt er schon, da kommt er schon, der Alte mit dem Sack ... Alter Mann! Komm nicht zu uns, den jungen Herrn geben wir nicht her, er schreit auch gar nicht mehr ...«

Nataschka tat es Fedossja nach, sie betrachtete sich ebenfalls als Njanja – als Njanja und als Freundin des kranken gnädigen Fräuleins. Im Winter starb Olga Kirillowna – und Nataschka bat, mit den alten Frauen, die in den Gesindestuben auf das Ende ihrer Tage warteten, zur Beerdigung fahren zu dürfen und aß dort Kutja, die ihr Widerwillen einflößte mit ihrem schalen, allzu süßen Geschmack, und bei ihrer Rückkehr nach Suchodol erzählte sie ergriffen, die gnädige Frau habe »in Ehren und ganz wie lebendig« im Sarg gelegen, obgleich sogar die alten Frauen sich nicht getraut hatten, in den Sarg mit diesem monströsen Leib zu blicken.

Im Frühjahr holte man einen Zauberer aus dem Weiler Tschermaschnoje zum gnädigen Fräulein, den berühmten Klim Jerochin, einen würdigen, reichen Einhöfer mit einem üppigen grauschwarzen Bart und mit grauschwarzen, gerade gekämmten Locken, ein überaus tüchtiger Bauer, der für gewöhnlich sehr vernünftige und schlichte Reden führte, sich aber beim Umgang mit Kranken in einen Zauberer verwandelte. Seine Kleidung war ausnehmend robust und reinlich – ein Überrock aus eisengrauem, grobem Bauerntuch, ein roter Gürtel, Stiefel. Listig und wachsam waren seine kleinen Augen, voller Andacht suchte sein Blick die Ikonen, bedächtig, die wohlproportionierte Gestalt leicht gebückt, betrat er das Haus und knüpfte sachlich ein Gespräch an. Er sprach zunächst über das Getreide, über den Regen und die Dürre, dann trank er gemächlich und achtsam seinen Tee, dann bekreuzigte er sich wieder – und erst danach erkundigte er sich nach der Kranken, wobei er sofort einen anderen Ton anschlug.

»Abendrot ... es dunkelt ... es ist Zeit«, sprach er geheimnisvoll.

Das gnädige Fräulein wurde vom Fieber geschüttelt, es fehlte nicht viel, und sie hätte sich in Krämpfen auf dem Boden gewälzt, während sie in ihrem Schlafzimmer im Halbdunkel saß und darauf wartete, daß Klim zu ihr käme. Auch Natalja, die neben ihr stand, wurde von Kopf bis Fuß von einem Schauder erfaßt. Das ganze Haus verstummte – selbst die gnädige Frau hatte die Mädchen in ihrem Zimmer versammelt und unterhielt sich im Flüsterton. Niemand wagte es, auch nur ein einziges Licht anzuzünden oder seine Stimme zu erheben. Der munteren Soloschka, die sich im Korridor bereit hielt für den Fall, daß Klim rufen oder etwas anordnen sollte, trübte sich der Blick, und das Herz klopfte ihr bis zum Hals. Da ging er auch schon an ihr vorbei und knüpfte im Gehen ein Tuch mit magischen Knöchelchen auf. Dann vernahm man in der Grabesstille aus dem Schlafzimmer seine laute, ungewöhnliche Stimme:

»Steh auf, Magd Gottes!«

Später erschien sein grauer Kopf in der Tür.

»Ein Brett«, stieß er mit ausdrucksloser Stimme hervor.

Auf dieses Brett, das auf den Boden gelegt wurde, stellte man das gnädige Fräulein – ihre Augen quollen vor Grauen hervor, sie war kalt wie eine Tote. Es war bereits so dunkel, daß Natalja Klims Gesicht kaum noch erkennen konnte. Plötzlich begann er mit seltsamer, wie von weit her kommender Stimme:

»Filat wird kommen ... Die Fenster öffnen ... Die Türen aufsperren ... Er wird rufen und sagen: Schwermut, Schwermut!«

»Schwermut, Schwermut!« rief er mit überraschender Kraft und drohender Macht. »Gehe hin, Schwermut, in die dunklen Wälder – dort ist dein Platz! Auf dem Meer, auf dem Ozean«, murmelte er dumpf und unheilschwanger schnell vor sich hin, »auf dem Meer, auf dem Ozean, auf der Insel Bujan, liegt eine Hündin, mit grauem Vlies angetan ...«

Natalja spürte, daß es keine entsetzlicheren Worte gab und geben konnte als diese, die ihre ganze Seele unverzüglich forttrugen irgendwohin in eine wilde, märchenhafte, urtümlich rauhe Welt. Und sie konnte nicht anders, als an die Macht dieser Worte zu glauben, ebenso wie Klim selbst, der schon manches Mal wahre Wunder vollbracht hatte an einem von Krankheit Besessenen, nicht anders konnte, als daran zu glauben – derselbe Klim, der so schlicht und bescheiden sprach, wenn er nach der Zauberzeremonie im Vorzimmer saß, sich die schweißbedeckte Stirn mit einem Tuch abrieb und sich wieder seinem Tee zuwandte:

»Puh, jetzt muß es noch zweimal Morgen werden ... Vielleicht, geb's Gott, geht es ihr dann etwas besser ...

Haben Sie dieses Jahr Buchweizen gesät, gnädige Frau? Dieses Jahr soll der Buchweizen gut wachsen, sagt man! Sehr gut!«

Im Sommer wurden die Herren von der Krim zurückerwartet. Doch Arkadi Petrowitsch sandte einen »versicherten« Brief mit neuerlichen Geldforderungen und der Mitteilung, sie könnten frühestens zu Beginn des Herbstes zurückkehren – aufgrund einer unbedeutenden, aber eine ausgedehnte Ruhephase verlangenden Verwundung Pjotr Petrowitschs. Man schickte nach Tscherkisowo zur Wahrsagerin Danilowna, um zu fragen, ob es ein gutes Ende nehmen würde mit der Krankeit. Die Danilowna fing an zu tanzen und mit den Fingern zu schnippen, was natürlich hieß, daß alles gut werden würde. Die gnädige Frau beruhigte sich. Das gnädige Fräulein und Natalja aber hatten andere Sorgen. Dem gnädigen Fräulein war es zunächst besser gegangen. Doch mit dem Ende der Petrifasten hatte alles wieder angefangen: wieder diese Schwermut, diese Angst vor Gewitter und Feuer und dazu noch etwas anderes, was sie aber für sich behielt, und so hatte sie andere Sorgen als das Schicksal der Brüder. Auch Natalja hatte andere Sorgen. Sie schloß Pjotr Petrowitsch in jedes Gebet ein und flehte um Gesundheit für ihn, so wie sie später ihr Leben lang, bis zum Grabe, um Ruhe und Frieden für ihn beten würde. Aber das gnädige Fräulein stand ihr jetzt am nächsten. Und das Fräulein steckte sie immer mehr an mit ihren Ängsten, mit ihrer Erwartung von Unheil und mit dem, was sie für sich behielt.

Der Sommer indes war drückend heiß, staubig, windig, mit täglichen Gewittern. Im Volk waren dunkle, beunruhigende Gerüchte im Umlauf – über einen neuen Krieg, über Aufstände und Brände. Die einen behaupteten, jeden Moment würden alle Bauern freigelassen, die anderen sagten, im Gegenteil, vom Herbst an würden alle Bauern ohne Ausnahme als Soldaten eingezogen. Und wie üblich tauchten nun zahllose Landstreicher, Narren und Mönche auf. Ihretwegen zerstritt sich das gnädige Fräulein beinahe mit der gnädigen Frau, weil sie sie mit Brot und Eiern beschenkte. Dann kam Dronja, lang, rothaarig, unglaublich zerlumpt. Er war einfach nur ein Säufer, spielte aber den Christusnarren. Er ging so geistesabwesend quer über den Hof zum Haus, daß er mit dem Kopf gegen die Mauer prallte und mit freudiger Miene zurücksprang.

»Meine Vögelchen!« krähte er im Falsett, er hüpfte auf und nieder, verdrehte seinen ganzen Körper und den rechten Arm, mit dem er eine Art Schild gegen die Sonne bildete. »Da fliegen sie hin, da fliegen sie hin unter dem Firmament, meine Vögelchen!«

Natalja tat es den Weibern nach und sah ihn so an, wie es sich ziemt, Gottesnarren anzusehen: stumpf und mitleidig. Das gnädige Fräulein aber stürzte zum Fenster und schrie unter Tränen mit klagender Stimme:

»Gerechter Gottes, Dronja, bete zu Gott für mich Sünderin!«

Bei diesem Schrei wurde Nataschas Blick starr vor entsetzlichen Vorahnungen.

Gelegentlich kam Timoscha Klitschinski aus dem Dorf Klitschino vorbei: klein, weibisch-fett, mit großen Brüsten und einem Gesicht wie ein schielender Säugling, der vor lauter Körperfülle verblödet ist und keine Luft

mehr bekommt, gelbhaarig, in einem weißen Kaliko-
hemd und kurzen Kalikohosen. Hastig hopste er auf seinen kurzen, gedrungenen Beinchen mit kleinen Schritten
auf die Vortreppe zu, und seine schmalen Äuglein blickten so, als sei er gerade dem Wasser entsprungen oder
dem unausweichlichen Untergang entkommen.

»Ein Elend!« murmelte er japsend. »Ein Elend ...«
Man beschwichtigte ihn, gab ihm zu essen, wartete,
daß er irgend etwas sagte. Doch er schwieg, schnaufte
und schmatzte gierig. Wenn er fertig geschmatzt hatte,
warf er wieder seinen Sack auf den Rücken und suchte
aufgeregt nach seinem langen Stock.

»Wann kommst du denn wieder, Timoscha?« rief das
gnädige Fräulein ihm zu.

Zur Antwort rief er in einem schrillen Alt, wobei er,
warum auch immer, den Namen des gnädigen Fräuleins
verhunzte:

»In der Osterwoche, Lukjanowna!«

Und das gnädige Fräulein schrie ihm klagend hinterher – in einem Tonfall, der einem Bekenntnis nahekam:

»Gerechter Gottes, bete zu Gott für mich Sünderin!«

Die übrigen bekreuzigten sich und seufzten, denn
nahezu täglich kamen von überall her Unglücksnach-
richten – über Gewitter und Brände. Und immer größer
wurde in Suchodol die uralte Angst vor dem Feuer. Kaum
verblaßte das sandgelbe Meer des reifenden Getreides unter einer Wolke, die über dem Gutshof aufzog, kaum wirbelte eine erste Windböe über die Weide und kaum war in
der Ferne ein dumpfes Donnergrollen zu hören, stürzten
die Weiber mit den dunklen Ikonentafeln hinaus auf die

Schwelle und bereiteten Töpfe mit Milch vor, mit denen sich bekanntlich das Feuer am ehesten bändigen läßt. Im Gutshaus flog die Schere in die Brennesseln, das schreckliche geweihte Handtuch wurde hervorgenommen, die Fenster wurden verhängt, und mit zitternden Händen wurden Wachskerzen angezündet ... Sogar die gnädige Frau spielte mit oder hatte sich tatsächlich von der Angst anstecken lassen. Früher pflegte sie zu sagen, ein Gewitter sei eine »Erscheinung der Natur«. Jetzt bekreuzigte sie sich ebenfalls, sie kniff die Augen zusammen und schrie auf, wenn es blitzte, und um ihre eigene Angst und die der Umstehenden noch zu vergrößern, erzählte sie immerzu von einem ungewöhnlichen Gewitter, das im Jahre 1771 in Tirol niedergegangen sei und auf der Stelle einhundertundelf Menschen getötet habe. Die Zuhörerinnen fielen ein und beeilten sich, ihrerseits zu erzählen: von einer Weide, die auf der Landstraße von einem Blitz getroffen wurde und völlig ausbrannte, von einer Frau, die dieser Tage in Tscherkisowo vom Donner zu Boden geworfen wurde, von einem Dreigespann, das so betäubt war, daß alle Pferde in die Knie gingen ... Schließlich schloß sich dieser Eiferei ein gewisser Juschka an, »ein schuldiger Mönch«, wie er sich nannte.

IX

Von Geburt her war Juschka ein Bauer. Aber er hatte nie einen Finger gerührt, lebte von dem, was Gott ihm gab, und zahlte für Brot und Salz mit Erzählungen über seinen Müßiggang und sein »Verschulden«. »Ich bin Bauer, mein Lieber, aber gescheit und sehe aus wie ein Buckliger«, pflegte er zu sagen. »Was soll ich arbeiten?«

Es stimmte, er sah aus wie ein Buckliger – bissig und gescheit, hatte keinen Haarwuchs im Gesicht, zog die Schultern hoch wegen seiner rachitischen Brust, knabberte an den Fingernägeln; seine Finger, mit denen er alle Augenblicke seine langen, bronzeroten Haare zurückstrich, waren schmal und kräftig. Pflügen schien ihm »unanständig und langweilig«. So war er zum Kiewer Höhlenkloster gegangen, war »dort herangewachsen« – und »wegen eines Verschuldens« davongejagt worden. Nachdem er überlegt hatte, daß es nicht neu und möglicherweise auch nicht profitabel wäre, sich als Pilger auszugeben, der von einer heiligen Stätte zur nächsten zieht und seine Seele rettet, versuchte er es mit einem anderen Trick: Ohne die Kutte abzulegen, begann er sich offen seines Müßiggangs und seiner Lüsternheit zu rühmen, nach Herzenslust zu rauchen und zu trinken – ohne aber jemals betrunken zu sein –, sich über das Höhlenkloster lustig zu machen und unter Zuhilfenahme höchst unanständiger Gesten und Bewegungen zu erklären, warum genau er von dort verjagt worden war.

»Nun ja, bekanntlich«, pflegte er den Bauern augenzwinkernd zu erzählen, »bekanntlich hätte man mich, den Knecht Gottes, für diese Sache sofort am Wickel gehabt. Da habe ich gemacht, daß ich nach Hause kam, nach Rußland ... Ich geh schon nicht unter!«

Und wahrhaftig – er ging nicht unter: Rußland nahm ihn, den schamlosen Sünder, nicht weniger gastfrei auf als die Seelenretter: Es gab ihm zu essen und zu trinken, ließ ihn übernachten und hörte ihm mit Begeisterung zu.

»Also hast du gelobt, niemals zu arbeiten?« fragten ihn die Bauern mit blitzenden Augen und in Erwartung bissiger Bemerkungen.

»Der Teufel müßte mich jetzt schon zum Arbeiten zwingen!« versetzte Juschka. »Ich bin verwöhnt, mein Lieber! Ich bin nämlich furioser als ein Klosterbock. Die Mädels – Weiber will ich nicht mal geschenkt haben – haben eine Todesangst vor mir, aber sie lieben mich. Was denn? Ich bin ein ganzer Kerl, nicht eben hübsch, aber ein Kerl wie ein Baum!«

Als er in Suchodol auftauchte, ging er als Einhöfer und Mann von Welt geradewegs ins Haus, ins Vorzimmer. Dort saß Nataschka auf einer Bank und sang halblaut vor sich hin: »Im Flur, da kehr ich junges Ding in einem fort, ein Zuckerstückchen fand ich dort ...« Bei seinem Anblick sprang sie erschrocken auf.

»Wer ist denn das?« rief sie.

»Ein Mensch«, erwiderte Juschka und musterte sie rasch von Kopf bis Fuß. »Melde mich der gnädigen Frau.«

»Wer ist da?« rief auch die gnädige Frau aus dem Saal.

Aber Juschka hatte sie im Nu besänftigt: Er sagte, er sei ein ehemaliger Mönch und keinesfalls ein desertierter Soldat, wie sie bestimmt annehme, er sei auf dem Weg in die Heimat – und bitte darum, man möge ihn durchsuchen und ihm dann gestatten, über Nacht zu bleiben und ein wenig auszuruhen. Mit seiner Direktheit verblüffte er die gnädige Frau so sehr, daß er sofort am anderen Tag in das seit der Abreise der Herren leerstehende Lakaienzimmer einziehen und sich ganz zu Hause fühlen konnte. Wenn Gewitter aufkamen, unterhielt er die Hausherrinnen unermüdlich mit seinen Erzählungen, er schlug vor, die Giebelfenster zuzunageln, damit das Dach vor Blitzschlag gesichert sei, bei den schlimmsten Donnerschlägen lief er hinaus auf die Vortreppe, um zu zeigen, daß sie nicht schlimm waren, und half den Mädchen, die Samoware aufzustellen. Die Mädchen sahen ihn von der Seite her an, weil sie seine flinken, lüsternen Blicke auf sich spürten, und doch lachten sie über seine Scherze, aber Nataschka, der er schon mehr als einmal im dunklen Korridor aufgelauert und zugeflüstert hatte: »Ich hab mich verliebt in dich, Mädchen!«, wagte nicht, die Augen zu ihm aufzuschlagen. Er war ihr zuwider mit seinem Geruch nach Machorka, der in seiner Kutte hing, und machte ihr namenlose Angst.

Sie wußte bereits mit Bestimmtheit, was passieren würde. Sie schlief allein, im Korridor, neben der Tür zum Schlafzimmer des gnädigen Fräuleins, und Juschka hatte ihr schon gedroht: »Ich komme. Und wenn du mich umbringst, ich komme. Wenn du anfängst zu schreien, brenne ich hier alles nieder ...« Doch was ihr vollends die Kräfte raubte, war das Bewußtsein, daß sich etwas Unumgängliches vollzog, daß sich ihr schrecklicher Traum bald erfüllen würde, daß ihr offenbar in den Sternen geschrieben stand, mit dem gnädigen Fräulein gemeinsam zugrunde zu gehen. Alle hatten es längst begriffen: Des Nachts quartierte sich der Teufel selbst im Hause ein. Alle hatten begriffen, was – abgesehen von Gewittern und Bränden – das gnädige Fräulein den Verstand gekostet hatte, was sie im Traum süß und wild stöhnen und dann mit einem so entsetzlichen Geschrei aufspringen ließ, daß selbst die betäubendsten Donnerschläge harmlos schienen. Sie schrie: »Die Schlange von Eden, von Jerusalem würgt mich!« ... Und wer war diese Schlange, wenn nicht der Teufel, der graue Ziegenbock, der in der Nacht zu den Frauen und Mädchen hineinging? Gab es etwas Schrecklicheres auf der Welt als seine Besuche in der Dunkelheit, in regnerischen Nächten, wenn das Donnergrollen nicht verstummen wollte und der Widerschein der Blitze über die schwarzen Ikonen zuckte? Auch die Leidenschaft, die Lüsternheit, mit der dieser Hochstapler Nataschka etwas zuflüsterte, war nicht menschlich: Wie konnte man sich ihr widersetzen? Wenn sie an ihre schicksalhafte, unvermeidliche Stunde dachte, während sie nachts auf dem Boden im Korridor auf ihrer Satteldecke saß, mit pochendem Herzen in die Dunkelheit starrte und auf jedes noch so kleine Knacken und Rascheln in dem schlafenden Haus lauschte, bemerkte sie schon die ersten Anfälle jener schweren Krankheit, die ihr späterhin lange Zeit Qualen bereiten sollte: Ganz plötzlich begann die Fußsohle zu jucken, ein heftiger, stechender Krampf durchlief sie, der sämtliche Zehen zur Fußsohle hin bog und krümmte, grausam und wollüstig ihre Sehnen zwirbelte und die Beine entlang über den ganzen Körper hinauf zur Kehle lief, bis sie noch ungestümer, noch wonnevoller und quälender aufschreien wollte, als das gnädige Fräulein schrie ...

Und das Unvermeidliche vollzog sich. Juschka kam –

ausgerechnet in einer schrecklichen Nacht gegen Ende des Sommers, in der Nacht vor Ilja Nadeljaschtschi, dem Tag des uralten Feuerwerfers. Es donnerte nicht in jener Nacht, und Nataschka fand keinen Schlaf. Dann nickte sie ein – und erwachte plötzlich mit einem Ruck. Es war tiefste Nacht – das begriff sie mit ihrem wild hämmernden Herzen. Sie sprang auf, blickte zum einen Ende des Korridors, zum anderen: Von allen Seiten loderte, flammte, zuckte und blendete der schweigsame, von Feuer und Geheimnis erfüllte Himmel mit goldenen und blaßblauen Blitzen. Im Vorzimmer wurde es alle Augenblicke taghell. Sie lief dorthin – und blieb stehen wie angewurzelt: Die Espenstämme, die schon lange auf dem Hof unter dem Fenster lagen, leuchteten bei jedem Aufblitzen grellweiß. Sie steckte den Kopf in den Saal: Dort war eines der Fenster hochgeschoben, und man hörte das gleichmäßige Rauschen des Gartens, es war dunkler hier, aber um so greller loderte das Feuer draußen hinter allen Scheiben, bald war es stockfinster, aber gleich darauf zuckte und flimmerte es bald hier, bald dort wieder – und vor dem gewaltigen, abwechselnd goldenen und weißvioletten Horizont erstand flimmernd, flackernd und durchscheinend der ganze Garten mit seinen Kronen aus Spitze und den Spukgestalten der blaßgrünen Birken und Pappeln.

»Auf dem Meer, auf dem Ozean, auf der Insel Bujan ...«, flüsterte sie, wobei sie hastig kehrtmachte und spürte, daß sie sich mit diesen Zaubersprüchen vollends ins Verderben stürzte, »... liegt eine Hündin, mit grauem Vlies angetan ...«

Kaum hatte sie diese urtümlich-bedrohlichen Worte ausgesprochen und sich umgedreht, als sie Juschka erblickte, der mit hochgezogenen Schultern nur zwei Schritte entfernt von ihr stand. Sein Gesicht wurde von einem Blitz erhellt – es war bleich, mit schwarzen Augenkreisen. Er kam lautlos heran, packte sie blitzschnell mit seinen langen Armen um die Taille, preßte ihr die Luft ab und warf sie mit einem Ruck erst auf die Knie und dann rücklings auf den kalten Boden des Vorzimmers …

Auch in der folgenden Nacht kam Juschka zu ihr. Er kam noch viele Nächte – ihr schwanden die Sinne vor Entsetzen und Ekel, aber sie gab sich ihm demütig hin: Sie wagte nicht einmal daran zu denken, Widerstand zu leisten oder die Herrschaft oder das Hofgesinde um Schutz zu bitten, so wie das gnädige Fräulein nicht wagte, dem Teufel Widerstand zu leisten, der sich nachts an ihr delektierte, und wie, so hieß es, selbst die Großmutter, eine gebieterische Schönheit, nicht gewagt hatte, ihrem Knecht Tkatsch Widerstand zu leisten, einem unverbesserlichen Taugenichts und Dieb, der am Ende nach Sibirien verbannt worden war … Schließlich hatte Juschka genug von Natalja, und auch von Suchodol hatte er genug – und er verschwand ebenso unvermittelt, wie er aufgetaucht war.

Einen Monat später spürte sie, daß sie ein Kind erwartete. Im September aber, einen Tag, nachdem die jungen Herren aus dem Krieg zurückgekehrt waren, brach ein schreckliches Feuer aus, und das Suchodoler Haus stand lange und lichterloh in Flammen: Auch ihr zweiter Traum hatte sich erfüllt. Es fing Feuer bei Dämmerung, im strömenden Regen, von einem Blitz, von einem goldenen Knäuel, das, wie Soloschka sagte, aus dem Ofen in Großvaters Schlafzimmer gesprungen kam und hüpfend durch alle Zimmer fegte. Und Natalja, die beim Anblick des Qualms und des Feuers von der Banja herbeigerannt kam, was die Beine hergaben – von der Banja, wo sie weinend ganze Tage und Nächte verbrachte –, erzählte später, sie sei im Garten jemandem begegnet, der einen kurzen roten Überrock und eine hohe Kosakenmütze mit Litze getragen habe; er sei ebenfalls gerannt, was die Beine hergaben, durch das nasse Gebüsch und die Kletten … Ob das alles wirklich so war oder ob es ihr nur so schien, dafür konnte Natalja sich nicht verbürgen. Sicher ist nur, daß der Schrecken, der sie befiel, sie von dem künftigen Kind befreite.

Seit jenem Herbst begann sie zu welken. Ihr Leben geriet in jenes Alltagsgeleise, aus dem sie bis an ihr Ende nicht mehr herausfand. Man brachte Tante Tonja zu den Reliquien eines Heiligen nach Woronesch. Der Teufel wagte es danach nicht mehr, sich ihr zu nähern; sie beruhigte sich und lebte nun wie alle anderen – die Verwirrung ihres Geistes und ihrer Seele zeigte sich nur noch im Glitzern ihrer wilden Augen, in ihrer maßlosen Liederlichkeit und in ihrer stürmischen Reizbarkeit und Schwermut bei schlechtem Wetter. Natalja hatte sie zu den Reliquien begleitet – und gleichfalls bei dieser Reise Gelassenheit und eine Lösung für all das gefunden, wofür es zuvor keinen Ausweg zu geben schien. Wie hatte sie allein der Gedanke an eine Begegnung mit Pjotr Petrowitsch zum Zittern gebracht! Sosehr sie sich auch darauf vorbereitet hatte, sie war außerstande, sich diese Begegnung gelassen vorzustellen. Juschka, ihre Schande, ihr Verderben! Aber allein die Einmaligkeit ihres Verderbens, die ungewöhnliche Tiefe ihrer Leiden, das Schicksalhafte in ihrem Unglück – nicht von ungefähr schließlich war der entsetzliche Brand fast zur selben Zeit passiert! – und die Pilgerfahrt zu dem Heiligen gaben ihr das Recht, nicht nur allen Menschen ihrer Umgebung, sondern sogar Pjotr Petrowitsch schlicht und gelassen in die Augen zu blicken: Gott selbst hatte sie und das gnädige Fräulein mit Seinem unheilvollen Fingerzeig gezeichnet – wie sollten sie da die Menschen fürchten! Wie eine Nonne, die demütig und schlicht allen dient, leicht und rein, wie nach dem letzten Abendmahl, betrat sie bei ihrer Rückkehr aus Woronesch das Suchodoler Haus und näherte sich mutig der Hand von Pjotr Petrowitsch. Und nur für einen Augenblick erzitterte ihr Herz jung und zärtlich, wie bei einem jungen Mädchen, als sie mit den Lippen seine kleine braune Hand mit dem Türkisring berührte …

Der Alltag kehrte ein in Suchodol. Es drangen eindeutige Gerüchte über die Bauernbefreiung zu ihnen, die nachgerade Besorgnis beim Hofgesinde und im Dorf auslösten: Was steht uns da bevor, wird es uns auch nicht schlechter ergehen? Das war leicht gesagt – ein neues Leben anfangen! Ein neues Leben stand auch der Herrschaft bevor, dabei kam sie schon mit dem alten nicht zurecht. Der Tod des Großvaters, dann der Krieg, der Komet, der das ganze Land in Angst und Schrecken versetzt hatte, dann der Brand, dann die Gerüchte über die

Bauernbefreiung – all das hatte die Gesichter und die Seele der Herrschaft rasant verändert, sie ihrer Jugend, ihrer Sorglosigkeit, ihrer früheren Hitzigkeit und Versöhnlichkeit beraubt und statt dessen boshaft, mißlaunig und streitsüchtig werden lassen: Es begann mit »Reibereien«, wie der Vater das nannte, und am Ende saß man mit Hundepeitschen bei Tisch ... Die Not mahnte sie, die Gutsangelegenheiten dringend in Ordnung zu bringen, die schließlich durch den Krimkrieg, durch den Brand und die Schulden völlig zum Erliegen gekommen waren. Aber bei der Landwirtschaft waren die Brüder einander gegenseitig nur im Weg. Der eine war absurd geizig, streng und mißtrauisch, der andere absurd freigiebig, gutherzig und vertrauensselig. Sie einigten sich mehr recht als schlecht und entschlossen sich zu einem Unterfangen, das große Einkünfte bringen sollte: Sie verpfändeten das Gut und erwarben etwa dreihundert klapprige Pferde, die sie mit Hilfe eines gewissen Ilja Samsonow, eines Zigeuners, nahezu aus dem gesamten Kreis herbeiholten. Sie wollten die Pferde den Winter über aufpäppeln und im Frühjahr mit Profit wieder verkaufen. Doch obwohl die Pferde eine gewaltige Menge an Futtermehl und Stroh vertilgten, krepierten sie zum Frühjahr hin sämtlich, eines nach dem anderen ...

Immer schlimmer wurde der Zwist zwischen den Brüdern. Bisweilen ging es so weit, daß sie zu Messern und Gewehren griffen. Und man weiß nicht, wie das alles geendet hätte, wäre nicht ein neues Unglück über Suchodol hereingebrochen. Im Winter, es war das vierte Jahr nach seiner Rückkehr von der Krim, fuhr Pjotr Petrowitsch eines Tages nach Lunewo, wo er eine Geliebte hatte. Er blieb zwei volle Tage auf dem Vorwerk, trank die ganze Zeit und fuhr noch betrunken zurück nach Hause. Es lag hoher Schnee; der Hörnerschlitten, den ein Teppich bedeckte, war mit zwei Pferden bespannt. Pjotr Petrowitsch befahl, das Beipferd, ein junges, hitziges Pferd, das bis zum Bauch im lockeren Schnee einsank, auszuspannen und es hinten an den Schlitten anzubinden, während er selbst sich mit dem Kopf zum Pferd hin schlafen legte. Neblige, graublaue Dämmerung brach herein. Beim Einschlafen rief er Jewsej Bodulja zu, den er jetzt häufig anstelle des Kutschers Waska Kasak mitnahm, weil er befürchtete, Waska würde ihn umbringen – mit seiner ewigen Prügelei hatte er das Hofgesinde gegen sich aufgebracht –: »Fahr zu!« und versetzte ihm einen Tritt in den Rücken. Das Deichselpferd, ein kräftiger Fuchs, der schon dampfend naß war und zitterte wie Espenlaub, trug sie über die schwere, verschneite Landstraße hinaus in den trüben Dunst des verlassenen Feldes, der immer dichter werdenden, düsteren Winternacht entgegen … Um Mitternacht, als in Suchodol schon alle in tiefem Schlaf lagen, klopfte es hastig und aufgeregt an das Fenster des Vorzimmers, wo Natalja schlief. Sie sprang von der Bank hoch und lief barfuß auf die Vortreppe hinaus. Dort zeichneten sich dunkel die Pferde ab, der Schlitten und Jewsej, der mit der Knute in den Händen vor ihr stand.

»Ein Unglück, Mädchen, ein Unglück«, murmelte er dumpf und eigenartig, wie in einem Traum, »das Pferd hat den Herrn erschlagen … das Beipferd … Es ist an den

Wagen gekommen, dagegengestoßen und hat – mit dem Huf ... Das ganze Gesicht ist zerquetscht. Er wird schon langsam kalt ... Ich war es nicht, ich war es nicht, Christus hilf mir, ich war es nicht!«

Schweigend stieg Natalja von der Vortreppe hinunter und ging, mit den bloßen Füßen im Schnee versinkend, zum Schlitten, sie bekreuzigte sich, fiel auf die Knie, umfaßte den eiskalten, blutigen Kopf und begann, ihn zu küssen und so wild und freudig über den ganzen Gutshof zu schreien, daß sie vor Schluchzen und Lachen kaum noch Luft bekam.

X

Wenn es sich ergab, daß wir uns in der stillen, ärmlichen Abgelegenheit Suchodols von den Städten ausruhten, erzählte Natalja wieder und wieder die Geschichte ihres zerstörten Lebens. Manchmal verdunkelten sich ihre Augen, wurden starr, und ihre Stimme wurde zu einem strengen, harmonischen Raunen. Und ich mußte immer wieder an die einfache Ikone des Heiligen denken, die in unserem alten Haus in der Ecke im Lakaienzimmer gehangen hatte. Enthauptet war der Heilige vor seine Mitbürger getreten, in den Händen sein totes Haupt – als Zeugnis seiner Erzählung ...

Schon verschwanden allmählich auch jene wenigen dinglichen Spuren der Vergangenheit, die wir einst in Suchodol vorgefunden hatten. Weder Portraits noch Briefe, nicht einmal einfache Gebrauchsgegenstände hatten uns unsere Väter und Großväter hinterlassen. Und was es gegeben hatte, war im Feuer zerstört worden. Lange stand im Vorzimmer eine Truhe, an der die Fetzen des steifen, abgeschabten Seehundfells herunterhingen, mit dem sie vor wohl beinahe hundert Jahren bespannt gewesen war – eine Truhe unseres Großvaters mit Schubfächern aus karelischer Birke, vollgestopft mit angesengten französischen Vokabelheften und Kirchenbüchern, völlig verschmiert und mit Wachs bespritzt. Dann war auch sie verschwunden. Kaputt gegangen und verschwunden waren auch die schweren Möbel, die im Saal und im Salon gestanden hatten ... Das Haus wurde immer baufälliger und senkte sich immer mehr. All die langen Jahre, die seit jenen letzten Ereignissen, die hier erzählt wurden, darüber hinweggezogen sind, waren für das Haus Jahre langsamen Dahinsterbens ... Und immer legendärer wurde seine Vergangenheit.

Die Suchodoler waren in einem eintönigen, düsteren, aber dennoch vielfältigen Leben aufgewachsen, das den Anschein von solider Lebensweise und Wohlstand hatte. Der Trägheit dieser Lebensweise und der Ergebenheit, mit der die Suchodoler ihr verbunden waren, nach zu urteilen, hätte man glauben können, sie würde niemals enden. Aber willfährig, schwach und empfindlich waren sie, die Nachfahren der Steppennomaden! Und wie unter dem Hakenpflug, der durch das Feld zieht, die Hügel über den unterirdischen Gängen und Bauten der Feldhamster einer nach dem anderen spurlos verschwinden, so spurlos und schnell verschwinden vor unseren Augen die Nester von Suchodol. Ihre Bewohner sind umgekommen oder in alle Winde zerstreut, diejenigen aber, die schlecht und recht überlebten, vertrieben sich den Rest ihrer Tage schlecht und recht die Zeit. Und wir fanden keine Lebensweise mehr vor, kein Leben, sondern lediglich die Erinnerung daran, eine beinahe wilde Einfachheit der Existenz. Immer seltener besuchten wir mit den Jahren unser Steppengebiet. Und immer fremder wurde es uns, immer lockerer empfanden wir die Beziehung zu jener Lebensweise, jenem Stand, aus dem wir hervorgegangen waren. Viele von unserem Stamm sind, wie wir auch, vornehm und von altem Geschlecht. Unsere Namen sind in den Chroniken erwähnt; unsere Vorfahren waren Truchsesse, Wojewoden und »ruhmreiche Männer«, enge Mitstreiter, ja Verwandte der Zaren. Hätten sie sich Ritter genannt, wären wir weiter westlich geboren, mit welch fester Überzeugung würden wir über sie sprechen, wie lange hätten wir uns noch gehalten! Der Nachfahre von Rittern hätte nicht sagen können, daß im Laufe eines halben Jahrhunderts beinahe ein ganzer Stand vom Antlitz der Erde verschwunden sei, daß so viele von uns degeneriert seien, den Verstand verloren oder Hand an sich gelegt hätten, zu Säufern geworden, heruntergekommen oder schlicht irgendwo untergegangen seien! Er könnte nicht eingestehen, was ich eingestehe – daß wir nicht nur vom Leben unserer Ahnen, sondern auch von dem unserer Urgroßväter keinerlei genauere Vorstellung haben, daß es mit jedem Tag schwerer wird, uns auch nur das vorzustellen, was vor einem halben Jahrhundert war!

Der Ort, wo das Gutshaus von Lunewo stand, war längst aufgepflügt und besät, so wie der Boden an vielen anderen Orten, wo Gutshäuser gestanden hatten, aufgepflügt und besät war. Suchodol hatte sich noch irgendwie gehalten. Aber nachdem er die letzten Birken im Garten abgeholzt und stückweise fast das ganze Ackerland verkauft hatte, verließ auch der Hausherr selbst, der Sohn von Pjotr Petrowitsch, das Gut – er trat in Dienst und wurde Schaffner bei der Eisenbahn. Beschwerlich verlebten die alten Bewohnerinnen von Suchodol – Klawdija Markowna, Tante Tonja und Natalja – ihre letzten Jahre. Der Frühling wurde vom Sommer abgelöst, der Sommer vom Herbst, der Herbst vom Winter … Sie zählten diese Wechsel nicht mehr. Sie lebten von Erinnerungen und Träumen, von Streitigkeiten und den Sorgen um das tägliche Brot. Im Sommer versanken die Stellen, an denen sich früher der weitläufige Gutshof erstreckte, in den Roggenfeldern der Bauern: Weithin sichtbar war jetzt das Haus inmitten der Felder. Das Gebüsch, der Überrest des Gartens, war so verwildert, daß die Wachtel direkt neben dem Balkon rief. Aber was machte das im Sommer! »Im Sommer haben wir das Paradies!« sagten die alten Frauen. Lang und mühsam aber waren die regnerischen Herbsttage und die schneereichen Winter in Suchodol. Kälte und Hunger herrschten dann in dem leeren, verfallenden Haus. Schneestürme verwehten es, und der frostige sarmatische Wind blies durch alle Ritzen. Aber Feuer – Feuer machten sie selten. Abends warf eine kleine Blechlampe spärliches Licht durch die Fenster in der Stube der alten Herrin – der einzigen noch bewohn-

baren Stube. Die Herrin, mit Brille, in Halbpelz und Filzstiefeln, strickte an einem Strumpf und beugte sich dicht
darüber. Natalja döste auf der kalten Ofenbank. Das gnädige Fräulein aber, einem sibirischen Schamanen gleich,
saß in ihrer Kate und rauchte Pfeife. Wenn die Tante und
Klawdija Markowna nicht gerade im Streit lagen, stellte
Klawdija Markowna ihre Lampe nicht auf den Tisch,
sondern auf das Fensterbrett. Dann saß Tante Tonja in
dem seltsamen, schwachen Halblicht, das vom Haus her
in ihre eisige Kate fiel, die mit kaputten alten Möbelstük-
ken überladen, mit Scherben zerschlagenen Geschirrs
übersät und mit dem zur Seite gekippten Klavier zuge-
stellt war. So eisig war diese Kate, daß den Hühnern, deren Fürsorge alle Kräfte Tante Tonjas galten, die Füße er-
froren, wenn sie auf diesen Scherben und Trümmern
übernachteten …

Heute steht das Gutshaus von Suchodol völlig leer.
Alle, die in dieser Chronik erwähnt werden, sind gestorben, alle ihre Nachbarn, alle ihre Altersgenossen. Und
von Zeit zu Zeit denkt man sich: Nein wirklich, haben sie
denn überhaupt gelebt?

Nur auf den Friedhöfen spürt man, daß dem so war:
Man spürt sogar eine unheimliche Nähe mit ihnen. Aber
auch darum muß man sich bemühen, eine Weile dort sitzen und über den Gräbern der Lieben sinnieren – wenn
man sie denn findet. Es ist eine Schande, aber es läßt sich
nicht verhehlen: Wo die Gräber von Großvater, Großmutter und Pjotr Petrowitsch liegen, wissen wir nicht.
Wir wissen nur, daß sie nahe beim Altar der alten Kirche
im Weiler Tscherkisowo liegen. Im Winter kommt man

nicht dahin: Es gibt hüfthohe Schneewehen, aus denen hier und da Kreuze aufragen, die Spitzen von kahlen Büschen oder Zweigen. An einem Sommertag fährt man über die heiße, stille, verlassene Dorfstraße, bindet das Pferd am Kirchenzaun an, hinter dem wie eine dunkelgrüne Wand die Tannen stehen und in der Gluthitze brüten. Hinter der geöffneten Pforte, hinter der weißen Kirche mit der rostigen Kuppel liegt ein ganzes Wäldchen aus niedrigen, dichtbelaubten Ulmen, Eschen und Zwergahorn, überall Schatten und Kühle. Lange streift man umher zwischen Büschen, Hügeln und Gräben, die bedeckt sind mit spärlichem Friedhofsgras, über steinerne Platten, die schon fast im Boden versunken sind, porös vom Regen und mit schwarzem, bröckligem Moos überwuchert ... Da stehen zwei, drei eiserne Grabmale. Doch wem gehören sie? So grüngolden sind sie angelaufen, daß man die Inschriften nicht mehr lesen kann. Unter welchen Hügeln liegen die sterblichen Überreste der Großmutter, des Großvaters? Das weiß Gott! Man weiß nur eines: irgendwo hier, in der Nähe. Und man sitzt da und denkt nach, versucht, sich die von allen vergessenen Chruschtschows vorzustellen. Und bald unendlich fern, bald so nah erscheint einem ihre Zeit. Dann sagt man sich voller Freude:

»Es ist überhaupt nicht schwer, sich das vorzustellen. Man muß nur daran denken, daß dieses schiefe, vergoldete Kreuz vor dem tiefblauen Sommerhimmel schon zu ihrer Zeit dasselbe war ... daß der Roggen auf den verlassenen, glutheißen Feldern genauso gelb und reif wurde, während es hier Schatten, Kühle und Sträucher gab … und daß zwischen diesen Sträuchern genau so ein alter weißer Klepper umherstreifte und weidete wie dieser, mit kahlem, grünlichem Rist und rosigen, gesplitterten Hufen.«

1911

Nachwort von Thomas Grob

Trübsinnig ist es hier. Die Zeit wird düster,
wenn in der Steppe grau der Nebel nächtigt,
im Dunst der Sonnenaufgang kaum zu seh'n,
nur Hügel dunkel zu erkennen sind.
Doch liebe ich die Vögel, die umherziehn,
der Heimat Steppen, und die armen Dörfer
sind mein Zuhaus. Ich kam hierher zurück
ermüdet von den Reisen ganz allein,
und ich begriff die Schönheit ihrer Trauer
und auch das Glück im Trauern ihrer Schönheit.
    Aus Iwan Bunins Gedicht *In der Steppe, 1889*

Iwan Bunin, 1870 geboren, war fast vierzig Jahre alt, als er die Erzählung schrieb, die ihm enormen Ruhm einbringen sollte. Zwar war er, der nicht einmal das Gymnasium abgeschlossen hatte, bereits Akademiemitglied, zudem zweifacher Träger des Puschkinpreises, der ehrenvollsten literarischen Auszeichnung Russlands. Doch noch das große biographische Lexikon aus dem Jahr 1912 stellt ihn vorwiegend als Lyriker und Lyrikübersetzer vor – sowie als Autor eben dieser kurz zuvor erschienenen Erzählung: *Das Dorf.* Im französischen Exil soll Bunin manchmal unwirsch reagiert haben, wenn er vor allem als Autor dieser Erzählung gesehen wurde. Doch sah er sie selbst als Meilenstein in seinem schriftstellerischen Werk: Seine im Berliner Petropolis-Verlag erschienene Werkausgabe aus den dreißiger Jahren beginnt, was die Prosa anbelangt, erst mit dem Reisezyklus *Der Sonnentempel* – und mit dem *Dorf.*

Bunin begann im September 1909 mit der Niederschrift dieser Erzählung, die Romanlänge erhalten sollte, ohne ein Roman im hergebrachten Sinne zu sein. Schon länger hatte er Portraits und Gegebenheiten aus dem Dorfleben gesammelt, und so entstand der erste Teil innerhalb weniger Tage. Nach längeren Reisen beendete Bunin die Arbeit daran im Sommer 1910, unter dem Eindruck des Todes seiner Mutter, die für ihn mit dem Dorf verbunden war. Einige Jahre schon führte er ein unstetes Leben zwischen russischen Städten, der Insel Capri, wo Gorki lebte, und verstreuten Reisedestinationen, doch hatte er auch immer wieder bei ihr auf dem Land gewohnt, um zu schreiben. Der Text erschien noch 1910.

Bunin wollte, wie er später sagte, nicht einfach den »bunten Alltag des Dorfes« beschreiben. Ihm ging es um nichts weniger als um Wesen und Charakter des russischen Bauern, ja der Russen insgesamt – und dies schien ihm auf dem Land zu finden zu sein, am ehesten am Rande der Steppe, und nicht in der europäisierten, modernisierten Stadt. Bunin wählte als zentrale Figuren seines Panoramas zwei Brüder, Händler und damit nach damaliger ständischer Einteilung »Kleinbürger«. Die beiden Brüder Krassow könnten unterschiedlicher nich sein, weswegen sich ihre Wege auch für viele Jahre getrennt hatten. Der eine, Tichon, hat es zu einem gewissen Vermögen gebracht, und schließlich vermochte er sogar das Gut Durnowo zu kaufen, auf dem sein Urgroßvater zu Zeiten der Leibeigenschaft in einem willkürlichen Gewaltakt des damaligen Gutsbesitzers von Jagdhunden zu Tode gehetzt worden war. Bei allem wirtschaftlichen Erfolg, den er sich durch Arbeit und Härte erworben hat, lebt der sozial entwurzelte Tichon einsam, auch von seiner Frau ist er zunehmend entfremdet. Als er fünfzig wird und einsehen muss, dass er kinder- und damit geschichtslos bleiben wird, versöhnt er sich mit seinem Bruder. Dieser, Kusma, ist ihm polar entgegengesetzt: ein feinsinniger, politischer, empathischer Mann, der viel liest und sogar einen Gedichtband veröffentlicht hat, der sich Anarchist nennt, ohne genau zu wissen, was das bedeutet, der aber mit seiner autodidaktischen Halbbildung und den großen Hoffnungen und Selbstzweifeln keinen Fuß auf die Erde bringt und dem Alkohol zugeneigt ist.

Die Kritiker waren überrascht, von dem als apolitisch geltenden Bunin ein so deutliches Echo auf aktuelle politische Ereignisse zu lesen: die Revolution und der gescheiterte Demokratisierungversuch von 1905, die Unruhen auf dem Land, die Krise der rückständigen Landwirtschaft, die Repressionen, mit denen der Staat den wachsenden Oppositionsbewegungen Herr zu werden suchte. Bunin war aber immer ein politischer Mensch gewesen, er hatte mit seinem Bruder einer Gruppe von *narodniki*, »Volkstümlern«, nahe gestanden und war längere Zeit von tolstojanischen Ideen beeinflusst gewesen: Als Tolstoj kurz nach Erscheinen dieser Erzählung starb, schrieb Bunin in einem Brief, Tolstoj habe ihn erschüttert wie nichts sonst in seinem Leben.

Und doch wollte Bunin nicht primär ein politisches Bild zeichnen. Auch wenn etwa der Schriftsteller Boris Sajzew später meint, er sei selbst auch auf dem Land aufgewachsen, habe aber mehr Bildung und nicht die Gewaltsamkeit erlebt, die Bunin beschreibt, dann trifft das Bunins auf vielen Beobachtungen beruhendes Bild nicht wirklich. Bunin will mehr als den Realismus, auch wenn er auf der Wahrhaftigkeit besteht. In den parallel entstehenden Reisebildern des *Sonnentempels* zeichnet er Gegenden und ihre Bevölkerung aufgrund präziser Beschreibungen, aber gleichzeitig durch eine Optik kulturgeschichtlicher Texte und Traditionen. Im Gegensatz zur Faszination des Fremden dominiert im *Dorf* der Trübsinn des Eigenen, der allgegenwärtige Schmutz, der raue Umgang der Menschen, der Mangel an kulturellem Halt, an Bildung und Sinn für Geschichte. Doch auch hier ist Bunins Perspektive einerseits nah und physisch, nimmt gleichzeitig aber Distanz, als wolle sie Jahrtausende einer Symbiose von Mensch und Landschaft beschreiben. Sein desillusionierter Blick auf das bäuerliche Russland seiner Gegenwart kommt einerseits aus der verpassten Modernisierung – der Expresszug, der den Ort durchquert, bleibt für alle ein fremdes Monster. Doch fast mehr noch ist es die Geschichtsvergessenheit des Dorfes, die seine Existenzweise derjenigen des Tiers annähert.

Die Erzählung ist ein komplexes Gewebe von Stimmungen und Perspektiven. Oft verwischt sich, ob das Atmosphärische, die Sicht auf dieses verlorene Land dem Autor oder seinen Figuren zugehört: dem tatkräftigen, ökonomisch denkenden, aber emotional unzugänglichen Tichon, der in seinen Lebensplänen scheitert und das Dorf zu hassen beginnt, oder dem sensiblen Kusma, der weder das intellektuelle Rüstzeug noch den Willen besitzt, seine Ansprüche und Einsichten in eine Lebensrealität umzusetzen und der deswegen buchstäblich im Schlamm des Alltags zu versinken droht. Erst zum Schluss bemerkt man, dass eine nicht minder wichtige Figur Awdotja ist, »die Junge« genannt, die erst mit einem brutalen Mann verheiratet ist, dann von Tichon als Geliebte missbraucht und schließlich von diesem noch einmal verheiratet wird. »Blass, demütig, still und schön« nimmt sie auch das zum Schluss auf sich, und für einen ganz kurzen Moment sehen wir die Welt aus ihren tränenverschwommenen Augen.

Das Dorf ist wohl Bunins düsterste Erzählung überhaupt. Im Herbst 1917, als die gewaltsamen Unruhen im Land um sich greifen, notiert er: »Ich dachte an *Das Dorf.* Wie wahr das alles ist! Man sollte ein Vorwort schreiben: An den künftigen Historiker – glaube mir, ich habe das Typische ausgewählt.« Beim Erscheinen 1910 wurde er von Kritikern aller politischen Richtungen angegriffen: Alle betonten die literarische Meisterschaft, aber der konservativen Seite war das Bild der Verhältnisse auf dem Land zu negativ, zu unpatriotisch, für die anderen übersah Bunin die neuen fortschrittlichen Kräfte unter der Bauernschaft.

Getroffen hat Bunin, wenn man ihm mangelnde Liebe zum »Volk« oder die voreingenommene Perspektive eines Gutsbesitzers vorwarf. So meinte er in einem Interview: »Auf dem Dorf verbrachte ich mein Leben, ich hatte folglich die Gelegenheit, es mit eigenen Augen vor Ort zu sehen, und nicht aus dem Fenster des Expresszuges.« Er selbst warf den russischen Intellektuellen vor, das Leben auf dem Dorf nur aus Büchern zu kennen. Sein Blickwinkel ist denn auch geprägt vom Graben zwischen

Stadt und Land, die er als zwei Kulturen sieht, die sich fremd gegenüber stehen. Bunin machte rechtfertigend auch deutlich, dass er, obwohl Spross aus einem alten Adelsgeschlecht, nie als »Gutsbesitzer« gelebt, nie Land besessen oder Kutscher beschäftigt habe: »In meinem ganzen Leben habe ich buchstäblich nie etwas anderes besessen als einen Koffer.«

Vielleicht waren die Kritiken am *Dorf* mit ein Grund dafür, dass Bunin sich nachher dem Landadel, oder genauer gesagt: dessen Niedergang widmete. Er tat dies mit der ergreifenden Erzählung *Suchodol*, die auch aus Bunins eigener Familiengeschichte schöpfte. Sie wurde im Dezember 1911 fertiggestellt und erschien 1912. Die Resonanz war auch hier überwältigend, die Kritiken durchwegs positiv. Der durchschimmernde historische Hintergrund in dieser Erzählung ist breiter, so breit, wie es die Lebensgeschichte der Hauptfigur Natalja, die ihr Leben erzählt, möglich macht. Bunin geht zurück in die Zeit des Krimkrieges um die Mitte der 1850er Jahre und zu den sozialen Umwälzungen der letztlich gescheiterten Bauernbefreiung von 1861 und ihren Folgen.

Der Erzähler selbst ist das Bindeglied zur adligen Besitzerfamilie Suchodols, und er hatte als Kind das kleine Gut noch gekannt, auch wenn die Familie nicht mehr da wohnte. Erzählen lässt Bunin aber Natalja, die ehemalige Magd und Milchschwester seines Vaters, die frühere Leibeigene. In ihrem Erzählen verbindet sich ihre Sehnsucht nach der alten Zeit mit Geschichten von kleinen und großen Tragödien, von Grausamkeiten und von sich zuspitzenden Konflikten. Diese rühren daher, dass die Unterschiede zwischen Gutsherren einerseits, Dienern und Bauern andererseits immer mehr verschwinden, ohne dass dies die Verhaltensweise der Herren beeinflussen würde. Doch bewohnen die Magd Natalja und das »gnädige Fräulein« zum Schluss als letzte den Hof, ohne dass zwischen ihnen noch ein Standesunterschied auszumachen wäre.

Bunin, der die russische Kluft zwischen städtischen Eliten und ländlicher Bevölkerung so betonte, meinte gleichzeitig, in keinem anderen Land sei »das Leben von Adligen und Bauern so eng und nah verbunden wie bei uns«. In *Suchodol* lässt er die Künstlichkeit einer sozial überkommenen Herrschaftsform symbolisch implodieren, wenn der freche, aber kluge Diener Gerwaska, der ein unehelicher Sohn seines Herrn ist, diesen im Affekt umbringt. Doch ist dieser Vatermord nur eines der Zeichen für eine Welt, die ihr kommendes Ende nicht zu sehen vermag und nicht die Kraft aufbringt, sich zu verändern. Bunin beschreibt diese Entwicklung in einem epischen Ton des Bedauerns, aber ohne nostalgische Verbrämung, mit einer ruhigen Klarheit, in der die keineswegs idyllischen Verhältnisse deutlich hervortreten. Wiederum sind es die Frauen, an denen das Schicksal dieser Welt abzulesen ist. Wenn Natalja von der jungen Verliebtheit in ihren Herrn erzählt, die sie verleitet hatte, ein Spiegelchen zu entwenden und bei sich aufzubewahren, davon, wie sie dafür hart bestraft wurde und sich später dennoch um das »gnädige Fräulein« kümmerte, wie sie von einem durchreisenden Gauner vergewaltigt wurde, den sie für ihr Schicksal hielt – dann steht das auch dafür, wie das russische Dorf in seiner naiven Schicksalsergebenheit, die für Bunin auch ein Teil seiner Schönheit war, zum Opfer der Zeit und der Gewaltanwendung werden kann, auch von derjenigen aus eigenen Reihen.

Bunin hat die originalen Fassungen von *Das Dorf* und *Suchodol* fast unverändert in seine Gesamtausgabe aus dem Jahr 1915 übernommen – diese bietet die Vorlage für die vorliegende Übersetzung. Alle späteren Ausgaben beruhen auf den Bearbeitungen, die Bunin in den dreißiger Jahren, schon nach dem Nobelpreis, für die Petropolis-Ausgabe vornahm. Bunins Kontext waren nun nicht mehr die Diskussionen über den russischen Bauern, vielmehr hatte er ein weltliterarisches Publikum im Blick. Als Emigrant wollte er zudem wohl den Eindruck vermeiden, er selbst sei ein geistiger Wegbereiter der Revolution gewesen, mit der er in seinen *Verfluchten Tagen* abrechnete.

Bunin fügte fast nichts hinzu, so wie er kaum etwas umformulierte. Doch kürzte er massiv: manchmal ganze Seiten, manchmal nur halbe Sätze. Er eliminierte dabei einige explizit politische Stellen, etwa über Judenpogrome und Hinrichtungen, oder die Ansicht der Brüder, in Russland könne man nicht leben. Manchmal sind es besonders harsche Passagen und Formulierungen oder auch nur knappe Bemerkungen. »Wir sind Durnower«, heißt es banal an einer Stelle. Im Original folgte noch der Zusatz: »Wir taugen weder als Kerze für Gott noch als Schüreisen für den Teufel.«

Bei allem Respekt vor Bunins Wunsch in der Emigration, man solle sich an die Petropolis-Ausgabe halten, wird es Zeit, diese Erzählungen in der ungeglätteten originalen Form zu lesen, die den dialogischen Zusammenhang ihrer Entstehungszeit reflektiert. Auf Deutsch wird dies hier erstmals möglich.

Anmerkungen der Übersetzerin

11, 15   *Tschornaja Sloboda:* Russ. wörtlich: Schwarze Vorstadt. Eine ärmliche Vorstadt, in der sich meist Handwerker und kleine Händler ansiedelten, die keine Leibeigenen waren und Steuern zahlen mußten.

16, 16   *Schließung der Schenken:* Infolge der Einführung des staatlichen Alkoholmonopols 1895 durfte nicht mehr in den Schankstuben getrunken werden.

20, 11   *Sadonsk:* Das Sadonsker Kloster (Gebiet Lipezk) mit den Reliquien des Heiligen Tichon von Sadonsk war ein berühmter Wallfahrtsort.

21, 28   *Monopol:* Gemeint ist das staatliche Alkoholmonopol.

24, 3   *Starosta:* Dorfältester, Gemeindevorstand.

26, 16   *Südwestlichen Kreis:* Damit wurden im 19. Jh. die drei Gouvernements Wolynsk, Podolsk und Kiew bezeichnet.

28, 15   *Schtschi:* Sauerkohlsuppe.

30, 20   *Erdwällen:* In russischen Dörfern waren an der Straßenseite der Häuser kleine Erdwälle aufgeschüttet, die auch zum Sitzen dienten.

33, 18   *Also auch die Auferstehung ...:* 1. Kor. 15, 42.

37, 7   *Suchowej:* (von russ. sucho = trocken, wejat = wehen) Ein heißer, trockener Südostwind in den ukrainischen und südrussischen Steppengebieten.

40, 1   *Sobald es um das Land ging:* Gemeint ist die Enteignung des Landes.

40, 26   *Desjatinen:* Alte russische Maßeinheit. Eine Desjatine entspricht 1,09 Hektar.

43, 28   *Kasaner Waisenkinder:* Jemand, der vorgibt, unglücklich oder arm zu sein, und auf Mitgefühl aus ist. Der Ausdruck stammt aus dem 16. Jh., als nach der Eroberung Kasans durch Iwan den Schrecklichen Angehörige der tatarischen Eliten nach Moskau gingen, um sich dem Gefolge des Zaren anzuschließen, und sich in der Hoffnung auf Geld und andere Vorteile als arm und mittellos ausgaben – und vom Volk deshalb spöttisch als »Kasaner Waisen« bezeichnet wurden.

59, 23   *Molokane:* Die Molokanen (Milchtrinker, von russ. moloko = Milch) waren eine russische christliche Sekte im 19. Jh.

126, 24 *Poleschajew:* Alexander Iwanowitsch Poleschajew (1804–1838), russischer Dichter.

126, 24 *Schewtschenko:* Taras Schewtschenko (1814–1861), ukrainischer Lyriker.

126, 27 *Reschetnikow:* Fjodor Michajlowitsch Reschetnikow (1841–1871), russischer Schriftsteller.

126, 27 *Pomjalowski:* Nikolaj Gerassimowitsch Pomjalowski (1835–1863), russischer Schriftsteller.

126, 27 *Lewitow:* Alexander Iwanowitsch Lewitow (1835–1877), russischer Schriftsteller.

127, 12 *Platon Karatajew:* Figur aus *Krieg und Frieden* von Lew Tolstoj.

127, 14 *Jeroschka oder Lukaschka:* Figuren aus *Die Kosaken* von Lew Tolstoj.

127, 17 *Rasuwajew und Kolupajew:* Figuren aus den Satiren des russischen Schriftstellers Michail Jewgrafowitsch Saltykow-Schtschedrin (1826–1889).

127, 19 *Saltytschicha:* Eine für ihre Brutalität berüchtigte russische Gutsbesitzerin des 18. Jh.

127, 20 *Karamasow:* Figur aus *Die Brüder Karamasow* von Fjodor Dostojewski.

127, 20 *Oblomow:* Hauptfigur des gleichnamigen Romans von Iwan Alexandrowitsch Gontscharow (1812–1891).

127, 20 *Chlestakow:* Hauptfigur der Komödie *Der Revisor* von Nikolaj Gogol.

127, 21 *Nosdrjow:* Figur aus *Die toten Seelen* von Nikolaj Gogol.

128, 13 *Otetschestwennye Sapiski:* Dt. *Vaterländische Notizen.* Im 19. Jh. wichtige russische Zeitschrift für Literatur und Politik, die wegen ihrer politischen Ausrichtung und der Sympathien für die revolutionäre Bewegung 1884 ihr Erscheinen einstellen mußte.

131,16 *Meine Beichte* und das *Evangelium:* Vermutlich ist hier Lew Tolstojs Schrift *Wie soll man das Evangelium lesen und worin besteht sein Wesen?* gemeint.

133, 18 *Duchoborzen:* Auch: Duchoboren. Eine russische christliche Sekte, die die kirchliche und die staatliche Autorität in Frage stellte (u.a. den Kriegsdienst strikt ablehnte) und daher verfolgt wurde.

135, 11 *Verzicht auf gewaltsamen Widerstand:* Anspielung auf den Aufruf zum Verzicht auf gewaltsamen Widerstand, den Lew Tolstoj u.a. in *Das Reich Gottes ist in Euch* formuliert.

135, 26 *kazap:* Abschätzige Bezeichnung der Ukrainer für einen Russen.

306, 9 *Märchen von der purpurroten Blume: Die purpurrote Blume,* Märchen von Sergej Aksakov (1791–1859) über einen Kaufmann, der jeder seiner drei Töchter einen Wunsch erfüllen will – Arina möchte ein Diadem, Akulina einen Spiegel und Aljona eine purpurrote Blume.

311, 2 *Nogaier:* Turksprachiges Volk im Nordkaukasus.

312, 10 *Oginskis Polonaise:* Die Polonaise »Abschied vom Vaterland« des polnischen Staatsmanns und Komponisten Michal Oginski (1765–1833).

317, 30 *Ljudmila:* Gedicht des russischen Dichters Wassili Schukowski (1783–1852), eine Übertragung von Bürgers Ballade *Lenore.*

318, 1 *»Du bist einem Toten anverlobt durch das heilige Wort ...«:* Zeile aus dem Gedicht »Liebe eines Toten« des russischen Dichters Michail Lermontow (1814–1841).

319, 22 *Borsoi:* Russ. Windhund, Barsoi.

323, 11 *Martyn Sadeka:* Martin Zadeck, in Rußland als Martyn Sadeka bekannt, vermutlich Pseudonym eines Schweizers, der im späten 18. Jh. eine Schrift mit Prophezeiungen veröffentlichte (»Wunderbare und merkwürdige Prophezeyung des berühmten Martin Zadecks, eines Schweitzers bey Solothurn, der ... in Gegenwart seiner Freunde prophezeyet hat, auf gegenwärtige und zukünftige Zeiten«), in der er u. a. den nahen Untergang des Osmanischen Reichs voraussagte. In Rußland wurde das Pseudonym später auch von anderen Personen verwendet und der Name Martyn Sadeka generell im Zusammenhang mit Prophezeiungen aller Art verwendet. So taucht der Name z. B. auch in *Evgenij Onegin* von Alexander Puschkin auf.

324, 4 *»Ja, ja, dem Sünder droht ein grimmiger Tod ...«:* Epheser 4,26.

326, 9 *Lombertisch:* (Auch: L'Hombretisch) Ein dreieckiger, mit Tuch bespannter und speziell für das Kartenspiel Lomber (L'Hombre) entwickelter niedriger Tisch.

333, 27 *Barsuk:* Russ. Dachs.

335, 6 *Kopjo:* Russ. Lanze.

335, 25 *Wie das Abendrot hereinbrach:* Im Orig. ukrainisch.

334, 28 *Am Ende des Damms rauschen die Weiden,* und *Der, den ich liebte:* Beide Zitate im Orig. ukrainisch.

346, 12 *Kutja:* Süßliches Gericht aus Graupen oder Reis mit Honig und Rosinen, das bei einer Totenfeier zum Einsegnen in die Kirche gebracht (aber auch um die Weihnachtszeit gegessen) wird.

357, 3 *Feuerwerfers:* Der Heilige Ilja-Prorok (Ilja, der Wahrsager) trägt den Beinamen Ilja-Nadeljaschtschi (der, der zuteilt); er gilt im Volksglauben als Beschützer von Landwirtschaft und Viehzucht, der großzügig zuteilt, aber auch straft und mit einem Feuerwagen über den Himmel fährt, dessen Räderrollen den Donner verursacht.